PRAG

Inhalt

Autoren: Jack Altman und Ky Krauthamer
Aktualisierung: Christopher Rice und Melanie Rice
Redaktion: Karen Rigden
Design: Catherine Murray
Übersetzung »Das Magazin«: Joachim Nagel

© MAIRDUMONT GmbH & Co. KG, Ostfildern,
4. Auflage 2011

„NATIONAL GEOGRAPHIC" ist eine eingetragene Marke der
National Geographic Society. Deutsche Ausgabe lizenziert durch
NATIONAL GEOGRAPHIC DEUTSCHLAND
(G+J/RBA GmbH & Co. KG), Hamburg 2008
www.nationalgeographic.de

Original 5th English Edition
© AA Media Limited
Kartografie: © AA Media Limited
Karten in diesem Titel: © MAIRDUMONT/Falk Verlag 2011
Regionen: © ISTITUTO GEOGRAFICO DE AGOSTINI
S.p.A., Novara 2009
transport map © Communicarta Ltd., UK
Covergestaltung und Art der Bindung
mit freundlicher Genehmigung von AA Publishing

Herausgegeben von AA Publishing, einem Unternehmen der
AA Media Limited, Fanum House,
Basing View, Basingstoke, Hampshire RG21 4EA, UK.
Handelsregister Nr. 06112600

Farbauszug: AA Digital Department
Druck und Bindung: Leo Paper Products, China

A04603

Das Magazin

Zu einem tollen Urlaub gehört mehr als genüssliches Faulenzen am Strand oder Shoppen bis zum Umfallen – damit die Reise sich wirklich lohnt, muss man das Besondere seines Zieles kennen und schätzen. Im Magazin erfahren Sie kurz und unterhaltsam alles über Land, Leute, Kultur und was den unverwechselbaren Charme dieser Stadt ausmacht.

MYTHOS & MAGIE

Jede bedeutende Stadt hat ihren Mythos, gewoben aus Dichtung und Wahrheit. So fasziniert Prag mit Geschichte und Geheimnis – war es doch über Jahrhunderte Heimat von Alchimisten, Astrologen, Heiligen, Märtyrern und Monsterwesen.

Rudolf II. – Hoheit, Weisheit, Alchimie

Vor einem halben Jahrtausend galten Alchimie und Astrologie noch als seriöse Wissenschaften – nicht anders als heute Chemie und Astronomie. Experimentelle Goldgewinnung und Wahrsagung nach Sternenkonstellationen machte hier seinerzeit ein junger Herrscher populär: Kaiser Rudolf II., König von Böhmen.

Mit 24 Jahren kam der Habsburger 1576 aus Madrid – ein hoch gebildeter junger Mann, der fließend Spanisch, Deutsch, Italienisch und Latein sprach und mit Rücksicht auf die Einheimischen nun sogar Tschechisch lernte. Als enthusiastischer Kunstmäzen trug er eine der bedeutendsten Sammlungen Europas zusammen (im Zuge des Dreißigjährigen Krieges allerdings geplündert und vorwiegend nach Stockholm, Dresden, München und

Wien zerstreut). Daneben fanden sich in seiner Wunderkammer, akribisch inventarisiert, bizarre Kuriositäten wie zwei Nägel der Arche Noah, ein magischer, goldgefasster Gallenstein oder ein Klumpen des Lehms, aus dem Gott Adam geformt haben sollte.

Großes Interesse zeigte Rudolf auch an Philosophie und Naturwissenschaften und scharte am Prager Hof internationale Koryphäen der Zeit um sich: Mit dem Italiener Giordano Bruno diskutierte er Fragen des Humanismus und betrieb himmelskundliche Forschungen mit dem Dänen Tycho Brahe und dem Deutschen Johannes Kepler. Brahe entwarf als Hofastronom ein revolutionäres Modell des Sonnensystems, sein Schüler Kepler berechnete die elliptischen Bahnen der Planeten um die Sonne – lange vor Erfindung des Teleskops und trotzdem mit verblüffender Exaktheit.

Noch weit wichtiger waren die beiden für Rudolf als Alchimisten und Astrologen. Wie er glaubten sie an den Einfluss der Himmelskörper auf das menschliche Schicksal und einen »Stein der Weisen« als Mittel der Goldherstellung und Lebensverlängerung. Naturgemäß bot sich hier ein ideales Betätigungsfeld für Scharlatane, und so schröpften der englische

Seite 5: Nächtliches Feuerwerk über dem Veitsdom
Oben: Blick auf den Hradschin von der Karlsbrücke

Mathematiker John Dee und sein Landsmann Edward Kelley den Prager Hof jahrelang gegen gutes Geld mit dubiosen Zauberkunststückchen.

Als wollten sie insgeheim alchimistische Kräfte befördern, begannen die Prager damals vieles mit dem Etikett »golden« zu versehen, angefangen mit der Stadt selbst, die Zlatá Praha (»Goldenes Prag«) genannt wurde. Eines der altehrwürdigsten Wirtshäuser Prags ist U Zlatého tygra, der Goldene Tiger – mit Birne, Anker, Stern, Fuchs, Maus und Schlange in Gold als Konkurrenz.

Der Golem

Die vielleicht bekannteste mythische Gestalt des alten Prag ist der Golem – eine menschliche Tonfigur, die sich mit magischen Praktiken zum Leben erwecken lassen sollte. Verknüpft ist die Sage mit Rabbi Löw, dem geistlichen Oberhaupt der jüdischen Gemeinde Prags im späten 16. Jahrhundert, der angeblich den Golem erschuf und ihn sich dienstbar machte. Löw war allerdings ein seriöser Gelehrter, dessen Rat sogar Rudolf II. suchte, und dürfte sich gegen solch esoterische Spekulationen eher verwahrt haben.

Der Begriff »Golem« taucht bereits in der Bibel auf (Psalm 139, Vers 16) und bedeutet (auch im modernen Hebräisch) soviel wie »das Unfertige«. Die jüdische Mystik verbindet damit eine Legende, die auf das

Seiten 6/7: Sonnenuntergang über Franziskuskirche, Altstadt- und Karlsbrücke
Oben: Die Karlsbrücke im nächtlichen Lichterglanz

12. Jahrhundert zurückgeht: Einer Statue konnte man Leben einhauchen durch ein kabbalistisches Zahlen- und Buchstabenritual. Rabbi Löw wurde erst posthum im 19. Jahrhundert zum Schöpfer des Golem und Besitzer der magischen Formel ernannt, und wirklich populär wurde die Golem-Sage dann 1914 mit Paul Wegeners Stummfilm *Der Golem* und dem gleichnamigen Roman von Gustav Meyrink (1915). Und heute treibt das Lehmgespenst sein Wesen in Bühnenshows für Touristen.

AUF BAROCKEN SPUREN

Viele barocke Sakralbauten erlebten im Zuge der katholischen Gegenreformation im Böhmen des 17. und 18. Jahrhunderts eine verklärende Aufwertung: So enthält das 1736 errichtete Grabmal des heiligen Johannes von Nepomuk im Veitsdom (▶ 89ff) die vermeintliche Zunge des mittelalterlichen Märtyrers – bei seiner Exhumierung war sie angeblich noch intakt und zuckte. Noch heute pilgern Gläubige zum Loreto-Heiligtum mit dem Heiligen Haus der Maria (▶ 103). In der Kirche Santa Maria de Victoria (▶ 101f) suchen Tausende Antwort auf ihre Gebete und Heilung ihrer Gebrechen beim Jesuskind von Prag (Pražské Jezulátko), dessen Wachspuppe man hier verehrt.

Das CHAOTISCHE 20. JAHRHUNDERT

Zum Verständnis der Prager Geschichte im 20. Jahrhundert muss man fast studierter Historiker sein. Um die Eigenart der Stadt und ihrer Bewohner zu erfassen, reicht jedoch ein Blick auf die jüngste Vergangenheit.

Was 1918 vielversprechend begann, mit der Deklaration einer unabhängigen Tschechoslowakischen Republik auf den Trümmern Österreich-Ungarns, endete zwei Jahrzehnte später im Debakel der deutschen Besatzung. Drei Jahre nach Kriegsende ergriffen dann die tschechischen Kommunisten – unterstützt von der Sowjetunion – per Staatsstreich die Macht und leiteten damit eine dunkle Phase der Geschichte des Landes ein, die fast bis zum Ende des Jahrhunderts währte: Erst 1989 gewann es seine Unabhängigkeit zurück.

Von der K.U.K.-Monarchie zur ersten Republik

300 Jahre fristete Böhmen ein Schattendasein am Rande der k.u.k.-Monarchie, und Prag rangierte unter den Städten des Reiches an dritter Stelle – hinter der Hauptstadt Wien und Budapest. Das Streben der Tschechen nach Unabhängigkeit zeigte im 19. Jahrhundert ersten Erfolg in einer Wiederbelebung der eigenen Sprache: Unter den Habsburgern durch das Deutsche verdrängt, kehrte sie nun in die Literatur und auf die Bühne zurück – gekrönt durch die Eröffnung des Nationaltheaters (Národní Divadlo, ▶ 145) 1883.

Der Erste Weltkrieg begann 1914 für die Tschechen in erzwungener Allianz mit Österreich-Ungarn und seinem Verbündeten Deutschland, wobei es von vornherein Pläne gab, diese Situation zum Ausbruch aus dem Reichsverband zu nutzen. Führende Politiker, wie der spätere Präsident Tomáš Masaryk, warben in den Vereinigten Staaten um Unterstützung einer unabhängigen Tschechoslowakei nach Kriegsende.

Masaryk und seine Mitstreiter gewannen schnell die aus Tschechien und der Slowakei stammenden Amerikaner und US-Präsident Woodrow Wilson für ihre Pläne, sodass nach Niederlage der Achsenmächte und dem

Unbehelligt rücken deutsche Truppen 1938 in Prag ein

Zusammenbruch der k.u.k.-Monarchie Ende 1918 der Weg frei war für die erste Tschechische Republik, mit Masaryk an der Spitze.

Die zwei Jahrzehnte, die sie währte (bis zum Einmarsch der Deutschen 1938), waren eine Art Goldenes Zeitalter politisch-kulturellen Aufschwungs und wirtschaftlichen Wohlstands. Die Tschechoslowakei zählte zu den 10 reichsten Nationen und litt auch kaum unter der Weltwirtschaftskrise von 1929.

Deutsche Besatzung im zweiten Weltkrieg

Ab 1933 sahen sich die Tschechen allerdings in einer ungemütlichen Umklammerung durch Stalin auf der einen und Hitler auf der anderen Seite. Dieser sann auf Vergeltung für den schmachvollen Frieden von Versailles (und die hiermit verbundene Entmilitarisierung und Zerschlagung des Deutschen Reiches), und bei seinen Expansionsplänen nach Osten stand die Annektion der Tschechoslowakei an erster Stelle. Dank des Münchner Abkommens vom September 1938 konnte er dieses Vorhaben zunächst in die Tat umsetzen, ohne dass ein einziger Schuss fiel: Der britische Premierminister Chamberlain akzeptierte die Abtretung des Sudetenlandes an Deutschland unter der Bedingung, dass Hitler danach keine weiteren Eroberungszüge in dieser Richtung unternähme. Als im März 1939 doch deutsche Panzer in die restliche Tschechoslowakei rollten, war allerdings klar, dass Hitler nie daran dachte, sich an das Abkommen zu halten. Chamberlains Initiative, den Frieden mit einem solchen Zugeständnis zu retten, war gescheitert.

Häufig wurde den Tschechen ihre Passivität während des Zweiten Weltkriegs vorgeworfen, die man sogar dafür verantwortlich machte, dass Prag relativ unbeschadet den Krieg überstand. In Wahrheit waren Krieg und Besatzung kein

Die Truppen des Warschauer Pakts setzen dem Prager Frühling ein Ende

Zuckerschlecken. Reinhard Heydrich regierte als Stellvertretender Reichsprotektor von Böhmen und Mähren mit eiserner Hand, ließ zahllose angebliche Widerstandskämpfer hinrichten und schickte im Konzentrationslager Theresienstadt (Terezín, ➤ 170ff) Zehntausende von Juden in die Gaskammern.

Der tschechische Widerstand erreichte seinen Höhepunkt im Mai 1942, als es einer kleinen, aus London eingeschleusten Widerstandstruppe gelang, Heydrich bei einem Handgranaten-Attentat auf seinen Dienst-Mercedes zu töten. Die Widerstandskämpfer wurden später in ihrem Versteck in den Kirchen SS Cyril und Methodius auf Resslova Ulice entdeckt und hingerichtet – die Spuren der Kugeleinschläge des Erschießungskommandos sind noch heute sichtbar. (✚ A201 E5). Die deutsche Vergeltung für den Anschlag war grausam: Tausende wurden deportiert und liquidiert, die Dörfer Lidice und Ležáky dem Erdboden gleichgemacht.

Im Mai 1945, während der letzten Kriegstage, erhoben sich die Tschechen endlich gegen ihre Besatzer, als die Sowjetarmee bereits in den Außenbezirken von Prag stand und die Amerikaner in Pilsen. In der Stadt verstreut begegnet man heute Hunderten von Plaketten als Hinweis auf die Opfer, die der Verteidigungskampf seinerzeit unter den Einwohnern forderte.

Von Hitler zu Stalin

Das Kriegsende verhalf der geplagten Stadt zu einer kurzen Atempause, doch im Gegensatz zur Ersten Republik konnte sich die Demokratie nicht dauerhaft etablieren, und auch die kulturelle Blüte blieb aus.

Auf der Konferenz von Jalta im Februar 1945 wurde die Tschechoslowakei zur sowjetischen Interessenssphäre erklärt und befand sich daher später östlich des Eisernen Vorhangs. Bei den ersten freien Wahlen nach dem Krieg 1946 errangen die Kommunisten die Stimmenmehrheit ihrer kriegsmüden Landsleute und übernahmen zwei Jahre später, im Schulterschluss mit Moskau, durch einen unblutigen Putsch endgültig die Macht.

Prager Frühling

Es folgten zwei Jahrzehnte der politischen Unterdrückung. Dann, während des »Prager Frühlings« von 1968, versprach der neu eingesetzte Premier Alexander Dubček einen »Sozialismus mit menschlichem Antlitz« und ermutigte viele zu glauben, dass der Kommunismus wirklich von innen heraus reformiert werden könne. Aber die alte Garde der Partei bat den Kreml um Unterstützung und im August kam es dann zur Invasion der Truppen des Warschauer Paktes unter Führung der Sowjetunion. Als die Panzer in Prag einrollten, wurde Dubček in Handschellen nach Moskau geflogen und schließlich degradiert. Im Rahmen der neuen Politik der »Normalisierung« führten die Hardliner die Tschechoslowakei wieder in den sowjetischen Machtbereich zurück und für die nächsten 20 Jahre wurde das Land als Polizeistaat regiert. Aber seine Tage waren

> **»… der Märchenschluss eines Lehrstücks über die gewaltlose Macht des Volkes«**

gezählt, die Volkswirtschaften Osteuropas stagnierten und in den späten 1980er-Jahren realisierte auch der Führer der Sowjetunion, Michail Gorbatschow, dass der politische und wirtschaftliche Wandel unvermeidlich war. Der Blick zurück auf 40 Jahre Kommunismus macht es schwer, die Epoche als etwas anderes zu sehen als ein absolutes Desaster. Die bescheidenen Fortschritte in der Gesundheitsversorgung und Alphabetisierung wurden durch die Zerstörung der Wirtschaft und der Umwelt sowie durch Reisebeschränkungen und individuelle Unterdrückung überschattet.

Die samtene Revolution

1989 ist in die Geschichtsbücher eingegangen als das Jahr, in dem die Freiheit nach Osteuropa kam. Die zögerlichen Tschechen brachten erst in den letzten Novemberwochen ihren Beitrag zustande: Als am 17. des Monats eine kleine Gruppe protestierender Studenten von der Prager Polizei auf der Národní třída verhaftet wurde, kursierten schnell Gerüchte (die sich als falsch erwiesen), einer der Studenten sei dabei ums Leben gekommen – woraufhin sich ganz Prag wie ein Mann erhob.

Gegen Ende des Jahres kapitulierten die Kommunisten und machten den Weg frei für die neue Zeit und einen Staatspräsidenten, der sie in idealer Weise verkörperte – Václav Havel, Dramatiker, Dissident und Gentleman. Es war der Märchenschluss eines Lehrstücks über die gewaltlose Macht des Volkes.

JUGENDSTIL
UND MODERNE ARCHITEKTUR

Prags Geschichte ist seinen Bauwerken eingeschrieben. Nach allgemeiner Vorstellung sind das vorwiegend Meisterwerke aus Gotik, Renaissance und Barock, doch viele der interessantesten Gebäude dieser Stadt stammen aus dem späten 19. und frühen 20. Jahrhundert – errichtet in Formen des Jugendstils, Kubismus und Funktionalismus.

Im frühen 19. Jahrhundert war der Architekturgeschmack recht konservativ und altbacken geworden. Die Prager Baumeister orientierten sich am Vorbild der Reichshauptstadt Wien, wo ein strenger Klassizismus den Ton angab. Noch im heutigen Prag gibt es ganze Straßenzüge solch anmutig-schlichter Gebäude. Später setzte sich hier eine an historischen Vorbildern ausgerichtete, mehr ornamentale Bauweise durch: Viele der Turmspitzen, die die Silhouette der Stadt dominieren, entstanden keineswegs im 14. oder 15. Jahrhundert, sondern im Zuge jener modischen Neubelebung von Gotik und Renaissance.

Der Jugendstil bringt frischen Wind

Die Wende zum 20. Jahrhundert brachte endlich neue Akzente in die angestaubte Architekturlandschaft durch den Import des Pariser Jugendstils und seiner moderateren Wiener Spielart, die hier beide von großem Einfluss waren. Als schönstes Beispiel gilt gemeinhin das Repräsentationshaus (Obecní Dům, ➤ 138f), doch werfen Sie auf jeden Fall auch einen Blick um die Ecke auf das Hotel Paříž (U Obecního Domu 1).

Begehbare Kunstwerke des Kubismus

Neue architektonische Experimente brachten die ersten Jahrzehnte des 20. Jahrhunderts in Form kubistischer Architektur – ein spezifisch tschechisches Phänomen mit verspielten geometrischen Fassadenelementen.

Jugendstil-Glasfenster im Café des Repräsentationshauses

Detail des Supraportenmosaiks am Eingang des Repräsentationshauses

Interessantestes Beispiel im Stadtzentrum ist das Haus Zur Schwarzen Muttergottes (▶ 174), sehenswert auch das einzigartige Ensemble kubistischer Häuser unterhalb der Festung Vyšehrad (▶ 151).

Schluss mit Schmuck

In den 1920er- und frühen 1930er-Jahren hielt eine neue, nüchtern-funktionale Ästhetik Einzug, nach dem Vorbild des Bauhauses, wo die junge Architekten-Generation jedweden Dekor als überflüssig verbannte. In Prag findet man diese Bauweise vorwiegend in Form privater Villen in den Außenbezirken – eine der schönsten, die von Adolf Loos erbaute Villa Müller (Nad Hradním vodojemem 14, Prag 6, www.mullerovavila.cz), kann besichtigt werden. Das Schuhgeschäft Bata in der Václavské náměstí 6 ist ein gutes Beispiel funktionalistischen Bauens in der Innenstadt.

Protz und Ödnis

Vom Ende des Zweiten Weltkriegs bis Mitte der 1980er-Jahre erlebte Prag einen regelrechten Bau-Boom. Anfangs war dabei der aus der UdSSR importierte, bombastische Zuckerbäcker-Stil der Stalin-Ära maßgeblich, wie beim ehemaligen Hotel International (jetzt Crowne Plaza Hotel, Koulová 15, Prag 6). Die Weltausstellung in Brüssel 1958 vermittelte der Architektur hinter dem Eisernen Vorhang neue Impulse, doch vorwiegend steuerte man in das Fahrwasser eines öden Beton-Brutalismus. Exemplarisch in Prag sind hierfür zwei große Warenhäuser, die in den 1970er-Jahren entstanden: Kotva (Náměstí Republiky 8) und Tesco (Národní třída 26). Auch Prags monströser Fernsehturm aus den 1980ern (▶ 156) ist letztlich nicht mehr als heillos überdimensionierter Protz.

DIE JÜDISCHE Gemeinde

Die Jüdische Gemeinde Prags zählt heute nur noch wenige Tausend Mitglieder. Jüdisches Leben war jedoch Jahrhunderte lang ein prägendes Element der Stadt und integraler Bestandteil ihrer Geschichte.

Ein erstes Zeugnis jüdischer Präsenz in Prag findet sich um das Jahr 965 im Bericht eines spanischen Reisenden, der sie dort als Metall-, Pelz- und Sklavenhändler antraf. Ihre früheste Ansiedlung befand sich in der Kleinseite (Malá Strana) am Fuße des Hradschin. Als Vratislav II. seine Residenz nach Vyšehrad verlegte, übersiedelten sie ans andere Moldau-Ufer und kehrten später auch mit dem Hof wieder zur alten Burg zurück. Viele gelangten zu Wohlstand durch Handel mit Weizen, Wolle, Pferden und Vieh sowie dem Import von Seide, Juwelen, Gold, Wein und orientalischen Gewürzen.

Frühe Pogrome

Der Erste Kreuzzug (1095) setzte diesem friedlichen Wohlleben ein Ende, als der militante Antisemitismus der Kreuzritter seine Wirkung bis nach Prag entfaltete. Zahlreiche Juden versuchten vor Plünderung, Zwangstaufe und Mord aus der Stadt zu flüchten – was die Obrigkeit mit der Beschlagnahme ihrer Vermögen quittierte.

Im 13. Jahrhundert wurden die Juden Prags wieder auf dem rechten Flussufer ansässig – in der späteren Josephstadt (Josefov), die 600 Jahre ihr Ghetto blieb, und wo man heute die wichtigsten geschichtlichen Zeugnisse des Prager Judentums findet.

Je nach kaiserlicher Kassenlage plünderten oder schützten die Herrscher Prags jahrhundertelang

Emblem der Altneusynagoge

das Vermögen jüdischer Einwohner. Das schlimmste Pogrom des Mittelalters ereignete sich 1389, als eine von fanatischen Priestern aufgestachelte Menge 3000 Juden niedermetzelte – unterschiedslos Männer, Frauen und Kinder. Und die Scharmützel der Hussiten gegen Staat und Kirche im Jahrhundert darauf endeten regelmäßig mit einem Überfall auf das Judenviertel. Offenbar hatte selbst die Idee der Religionsfreiheit den eingefleischten Antisemitismus des Volkes nicht ausmerzen können.

Wohlstand und Friede

Aber es gab auch Phasen von Frieden und Wohlstand, wie die zweite Hälfte des 16. und das frühe 17. Jahrhundert. Kaiser Rudolf II. zeigte keinerlei Berührungsängste mit Juden, die fast die Gesamtheit seiner Hofjuweliere stellten. Ein besonders enger Vertrauter Rudolfs war sein Hofbankier Mordechai Maisel, Vorsteher der jüdischen Gemeinde und einer der wichtigsten Bauherren des Judenviertels, auf dessen Initiative Häuser, Talmud-Schulen, Synagogen und das Jüdische Rathaus errichtet wurden. Eine weitere herausragende Persönlichkeit, mit der der Kaiser Kontakt pflegte, war Rabbi Jehuda Löw, geistiges Oberhaupt der Prager Juden und Gelehrter von hohem Rang, der wohl zu Unrecht als Vertreter okkultistischer Praktiken und Schöpfer des »Golem« gilt. Beide liegen auf dem Alten Jüdischen Friedhof (➤ 118) begraben.

Der Anfang vom Ende

Im späten 18. Jahrhundert wandte sich das Leben der Prager Juden erneut zum Besseren: 1781 erließ Kaiser Joseph II. ein Toleranz-Edikt,

Der Alte Jüdische Friedhof in der Josephstadt

das ihnen erstmals gestattete, auch außerhalb des Ghettos zu wohnen.
Vor allem während des wirtschaftlichen Aufschwungs im Jahrhundert
darauf suchten viele jüdische Familien nun ihr Glück in anderen Teilen
der Stadt oder des Kaiserreiches. Daraufhin entwickelte sich das alte Judenviertel zu einem Ghetto im modernen, negativen Sinne – verwahrlost,
arm und mit hoher Kriminalitätsrate.

Als frühes Beispiel der Slum-Sanierung – nicht aus antisemitischen
Beweggründen – beschlossen schließlich die Prager Behörden, das Ghetto zu schleifen. Übrig blieb lediglich eine Handvoll Synagogen, der Alte
Jüdische Friedhof und das Jüdische Rathaus – im Wesentlichen also das,
was man heute noch sieht, neben prächtigen Gebäuden im Jugendstil,
die nun an Stelle des ehemaligen Ghettos entstanden.
Das eigentliche Elend der Juden Prags und seiner Umgebung begann
mit der deutschen Besatzung 1939, als sie, rund 45 000 an der Zahl,
systematisch verhaftet und in das Konzentrationslager Theresienstadt
(➤ 170ff) gebracht wurden. Viele von ihnen endeten später im Vernich-
tungslager Auschwitz. Nach dem Krieg war es nur ein paar Tausend Über-
lebenden vergönnt, die große Tradition von 10 Jahrhunderten jüdischer
Geschichte an der Moldau fortzusetzen.

Noch eine Ironie der Geschichte: Hitler plante in Prag die Einrichtung
eines Museums der »Ausgestorbenen Juden-Rasse«. Zu diesem Zweck
wurden aus ganz Mitteleuropa große Mengen jüdischer Besitztümer und
Kultgegenstände hierher geschafft. Das heutige Prager Jüdische Museum
verfügt somit über reiche Bestände – zynischerweise dank Hitlers teufli-
schem Plan.

Sanftes Kerzenlicht erhellt den Innenraum der Altneusynagoge

HIGHLIGHTS AUF EINEN BLICK

Schönheit und Atmosphäre dieser einzigartigen Stadt lassen sich auch auf einem Kurztrip erleben. Hier eine Auswahl an lohnenden Unternehmungen.

Mit der Trambahn unterwegs

Vom Karlsplatz (Karlovo náměstí) mit der Linie 22 nach Norden durch die Neustadt (Nové Město) zum Nationaltheater (Národní divadlo, ➤ 145f). Weiter geht es über den Fluss zum Fuß des Petřín-Hügels (➤ 104), durch die Kleinseite (Malá Strana) und entlang den Königsgärten der Prager Burg (Královská zahrada, ➤ 93). Endstation des Trips ist das Kloster Strahov am Pohořelec-Platz (➤ 97f).

Die historische Linie 91 führt während der Sommermonate durch das nostalgische Prag mit Haltepunkten Prager Burg, Malostranská Metro, Nationaltheater, Wenzelsplatz und Pulverturm (März bis Mitte November, nur Sa und So, preiswert).

Die schönsten Eindrücke der Moldau und ihrer Brücken bekommen Sie bei einer Fahrt mit der Linie 17 ab Palacký-Platz (Palackého náměstí) nördlich Richtung Slawische Insel (Žofín) und Karlsbrücke (➤ 52ff) bis zum Rudolfinum an der Staroměstská. Dort sind Sie bereits am Rande der Josephstadt (Josefov), des ehemaligen Judenviertels (➤ 111–132).

Sightseeing mit dem Schiff

Ganz bequem lässt sich die Stadt per Schiff erkunden. Ausflugsschiffe legen vor der Cechův-Brücke (Cechův most) vor dem Hotel Intercontinental am Ende der Paříská-Straße ab (EVD Passagier-Schiffgesellschaft). Einstündige Touren während der Saison täglich von 10–18 Uhr (im Winter seltener). Zweistündige Touren mit Mittagessen täglich von 12–14 und 15–17 Uhr sowie dreistündige Nachttouren mit Diner und Musik täglich um 19 Uhr. Tel. 224 810 030, www.evd.cz.

Symphonische Musik erleben

Der Besuch einer Opernaufführung im restaurierten Stavovské divadlo (Ständetheater, www.estatestheatre.cz), wo Mozart die Uraufführung des *Don Giovanni* (➤ 24) dirigierte, ist ein unvergessliches Erlebnis. Alternativ können Sie auch versuchen, Karten für eine Vorführung der Tschechischen Philharmonie im Rudolfinum (➤ 124) zu bekommen.

Zum Abtanzen

Im Kulturpalast Lucerna hat wie durch ein Wunder die Lucerna Music Bar überlebt – als eine der wichtigsten Stätten für Live-Musik im Zentrum (Vodičková 36, Tel. 224 217 108, Tram 3, 9, 14, 24, Metro Mustek).

Nur wenige Schritte von der Altstadtseite der Karlsbrücke entfernt lockt der angesagte Musik-Club Karlovy Lázně mit einem breit gefächerten Programm (Tel. 222 220 502, www.karlovylazne.cz, Tram 17, 18, Metro Staroměstská).

Sport und Spannung

Aus Tschechien kommen nach wie vor sehr gute Eishockey-Spieler, die auch in der National Hockey League der USA spielen. Sehen Sie sich ein Spiel des Traditionsclubs HC Sparta Praha in der T-Mobile Arena am Messegelände Výstaviště an (Za Elektrárnou 419, Sept.–Juni Sa; Karten Tel. 266 727 443 oder online unter www.hcsparta.cz, Tram 5, 12, 17 nach Výstaviště, Metro Nádraží Holešovice).

Die schönsten Aussichtspunkte

- Altstädter Brückenturm (➤ 53, 55).
- Gärten des Klosters Strahov (➤ 97f).
- Miniatur-»Eiffelturm« auf dem Petřín-Hügel (➤ 104).

Spass für die Kleinen

- Spiegelkabinett auf dem Petřín-Hügel (➤ 104).
- Nationales Marionettentheater (Žatecká 1, Staré Město (➤ 76)
- Prager Zoo (U Trojského zámku 120, Metro Troja, Tel. 296 112 111).

Eine Flussfahrt auf der Moldau ist Romantik pur

FENSTERSTÜRZE

Prag ging auch als Stadt der Fensterstürze in die Geschichte ein – sie führten zu Aufständen und Pogromen, und einer wurde sogar zum Auslöser des Dreißigjährigen Krieges.

Mit Piken und Lanzen

Der erste Fenstersturz ereignete sich an einem Julimorgen des Jahres 1419, nach einer Hetzpredigt des Hussitenpriesters Jan Želivský (Johann von Selau) – vier Jahre nachdem der Reformator Jan Hus von der Katholischen Kirche als Ketzer auf dem Scheiterhaufen verbrannt worden war.

   Die Amtskirche und ihre hussitischen Kritiker waren derzeit in einen heftigen Streit um die Kommunion verwickelt: Die Hussiten hielten nicht nur die Geistlichkeit, sondern alle Gläubigen ihres Empfangs für würdig. Nach der Hinrichtung von Hus enteigneten die Katholiken die hussitischen Kirchen und unterzogen die aus ihrer Sicht entweihten Altäre einer rituellen Reinigung. Želivský sah die Zeit zur Revanche gekommen und führte seine aufgebrachte Schar zum Neustäder Rathaus, wo sie, trotz entschlossener Gegenwehr, den Bürgermeister und ein Dutzend Ratsherren kurzerhand aus dem Fenster stießen. Viele wurden sogleich von aufgepflanzten Piken und Lanzen der tobenden Menge unten auf dem Platz durchbohrt, die restlichen zu Tode

Oben: Böhmische Protestanten werfen Ratsherren aus dem Fenster

Rechts: Obelisk zur Erinnerung an den Fenstersturz

getrampelt. Anschließend zogen die Aufrührer
plündernd und marodierend durch katholische Gotteshäuser und das Judenviertel.

Landung auf dem Misthaufen

Zum berühmtesten Fenstersturz kam es am
23. Mai 1618. Erbost über die Weigerung
König Ferdinands, der Diskriminierung ihrer
Glaubensgenossen Einhalt zu gebieten, zogen
der Priester Václav Budova und Graf Matthias
von Thurn an der Spitze einer Gruppe pro-
testantischer Abgeordneter zur böhmischen
Kanzlei in der Prager Burg, um die katholischen Statthalter Vilém Slavata und Jaroslav
Martinic zur Rede zu stellen. Mit Worten
hielten sie sich nicht auf, sondern beförderten
die zwei (gemeinsam mit einem unglückli-
chen Sekretär) aus dem Fenster. Eine sanfte
Landung gab es dieses Mal, denn die Männer
fielen, so die Protestanten, auf einen Misthau-
fen, wurden vom Umhang der Heiligen Jungfrau aufgefangen, so die Gegenseite. Weniger
erheiternd war das anschließende Randalieren
im Judenviertel und einigen Klöstern, bei dem
auch Mönche ums Leben kamen, der fatalste
Effekt jedoch die Revolte, die die Lunte des
Dreißigjährigen Kriegs entzündete.

Sprung oder Sturz?

Ein weiteres tragisches Ereignis trug sich
in jüngerer Vergangenheit zu – bis heute
ist nicht geklärt, ob es sich dabei um einen
Sturz oder einen Sprung aus freiem Willen
handelte. Im März 1948, zwei Wochen nach
Machtergreifung der Kommunisten, fiel der
tschechische Außenminister Jan Masaryk
aus einem Fenster des Palais Černín in den
Tod. Es hieß, der einzige Nicht-Kommunist
in der Regierung habe aus tiefer Resigna-
tion so gehandelt, was sein Freundeskreis
entschieden bestritt.

Prags Liebe zur Musik

Von der Premiere der bedeutendsten Oper Mozarts bis zu einem Ex-Präsidenten, der befreundet ist mit Rock-Stars wie Frank Zappa und den Rolling Stones – Prag war immer eine Stadt der Musik. Ob Sie gerne Symphonien, Kammermusik, Jazz oder Rock hören: Hier finden Sie sie auf Schritt und Tritt.

Mozart in Prag

Lange bevor Bedřich Smetana und Antonín Dvořák, die größten tschechischen Komponisten des 19. Jahrhunderts, in Europa von sich reden machten, konnte Wolfgang Amadeus Mozart nach Wien vom erlesenen Musikgeschmack des Prager Publikums berichten, das seine Oper *Die Hochzeit des Figaro* gefeiert hatte. In Wien war sie 1786 wegen mäßiger Resonanz nach nur neun Vorstellungen abgesetzt worden.

Die Prager Inszenierung im selben Jahr erntete hingegen enthusiastische Kritiken. Mozart, der im Januar 1787 mehrere Wochen dort weilte, bemerkte in einem Brief: »Man redet hier über nichts anderes als den *Figaro*. Nichts wird gespielt, gesungen oder gepfiffen außer dem *Figaro*.« Auf einem Ball stellte er mit Vergnügen fest, dass man die Melodien der Oper bereits in Quadrillen und Walzer verwandelt hatte. Die Prager Aufführungen dirigierte er selbst und präsentierte dem Publikum an der Moldau ein neues Orchester-Stück, später *Prager Symphonie* genannt.

In Prag erhielt Mozart auch den Auftrag zu seiner letzten, beeindruckendsten Oper: *Don Giovanni*. Neun Monate später kam er wieder nach Prag – einer Einladung des Pianisten František Dušek in dessen Villa Bertramka folgend – um sie dort zu vollenden. Wie üblich, setzte er erst einen Tag vor der Premiere den letzten Federstrich an die Ouvertüre und erschien am 29. Oktober 1789 verspätet zur ersten Vorstellung im heutigen Ständetheater (▶ 63). Presse und Publikum zeigten sich

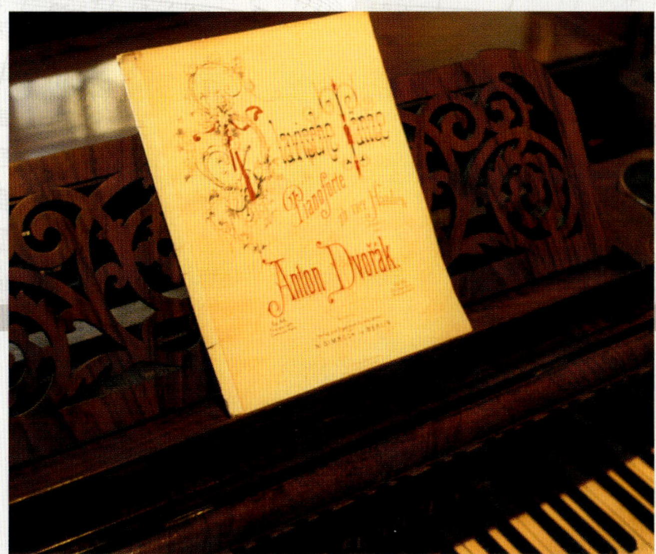

Dieses Klavier gehörte einst Antonin Dvořák

gleichermaßen begeistert, während die Reaktion in Wien erneut kühler ausfiel, was der Komponist ebenso kühl quittierte mit dem Satz: »Meine Prager verstehen mich!«

Als Mozart vier Jahre später in Wien starb, wurde er in einem armseligen Massengrab beigesetzt. In Prag hingegen versammelten sich drei Tage nach der Beerdigung Hunderte zu einem Gedenkgottesdienst in der Kleinseitner Nikolauskirche (▶ 96), wo er einst selbst die Orgel gespielt hatte. So erscheint es durchaus passend, dass Miloš Forman seinen oscargekrönten Film *Amadeus* nicht in Wien, sondern in Prag drehte.

Bedřich Smetana und Antonín Dvořák

Musik ist im Bewusstsein der Tschechen immer eng mit Patriotimus verknüpft, wobei Prags große Opernhäuser keine Ausnahme machen. Über der Front des Nationaltheaters (▶ 145f) prangt in goldenen Lettern der Spruch *Národ sobě* (»Die Nation sich selbst«), während die Fassade des Ständetheaters (▶ 63) mit dem Motto aufwartet: *Patriae et Musis* (»Dem Vaterland und den Musen«).

Ein Patriot reinsten Wassers war der Komponist Bedřich Smetana (1824–84), der in seiner – eigens für die Eröffnung des Nationaltheaters im Jahre 1881 (▶ 146) komponierten – romantischen Oper *Libuše (Libusa)* die mythischen Wurzeln seines Volkes verherrlichte. Zu Smetanas

Kammermusik im Dvořák-Museum

bekanntesten Werken gehören die Oper *Die verkaufte Braut* und die
symphonische Dichtung *Die Moldau* aus dem Zyklus *Mein Vaterland*
(Smetana-Museum, ➤ 64).

Der erste tschechische Komponist von internationalem Rang war
Antonín Dvořák (1841–1904), dessen Werke zwar kaum den patrioti-
schen Gestus Smetanas aufweisen, aber zum Teil doch einen unver-
wechselbar volkstümlichen Klang, vor allem *die Slawischen Tänze* und
die Märchen-Oper *Rusalka*. Mehr über den Komponisten erfahren Sie
im Dvořák Museum in der Vila Amerika (Ke Karlovu 20, Prag 2, Nové
Město, Tel. 224 918 013; www.nm.cz, Okt.–März Di–So 10–13.30,
14–17; April–Sept. Di, Mi, Fr–So 10–13.30, 14–17; Do 11.30–13.30;
16–19 Uhr. Metro I.P. Pavlova; Tram 4, 6, 22; preiswert).

Seine berühmte Symphonie *Aus der Neuen Welt*, die er 1893 während seiner Tätigkeit als Leiter des New Yorker Konservatoriums schrieb,
verknüpft dezent europäische Volksliedmotive mit Anregungen des
Gospel und indianischen Klängen.

Walk on the Wild Side

Die Entourage von Freigeistern, die sich um den späteren Präsiden-
ten Václav Havel scharte, zog anfangs sicherlich nicht zuletzt dessen
Begeisterung für Jazz und Rock magisch an: In jenen bleiernen Jahren
des Kommunismus waren schräge Töne, wie sie etwa der Bürgerschreck
Frank Zappa losließ, die schönste Musik in den Ohren der Dissidenten.
Als 1968 sowjetische Panzer den Prager Frühling niederwalzten, legten

sie nicht zufällig dessen Album *Absolutely Free* auf den Plattenteller. 23 Jahre später gab Zappa ein Konzert auf der Prager Burg, zur Feier des Abzugs der Sowjets. Unter den Gästen waren Lou Reed und Mick Jagger, auf Vermittlung eines engen Beraters von Havel, des tschechischen Rockstars Michael Kocáb.

Seit der Samtenen Revolution von 1989 hat sich die Tschechische Musikszene vielfältig entwickelt und fand, mit Kategorien wie Rap, Hip-Hop, Pop, Rock, R&B und Techno, Anschluss an diejenige Westeuropas und der USA. Inzwischen stehen sogar Idole der Jahre hinter dem Eisernen Vorhang wieder hoch im Kurs, wie Karel Gott und Helena Vondráčková. Eigentlich gibt es in Prag für jeden Musikstil Fans und entsprechende Clubs.

WO DIE MUSIK SPIELT

Abgesehen von den hier erwähnten Veranstaltungsorten können Sie Live-Musik auch hier genießen:

- AghaRTA – Veranstaltungsort für Live-Jazz (➤ 76 or www.agharta.cz).
- Jazz Boat – genießen Sie den Blick auf den Fluss und Ihr Abendessen, während Sie den besten tschechischen Musikern lauschen (mehr Informationen unter www.jazzboat.cz oder Tel. 731 183 180).
- Liechtenstein Palast – Heimat des Prager Kammerorchesters (➤ 95; Karten Tel. 603 296 327).
- Lobkovický Palast – tägl. Mittagskonzerte (13 uhr) in barocker Umgebung (➤ 100).
- Spiegelkapelle Klementinum – regelmäßige Orgelkonzerte und -abende (➤ 66; Spielplan und Reservationen unter www.klementinum.com oder Tel. 222 220 879).
- Stadthalle – Sinfoniekonzerte werden in der Stadthalle (➤ 139), veranstaltet, aber es gibt auch Jazz-Abende in der American Bar (Tel. 777 859 919 oder www.obecnidum.cz).
- Rock Café – Tschechische Rockbands und Solo-Künstler treten in diesem etablierten Club regelmäßig auf (Narodní 20, Tel. 224 933 947 oder www.rockcafe.cz).
- St. Laurentius-Kirche – Kammerkonzerte werden in der restaurierten Kapelle aus dem 10. Jahrhundert gegeben (Hellichova 18, Malá Strana – Karten am Eingang (Tel. 776 223 232).
- Spanische Synagoge – Konzerte zu jüdischen Themen, alles von Gershwin und eine Auswahl des *Fiddler on the Roof* (➤ 127; Spielpläne und Karten unter www.jewishmuseum.cz).

Das beste BIER der Welt

Das reiche Aroma und die dunkle Bernsteinfarbe des tschechischen Biers sind, so sagen die Tschechen, einzigartig – trotz der vielen Versuche, sie zu kopieren.

Wie alles begann

Die böhmischen Brauereien fermentierten schon vor über 1000 Jahren Malz, Wasser und Hopfen, um »flüssiges Brot« herzustellen. Auch ihre Herrscher zeigten ein reges Interesse – Karl IV. verbot die Ausfuhr von lokalem Hopfen, Rudolf II. kaufte sogar die Brauerei Krušovice, um eine stetige Versorgung einer seiner privaten Residenzen zu gewährleisten. Im 19. Jahrhundert gab es schließlich mehr als 60 unabhängige Brauereien allein in Prag. Heute wurden viele durch internationale Konzerne geschluckt, aber die Tschechen sind anspruchsvolle Biertrinker und die Standards bleiben auch weiterhin hoch.

Das Beste vom Besten

Pilsner Urquell (auf Tschechisch Plzeňský Prazdroj) wird schon seit 1842 in der Industriestadt Pilsen, südwestlich von Prag, gebraut. Hergestellt wird es aus hochwertigem Saazer Hopfen und dem berühmten weichen Wasser der Region – einer wichtigen Zutat. Sein berühmtester Rivale ist Budweiser Budvar. Dieses milde, süßliche Bier stammt aus

PUB SPRACHFÜHRER

Pivo, prosím	ein Bier, bitte
Velké pivo	großes Bier (0,5l)
Malé pivo	kleines Bier (0,3l)
Světlé	hell
Tmávé	dunkel
Na zdravy	Prost!
Zaplatime, prosím	Wir möchten bitte zahlen

PUB-VERZEICHNIS

■ U Fleků (▶ 158). Ein Pub mit einer 500-jährigen Geschichte, ein Bier-Museum (Reservierung von Führungen: de.ufleku.cz oder Tel. 224 934 019/20) und seinem eigenen dunklen Bier. Fragen Sie nach Flek.

■ U Medvíků (▶ 73). Ein weiterer bekannter Pub, wo das Bier aus Hochdruck-Stahltanks serviert wird, um den Geschmack zu verstärken.

Oben: U Fleků Pub und Biermuseum

Links: Altes Bierplakat in Pilsen

■ Potrefená husa (▶ 130). Eine Pub-Kette, die drei Biersorten der Prager Brauerei Staropramen serviert, darunter auch das dunkle, süßliche Granát.

■ Pivovarský dům (»Brewery House«; ▶ 158). Diese Mikrobrauerei bietet Biere mit exotischen Geschmacksrichtungen wie Banane, Sauerkirsche und Brennnessel an.

■ Strahov Monastery (▶ 97). Das dunkle St. Norbert-Bier wird von der Brauerei verkauft.

der südlichen Stadt České Budějovice und steht nicht mit dem amerikanischen »Bud« in Verbindung. In allen Pubs mit dem Ziegenemblem können Sie das beliebte, leichte und spritzige Velkopopovický kozel probieren, das einen bitteren Beigeschmack hat. Hergestellt wird es von der Brauerei Velké Popovice.

Das können Sie erwarten

Viele der ältesten und bekanntesten Pubs in Prag (*pivnice*) wurden einer Verjüngungskur unterzogen. Die meisten servieren heute auch Speisen und einige haben Nichtraucher-Bereiche oder zumindest Tische. Im Sommer sind Biergärten beliebt – einer der besten liegt in den Letenské Sady (Letná-Gärten) und Sie erreichen ihn über die Treppe an der Čechův-Brücke (Tram 12, 17). Der traditionelle *pivnice* serviert verschiedene Biersorten aus einer bestimmten Brauerei. Die Kellner kommen zu Ihnen und halten auf einem Zettel fest, was Sie essen und trinken. Wenn Sie fertig sind, rufen Sie einen von ihnen oder nehmen den Zettel mit an die Bar und zahlen dort. Tschechische Gäste erwarten, dass am Tisch ohne neue Bestellung nachgeschenkt wird – wenn Sie kein weiteres Bier möchten, geben Sie es einfach zurück. Übrigens beziehen sich die Zahlen (10, 12 usw.) auf den Flaschenetiketten auf den Malzgehalt, allerdings haben Biere mit einem höheren Wert auch einen etwas höheren Alkoholgehalt.

KAFKA KULT

»Prag lässt nicht los – diese kleine Mutter hat Krallen«. Franz Kafkas Hassliebe zu seiner Geburtsstadt ist gut beurkundet, aber die Stadt hinterließ einen unauslöschlichen Eindruck auf einen der einflussreichsten Schriftsteller des zwanzigsten Jahrhunderts.

In der Nähe der Heimat

Kafka verbrachte einen Großteil der ersten Hälfte seines Lebens nur wenige Gehminuten vom Altstädter Ring entfernt. Er wurde 1883 in einem Haus auf dem heutigen Náměstí Franze Kafky geboren und sein Vater besaß einen Herrenausstatter am Staroměstské Namesti 8. Erzogen wurde er an den örtlichen Schulen und im Karolinum (► 69).

Kafkaesk

Nach Abschluss seines Jurastudiums arbeitete Kafka in einem Versicherungsbüro am Wenzelsplatz (► 141ff). Obwohl er ein gewissenhafter Mitarbeiter war, war seine blühende Fantasie für einen Büromenschen denkbar unpassend und er verbrachte jede freie Minute mit der Arbeit an den Romanen, die ihn berühmt machen sollten. In seinen Werken überträgt er seine Enttäuschung über die eintönige Welt des Büros auf Figuren, die ständig durch finstere Autoritätspersonen zum Scheitern verurteilt sind. In *Das Schloss* wird

Franz Kafka am Altstädter Ring 1922

dem Held »K« wiederholt der Zugang zu einem Schloss verweigert, in dem er als kleiner Beamter angestellt ist. Josef K, der Protagonist des bekanntesten Kafka-Romans *Der Prozess*, wird festgenommen und mit schrecklichen Strafen bedroht, erfährt aber nie, was ihm eigentlich vorgeworfen wird. Die verwirrende, um nicht zu sagen bedrohliche Welt, die Kafka schafft, ist so mächtig, dass sie im Deutschen mit einem eigenen Adjektiv beschrieben wird – »kafkaesk«.

Die Verwandlung

Kafkas Erzählungen sind für viele seine besten Arbeiten. Die bekannteste ist *Die Verwandlung*, in der ein Mann eines Morgens erwacht um festzustellen, dass er sich in ein riesiges Insekt verwandelt hat und letztendlich von seiner Familie abgelehnt wird. Seit ihrer ersten Veröffentlichung im Jahre 1915 hat diese eine Idee Bühnendarstellungen, Filme, Zeichentrickfilme, Opern, eine Episode der Simpsons und mehrere Videospiele inspiriert.

Käfig auf der Suche nach einem Vogel

Am Ende löste Prag schließlich widerwillig seine Krallen, aber die Umstände waren tragisch. Im Jahre 1917 erkrankte Kafka nach einer massiven Blutung an Tuberkulose. Er zog sich aus dem Staatsdienst zurück und verbrachte den Rest seines Lebens in Sanatorien. Er starb im Jahr 1924. Sein Grab auf dem Neuen Jüdischen Friedhof in Prag ist heute ein Wallfahrtsort für Literaturliebhaber aus der ganzen Welt.

VATERFIGUR

Kafkas Beziehung zu seinem Vater (Bild rechts) war schwierig. Seine bleibende Erinnerung an Hermann Kafka, einen Selfmade-Man, der sein Leben als reisender Kaufmann begann, war die an einen tyrannischen Mann, der die Mitarbeiter in seinem Geschäft schikanierte und anbrüllte. In seiner Erzählung *Das Urteil* von 1912 wendet sich ein Vater gegen seinen Sohn, übersät ihn mit Beleidigungen und Vorwürfen und »verurteilt ihn schließlich zum Tode« durch Ertrinken.

FILMSTADT PRAG

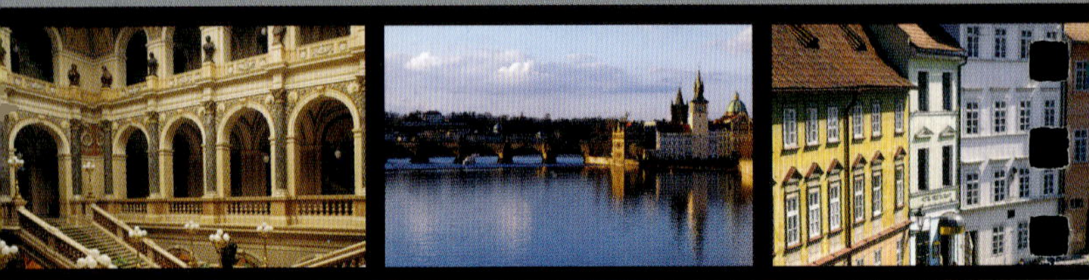

Von links: Offene Treppe im Nationalmuseum, Karlsbrücke, Kleinseite

Wenn Sie bei Ihrem ersten Besuch in Prag das Gefühl haben, dass Sie die Karlsbrücke, das Rudolfinum oder das Kloster Strahov schon einmal irgendwo gesehen haben, liegen Sie wahrscheinlich richtig.

Hauptrolle

Es war der emigrierte tschechische Regisseur Miloš Forman, der die kränkelnden Barrandov Studios mit der Produktion von *Amadeus* im Jahr 1984 zu neuem Leben erweckte. Sein Film über das Leben von Mozart wurde vor Ort im Ständetheater gedreht und gab den Ausschlag für zahlreiche weitere internationale Filme wie *Mission Impossible, Oliver Twist, Die Chroniken von Narnia, Die Bourne Identität, Das Omen* und *Casino Royale*. Prag wird dabei nicht nur selbst zum Star, sondern übernimmt regelmäßig auch die Rolle anderer Großstädte.

Zugkraft

Was reizt Filmemacher an der Stadt? Neben den atemberaubenden Locations geht es vor allem um Geld – günstige Lohn- und Produktionskosten, steuerliche Anreize und andere Vergünstigungen können Einsparungen von bis zu 40 Prozent gegenüber Dreharbeiten in Großbritannien oder den Vereinigten Staaten bedeuten. Weitere Pluspunkte sind einige der besten Studio-Einrichtungen in Europa, die Professionalität der tschechischen Produktionsteams und die Tatsache, dass viele Filmstars sowohl vor der Kamera als auch in der Freizeit gerne in Prag sind.

Weitere Informationen

Besorgen Sie sich die englischsprachige Broschüre und Karte *Lights! Camera! Action!*. Diese wird von der Tschechischen Filmkommission herausgegeben und ist in den Touristeninformationen kostenlos erhältlich. Sie stellt fast 50 Drehorte der oben erwähnten Filme und vieles andere vor. Auch auf den Websites www.filmcommission.cz und www.barrandov.cz finden Sie weitere Informationen.

Erster Überblick

Ankunft

Ankunft per Flugzeug

- Der **Flughafen Ruzyně** (Tel. 220 113 314, 220 113 321; www.csl.cz/en)
  bietet Geldautomaten, Wechselstuben, Autovermietungen und Zimmer-
  vermittlungen und WiFi (frei) von beiden Terminals.

In die Stadt gelangen

Der Flughafen liegt fast 20 Kilometer nordwestlich des Stadtzentrums. Egal
ob man mit dem Taxi, dem Express-Minibus oder einer Kombination von
Bus und Metro in die Stadt fährt, man muss zwischen 30 und 50 Minuten
rechnen, um zum Hotel zu gelangen.

- **Taxis** mit englischsprachigen Fahrern bieten die Taxiunternehmen AAA
  (Tel. 222 333 222) und Airport Cars (Tel. 220 113 892). Der Fahr-
  preis bis ins Stadtzentrum sollte bei rund 600 Kč (23 €) liegen. Der
  Taxameter sollte eingeschaltet sein. Verlangen Sie eine Quittung.
- **Cedaz-Minibusse** halten vor der Ankunftshalle und verkehren zwischen
  6 und 21 Uhr ins Prager Stadtzentrum. Der Fahrpreis beträgt 120 Kč,
  Tickets kauft man am Cedaz-Informationsschalter in der Ankunftshalle.
  Dieselbe Firma bietet Fahrten bis direkt zum Hotel an. 1–4 Personen
  kosten 480 Kč, 5–8 Personen 960 Kč.
- **Stadtbusse und die U-Bahn** bieten die billigste Fahrt ins Stadtzentrum.
  Wenn Sie die Ankunftshalle verlassen nehmen Sie den Bus Nr. 119.
  Tickets gibt es am gelben Fahrkartenautomaten, sie kosten 26 Kč (nur
  Münzannahme) und werden im Bus entwertet (falls Sie viel Gepäck ha-
  ben, benötigen Sie 2 Tickets). Der Bus fährt zur Metrostation Dejvická,
  dann geht es mit der Linie A (grün) ins Zentrum.

Ankunft per Bahn

- **Hlavní nádraží**, Wilsonova, ist Prags Hauptbahnhof. Hier halten viele Züge aus Deutschland und Österreich (Tel. 221 111 122; www.cdrail.cz).
  Manche Züge kommen auch am Bahnhof Nádraži Holešovice an.
- Es gibt im **Hlavní nádraží** Restaurants, Imbissstände, Geldautomaten,
  Wechselstuben, ein Informationsbüro und eine Zimmervermittlung sowie
  eine Gepäckaufbewahrung. In wenigen Minuten gelangt man zum **Wenzelsplatz**. Die Metrostationen Můstek und Museum liegen an der Linie A (grün).

Ankunft per Bus

- **Florenc**, Křižikova, ist der Hauptbusbahnhof für internationale Busse und
  liegt östlich des Stadtzentrums.
- Es gibt nur wenige Angebote außer einer rund um die Uhr geöffneten
  Gepäckaufbewahrung. Doch von der benachbarten **Metrostation Florenc** kommt man mit den **Linien B und C** schnell in die Stadt. Fahrpläne der Busse und Bahnen gibt es im Internet unter: www.idos.cz

Touristeninformationen

- Der **PIS** (Pražská informační služba – Prager Informationsdienst) bietet
  umfassende Informationen über Sehenswürdigkeiten, Öffnungszeiten,
  eine Ticketagentur, deutschsprachige Fremdenführer sowie kostenlose
  Stadtpläne: www.pis.cz. Die wichtigsten Büros:
- **Staroměstská radnice (Altstädter Rathaus)**, Staroměstské náměstí 1,
  Tel. 224 372 423, 224 373 16; tägl. 9–19 Uhr
- **Hlavní nádraží (Hauptbahnhof)**, Wilsonova, Eingangshalle,
  Tel. 224 372 423, 224 373 16; Mo–Fr 9–19, Sa–So 9–16 Uhr
- **Ruzyně (Flughafen)**, Terminal 2, Tel. 224 247 223; tägl. 8–20.30 Uhr.

Orientierungshilfen

Die Moldau unterteilt die Stadt in zwei sehr unterschiedliche Bereiche. Auf der rechten Flussseite ist der **Altstädter Ring (Staroměstské náměstí)** der Mittelpunkt. Auf der linken Flussseite, die allgemein als **Kleinseite (Malá Strana)** bekannt ist, bildet der **Kleinseitner Ring (Malostranské náměstí)** das Zentrum. Von dort gelangt man zum Hradschin.

Die wichtigsten Stadtviertel

- **Die Altstadt (Staré Město)** ist das historische Viertel auf der rechten Flussseite. Dazu gehört die Flussbiegung unmittelbar östlich der Karlsbrücke (Karlův most). Die Altstadt wird von den Straßenzügen Národní, Na příkopě und Revoluční begrenzt.
- **Die Josephstadt (Josefov)** war einst das separate jüdische Viertel. Jetzt gehört es zum nördlichen Bereich der Altstadt und erstreckt sich vom Altstädter Ring bis zur Moldau.
- **Hradschin (Hradčany)** heißt die Gegend auf dem Hügel links der Moldau rund um die Prager Burg.
- **Die Kleinseite (Malá Strana)** erstreckt sich entlang des linken Ufers unterhalb der Prager Burg. Die Insel Kampa am Fuße der Karlsbrücke und die umliegenden Parks und Gärten des Petřín-Hügels gehören ebenfalls zur Malá Strana.
- **Die Neustadt (Nove Město)** liegt auf der rechten Flussseite, östlich der Revoluční bis zur Wilsonova und südlich der Národní bis zur Vnislavova.
- **Vyšehrad** heißt der Burgbezirk südlich der Vnislavova.
- **Vinohrády, Karlín und Žižkov** sind Wohnbezirke östlich der Wilsonova.
- **Smíchov** ist ein Arbeiterviertel südlich der Holečkova in der Kleinseite.
- **Letná und Holešovice** sind Wohn- und Geschäftsviertel östlich der Burg auf der linken Seite der Moldau.

Unterwegs in Prag

Am besten erkundet man Prags Sehenswürdigkeiten in den jeweiligen historischen Vierteln zu Fuß. Um von einem Stadtviertel ins andere zu gelangen, sollte man das exzellente Straßenbahnsystem oder die Metro nutzen. Das ist billig, schnell und zuverlässig. Es gibt eine deutschsprachige Website mit detaillierten Informationen der Prager Verkehrsbetriebe (Dopravní podnik): www.dp-praha.cz.

Metro

Das schnelle und saubere Metrosystem verbindet mit drei Linien die wichtigsten Stadtviertel. Im Stadtzentrum schneiden sich die Linien (siehe Karte im hinteren Umschlag).

- **Züge fahren** von 5 bis 24 Uhr im Abstand von vier bis zehn Minuten (Rushhour häufiger). Die Digitaluhren auf den Bahnsteigen zeigen an, wie viele Minuten seit der Abfahrt des letzten Zuges vergangen sind.
- Die **grüne Linie A** verbindet das Zentrum mit der Kleinseite. Die wichtigsten Stationen sind Můstek, Muzeum, Wenzelsplatz, Staroměstská und Malostranská.
- Die **gelbe Linie B** verkehrt zwischen den nordöstlichen und südwestlichen Vororten via Florenc, náměstí Republiky, Můstek und Národní třída.
- Die **rote Linie C** verkehrt von Holešovice im Norden durch das Stadtzentrum via Florenc, Muzeum und südlich zur Burg Vyšehrad.
- **Wichtige Hinweisschilder** für die Nutzung der Metro sind zum Beispiel *výstup* (Ausgang) und *přestup* (Umsteigen).

Straßenbahnen

Das Netzwerk der Straßenbahnen wird beständig modernisiert und führt auf angenehme Weise durch die Stadt, die man gleichzeitig kennen lernt.

- **Straßenbahnen fahren** zwischen 4.30 und 24 Uhr im Abstand von sechs bis acht Minuten zu Stoßzeiten, sonst alle sechs bis 15 Minuten. Die **Fahrpläne** an den Haltestellen zeigen die dortigen Abfahrtszeiten.
- Es gibt einen **Nachtservice** zwischen 0 und 4.30 Uhr. Neun Linien, Nummer 51–59, fahren die Stadtviertel alle 30 Minuten an. Alle passieren die Lazarská in Prags Stadtzentrum.
- Für **Sightseeingtouren** ist die Linie 22 am besten geeignet. Sie verkehrt von Vinohrady durch die Neustadt über den Fluss in die Kleinseite und den Hradschin-Bezirk.
- Es gibt **Nostalgiefahrten** mit den historischen Wagen der Linie 91. Abfahrt ist am Platz der Republik (náměstí Republiky). Die Fahrt dauert 40 Minuten.

Busse

- Busse fahren selten ins Zentrum, sie verbinden die **Vororte** miteinander.
- **Busse verkehren** zwischen 4.30 und 24 Uhr; zwischen 0 und 5 Uhr verkehren stündlich **Nachtbusse** (Linien 501–504, 601–604).

Fahrkarten

- Fahrkarten müssen **vor Betreten** der Straßenbahn, der Metro oder eines Busses gekauft werden.
- **Kaufen** kann man Fahrkarten an den Metrostationen, in Reisebüros, an Zeitungsständen, in Kaufhäusern und vielen Hotels.
- **Einzelfahrscheine** gibt es auch an Fahrkartenautomaten.
- **Entwerten** muss man sein Ticket in elektronischen Geräten am Eingang der Metrobahnsteige oder in den Straßenbahnen.
- Ein **Einzelfahrschein** (26 Kč für Erwachsene und 13 Kč für Kinder) ist sowohl in der Metro wie in den Straßenbahnen mit Umsteigemöglichkeit für 75 Minuten nach dem Entwerten gültig.
- Ein **Kurzstreckenticket** (18 Kč für Erwachsene und 9 Kč für Kinder) ist in Straßenbahnen nur 20 Minuten ohne Umsteigemöglichkeit und in der Metro fünf Stationen gültig.
- **Mehrtagesfahrscheine** gelten über einen längeren Zeitraum für unbegrenzte Fahrten mit Metro, Straßenbahnen und Bussen. Die Karten kosten 100 Kč für 24 Stunden, 330 Kč für 3 Tage, 500 Kč für 5 Tage.
- **Kinder** unter sechs Jahren und Haustiere, die spezielle Transportbehälter benutzen müssen, fahren umsonst.

Die Prague Card

Die Prague Card (www.praguecitycard.com) ist ein **Touristenpass**, der vier Tage gültig ist und kostenlosen Zutritt zu mehr als 50 Prager Denkmälern und Museen gewährt. Die Karte kostet 790 Kč, für Studenten und Kinder 530 Kč. Man kann die Prague Card an den Prager Touristeninformationen (➤ 34) erwerben.

Taxis

Alle lizenzierten Taxen in Prag sind streng reguliert und müssen die folgenden rechtlichen Bestimmungen erfüllen.

- **Lizenzierte Taxen** sind gelb, haben eine Leuchte auf dem Dach und ein offizielles Taxischild.

■ **Quittungen** können auf Wunsch ausgestellt werden: *»Prosím, dejte mi potvrzení.«* (»Bitte geben Sie mir eine Quittung.«)

■ Die **Registrierungsnummer, der Firmenname und die Preisliste** müssen auf beiden Vordertüren angegeben sein und mit den Daten auf dem Taxameter übereinstimmen.

■ **Taxameter** müssen eingeschaltet sein.

■ Es wird empfohlen, ein Taxi von einem **rund um die Uhr tätigen Taxiunternehmen** zu bestellen. Alternativ können Sie Ihr Taxi auch an einem **offiziellen Taxistand** mit dem gelben »Taxi FairPlace«-Schild besteigen (Listen bei den Prager Touristeninformationen, ▶ 34).

■ Der **Grundpreis** beträgt 40 Kč, danach **kostet jeder gefahrene Kilometer** in der Innenstadt 28 Kč. Eine zehnminütige Fahrt sollte mit Steuern etwa 90 Kč – 120 Kč kosten. **Wartezeiten**, auch im Verkehrsstau, werden mit 6 Kč berechnet. Die Fahrer müssen keine ausländische Währung akzeptieren, dies dann aber im Taxi gut lesbar angeben. **Die Preise können von Jahr zu Jahr steigen.**

■ Zu den rund um die Uhr tätigen zuverlässigen Taxiunternehmen zählen:
AAA Tel. 222 333 222 **Halotaxi** Tel. 224 114 411
City Taxi Tel. 257 257 257 **Profitaxi** Tel. 844 700 800

Mit dem Auto unterwegs

Das Auto benutzt man am besten nur für Ausflüge außerhalb der Stadt. Mit dem Auto durch Prag zu fahren, kann für Ungeübte ein reiner Horror sein. Hier einige der Verkehrsregeln:

■ Autofahrer müssen auch tagsüber das Licht einschalten.

■ **Sicherheitsgurte** müssen vorne und hinten angelegt werden.

■ **Alkohol** am Steuer ist grundsätzlich verboten (0 Promille).

■ **Straßenbahnen** haben jederzeit Vorfahrt. Stoppt eine Straßenbahn an einer Haltestelle, muss man sofort anhalten.

■ Die **Geschwindigkeitsbegrenzungen** liegen bei 50 km/h in geschlossenen Ortschaften, 90 km/h auf Landstraßen (jedoch nur 30 km/h vor Bahn-übergängen) und 130 km/h auf Autobahnen.

■ **Kinder** unter 150 cm und unter 36 Kg müssen einen Kindersitz benutzen. Stoppt eine Straßenbahn an einer Haltestelle, muss man sofort anhalten.

■ Der Gebrauch von **Mobiltelefonen** während der Fahrt ist verboten.

Mietwagen

■ Sie benötigen einen gültigen internationalen **Führerschein** oder einen Füh-rerschein aus der EU.

■ Sie müssen **älter als 21** Jahre sein.

■ **Die Zahlung** muss durch eine internationale Kreditkarte garantiert werden.

■ Alle **bekannten internationalen Firmen** sind in Prag vertreten, doch die örtlichen Anbieter sind gewöhnlich viel günstiger, zum Beispiel:
Dvořák Rent-a-Car, Tel. 224 826 260; www.dvorak-rentacar.cz
AA Auto, Tel. 775 555 544; www.aa-auto.cz
CS Czechocar, Tel. 800 321 321; www.czechocar.cz
Vecar, Tel. 224 314 361; www.vecar.info

Eintrittspreise

Die Eintrittspreise für die im Führer erwähnten Museen und Sehens-würdigkeiten werden folgendermaßen klassifiziert:
Preiswert: unter 70 Kč
Mittel: 70–180 Kč
Teuer: über 180 Kč

Übernachten

Die enthaltsame sozialistische Vergangenheit hat Prag endgültig abgeschüttelt und rangiert nun hoch auf der Liste europäischer Reiseziele. Die Hoteliers brennen darauf, anspruchsvolle Gäste anzulocken. Im Ganzen betrachtet, steigt der Standard schneller als die Preise. Diese Stadt ist immer noch in ständiger Bewegung – planen Sie Überraschungen ein.

Unterkunftsmöglichkeiten

Nur wenige Städte bieten so viele hübsche kleine **Hotels und Pensionen** wie Prag. Diese Unterkünfte verbinden historischen Charme mit Authentizität und sind normalerweise in Häusern aus dem Mittelalter, dem 17. und 18. Jahrhundert sowie in stattlichen Gebäuden aus dem 19. Jahrhundert.

Eine **Ferienwohnung** kann eine günstige und angenehme Alternative zu einem Hotel sein. Viele Apartments liegen in attraktiven alten Stadtvierteln und stehen nur demjenigen zur Verfügung, der gebucht hat. Sie verfügen entweder über eine komplette Küche oder einen Herd und Kühlschrank. Einige sind vollständig mit TV, Radio usw. eingerichtet, andere ähneln abgesehen von den Kochmöglichkeiten eher einfachen Hotelzimmern.

Die €€€-Häuser in diesem Buch bieten die übliche luxuriöse Ausstattung mit dem dazugehörigen Service. Die Einrichtungen sind sehr unterschiedlich, doch kann man immer mit sehr sauberen Zimmern rechnen. Außer in den teureren Hotels gibt es schmale Betten mit Sprungfedermatratzen.

Reisende mit besonderen Wünschen oder Erfordernissen sollten sich darauf einstellen, dass nichts garantiert ist. Klimaanlage, Fahrstühle oder Rollstuhlzugang vorher abklären.

Wohin zum Übernachten?

Die meisten Besucher träumen davon, in der malerischen Altstadt (Staré Město) oder in der Kleinseite (Malá Strana) zu übernachten, doch man muss schon sehr frühzeitig buchen, wenn man sich ein Zimmer in einem dieser Viertel sichern möchte. Es gibt weit mehr Zimmer in der Neustadt (Nové Město), und die verschiedenen zentralen Stadtviertel wie Vinohrády, Žižkov und Smíchov bieten eine breite Palette an Unterkunftsmöglichkeiten, mit öffentlichen Verkehrsmitteln gut erreichbar.

Preise

Die Zimmerpreise sinken in der Nebensaison generell um 20–50 Prozent, in vielen Hotels auch im Hochsommer ein wenig. Einige kleine Hotels gewähren Nachlässe bei Barzahlung. Fragen Sie beherzt nach Ermäßigungen! Die Zimmerpreise beinhalten im Normalfall Steuern und Frühstück, außer in einigen Luxushotels.

Reservierungen

Es ist ratsam, das Hotel im Voraus zu buchen. Die Hauptsaison dauert von April bis Oktober, in einigen Hotels sogar noch länger. Die absoluten Spitzenzeiten sind im Mai, Juni und September.

Zimmervermittlungen

Wenn Sie in Prag ankommen, ohne vorher ein Zimmer gebucht zu haben, und Hilfe bei der Suche nach einer Übernachtungsmöglichkeit brauchen, sind dies gute Adressen:

- **DC Travel** Travel ist ein alteingesessenes Reisebüro, das bei der Suche nach Apartment, Hotel oder Pension behilflich ist. Es organisiert auch den

Transfer vom Flughafen, Besichtigungstouren, Karten für Kulturveranstaltungen und Exkursionen. Tel. 224 816 346, www.visitprague.cz.
- **E-travel** ist ein weiterer erfahrener Reisedienstleister. Tel. 224 990 990/7, www.travel.cz.
- **PIS** (Prager Touristeninformation, ➤ 34) ist das offizielle städtische Touristenbüro mit Zimmervermittlung. Tel. 224 372 423, www.pis.cz

Adressen

Es folgt in alphabetischer Reihenfolge eine ausgewählte Liste der besten Unterkünfte in Prag. Viele Standardnamen aus der Hotelbranche haben auch in Prag Filialen. Dazu gehören Hilton, Marriott, Radisson und Intercontinental.

Preise

Die aufgeführten Preiskategorien gelten für das jeweils billigste Doppelzimmer während der Hochsaison inklusive Mehrwertsteuer:
€ unter 3000 Kč   €€ 3000–6000 Kč   €€€ über 6000 Kč

Betlem Club €

Vom Frühstücksraum im Keller über ein Gewirr von Treppen und gotischen Galerien bis zu den Zimmern, die zumeist im Stil der 1970er-Jahre mit Messing und Spiegeln eingerichtet sind, handelt es sich um ein authentisches altes Prager Haus, das in ein erschwingliches, kleines Hotel umfunktioniert wurde. Der Bethlehem-Platz besitzt Charme.

✚ 198 D3 ✉ Betlémské náměstí 9, Staré Město ☎ 222 221 574; www.betlemclub.cz

Domus Henrici €€

Ruhe und Eleganz bestimmen die Atmosphäre dieses Hotels, das zwischen Kloster Strahov und Loreto-Heiligtum gelegen ist. Die Gäste werden durch Glockengeläut geweckt, und vom nahen Petřín-Hügel ist das Vogelgezwitscher zu hören. Die acht Gästezimmer bieten ein Höchstmaß an Luxus und sind außerordentlich geschmackvoll eingerichtet. Der Hotelservice ist exzellent – man kann sich Tickets besorgen oder auf die andere Flussseite zum Abendessen fahren lassen.

✚ 196 B3 ✉ Loretanská 11, Hradčany ☎ 220 511 369; www.hidden-places.com

Dům U Krále Jiřího €

Diese erschwingliche Pension im Herzen der Altstadt befindet sich in einem typischen verschachtelten gotischen Haus. Einige Räume sind im gotischen Stil eingerichtet. Es gibt ein großes Zweipersonen-Apartment, zwölf Standard-Doppelzimmer sowie ein größeres Apartment mit Küche.

✚ 198 B3 ✉ Liliová 10, Staré Město ☎ 221 466 100; www.kinggeorge.cz

Dům U Velké Boty €€

Der kleine Familienbetrieb wird sehr liebevoll von Charlotte, ihrem Ehemann Jan und den Söhnen Jakub und Tomáš geführt. Die acht großen hellen Gästezimmer sind geschmackvoll mit sorgsam restaurierten alten Möbeln eingerichtet. Das Hotel liegt an einem ruhigen Platz gegenüber der deutschen Botschaft auf der Kleinseite. In nur wenigen Minuten erreicht man die Neruda-Gasse, die hinauf zur Burg führt.

✚ 196 C3 ✉ Vlašska 30, Malá Strana ☎ 257 532 088; www.dumuvelkeboty.cz Ⓜ Malostranská

Hotel Anna €

Das elegante kleine Hotel ist Mitglied der Small Charming Hotels, die sich durch besonderen Charakter auszeichnen. Jedes der 24 Gästezimmer ist geräumig und komfortabel ausgestattet. Die Wände sind mit Stichen des alten Prag dekoriert. In der Nachbarschaft gibt es hübsche Weinstuben und nette Lokale. Drei Häuserblocks weiter liegt ein wunderschönes Wäldchen, das einst ein Weingarten war.

✚ 199 F1 ✉ Budecská 17, Vinohrady
☎ 222 513 111; www.hotelanna.cz
Ⓜ Náměstí Míru

Hotel Černý Slon €€

Im Herzen Prags liegt das romantische kleine Hotel, in direkter Umgebung der Teynkirche und des Altstädter Rings. Es ist in einem Gebäude aus dem 14. Jh. untergebracht, das sein gotisches Erscheinungsbild erhalten hat. Das Innere wurde grundlegend modernisiert, die 16 Gästezimmer sind geschmackvoll eingerichtet und bieten jeglichen Komfort. Dem Hotel sind eine Bar und ein Restaurant angeschlossen.
✚ 198 C3 ✉ Týnská 1, Staré Město
☎ 222 321 521; www.hotelcernyslon.cz

Hotel U Šuterů €

Die beliebte Pension, die man frühzeitig buchen sollte, liegt in einer kleinen Seitenstraße, nur etwa 100 Meter vom berühmten Wenzelsplatz entfernt. Sie ist in einem Gebäude aus dem 14. Jh. untergebracht, dessen Erdgeschoß ein traditionelles Gasthaus gleichen Namens einnimmt. Die zehn Gästezimmer sind stilvoll und komfortabel ausgestattet.
✚ 198 C2 ✉ Palackého 4, Nové Mesto
☎ 224 948 235; www.usuteru.cz Ⓜ Můstek

Hotel Zlatá Hvězda €€

Das stilvolle Hotel befindet sich unterhalb der Burg und ist in einem sorgsam renovierten historischen Gebäude aus dem 14. Jh. untergebracht. Die Zimmer sind geschmackvoll mit Antiquitäten ausgestattet, ohne moderne Annehmlichkeiten vermissen zu lassen. Das exzellente hoteleigene Restaurant bietet traditionelle tschechische und internationale Küche.
✚ 197 D3 ✉ Nerudova 48, Malá Strana
☎ 257 533 833; www.hotelgoldenstar.com
Ⓜ Malostranská

ICON Hotel €€

Dieses neue, hochmoderne Boutique-Hotel bietet Annehmlichkeiten wie iPods auf dem Zimmer und Skype-Verbindungen. Frische schwedische Betten und ein guter Standort in Nové Město. Manchmal gibt es auf der Webseite Sonderangebote.
✚ 198 C1 ✉ V Jámě 6, Nové Město
☎ 221 634 100; www.iconhotel.cz Ⓜ Můstek

Maximilian €€€

Dieses österreichische Hotel ist leistungsstark und luxuriös. Es liegt unauffällig an einem ruhigen Platz nahe dem Agneskloster (Aneržký klášter, ➤ 128). Alle 71 Zimmer verfügen über Faxgeräte, Safes sowie große Betten und Badezimmer. Die besten Zimmer liegen zum Platz. Last-Minute-Bucher erhalten einen Preisnachlass von 10–20 Prozent.
✚ 198 C4 ✉ Haštalská 14, Staré Město
☎ 225 303 111; www.maximilianhotel.cz

Palace €€

Das 100 Jahre alte Jugendstilhotel gehört zu den Dauerbrennern unter Prags besten Adressen. Es bietet Komfort, ohne protzig zu sein. Die meisten der 124 Zimmer verfügen über sehr große Betten und Internetanschluss. Einige Stockwerke sind für Nichtraucher reserviert, und die kühle ruhige Lobby ist ein angenehmer Ort, um dem Trubel der Neustadt für einen Moment zu entfliehen. Nachmittags und abends ist die Pianobar geöffnet. Kinder unter zwölf Jahren übernachten kostenlos im Zimmer der Eltern. Das Restaurant ist im Stil eines englischen Clubs eingerichtet und bietet teure kontinentale und internationale Gerichte.
✚ 198 C2 ✉ Panská 12, Nové Město
☎ 224 093 111; www.palacehotel.cz

Pension Standard €€

Zwei Dachgeschosssuiten dieser angenehmen Pension haben Blick auf die Moldau und die Prager Burg (➤ 82). Das attraktive siebengeschossige Haus gehört zu einer langen Reihe von ähnlich schönen Gebäuden entlang des Moldauufers. Auch wenn die elf Doppelzimmer keinen besonderen Ausblick bieten, sind die Preise angemessen, denn es gibt mehr Extras, als man denkt. Dazu gehören eine Klimaanlage und eine Minibar. Es gibt auch ein Restaurant mit tschechischer Küche, was für ein Haus dieser Größe außergewöhnlich ist.

✝ 201 D4

✉ Rašinovo nábřeží 38, Nové Město

☎ 224 916 060; www.standard.cz

Romantik Hotel U Raka €€

Dieses charmante Hotel im Landhausstil bietet Landleben mitten in der Stadt. Wenn Sie das Glück haben, eines der sechs Zimmer zu reservieren, die alle einfach und elegant eingerichtet sind, können Sie auch offenes Feuer, einen schönen Hofgarten und sogar eine kleine Galerie mit Arbeiten der Inhaber genießen.

✝ 196 B4

✉ Černínská 10/93 Hradčany, Prag 1

☎ 220 511 100; www.romantikhotel-uraka.cz

Savoy €€€

Dieses mittelgroße Jugendstilhotel gehört unbestreitbar zu den luxuriösesten Unterkünften der Stadt. Die 61 Standardzimmer sind mit vier Telefonen und PC-Anschlüssen bestens für Geschäftsreisende ausgerüstet, und die Deluxe-Doppelzimmer sind geräumig. Ein Stockwerk ist für Nichtraucher reserviert. Das Hradčany-Restaurant mit seinem massiven gläsernen Schiebedach ist ein hervorragender Platz für ein sommerliches Abendessen.

✝ 196 B4

✉ Keplerova 6, Hradčany

☎ 224 302 430; www.hotel-savoy.cz

Sax €€

Selbst mit nur 22 Zimmern gehört dieses gute Hotel zu den angesehenen Häusern am Hügel unterhalb der Prager Burg (▶ 82). Das Atrium wird von drei Zimmerfluchten gesäumt. Das Sax hat eindeutig städtisches Flair. Es gibt kein Restaurant, aber ein Frühstückszimmer.

✝ 197 D3

✉ Jánský vršek 3 (an der Břetislavova), Malá Strana

☎ 257 531 268; www.sax.cz

U Dvou Zlatých Klíčů €

Das Hotel »Zu den goldenen Schlüsseln« liegt optimal nur zwei Gehminuten von der Metrostation Narodnítřídá und der Haltestelle der Tram 22 zur Prager Burg entfernt. Auch die Altstadt, der Wenzelsplatz und das Nationaltheater sind zu Fuß bequem zu erreichen. Die Zimmer sind einfach eingerichtet, aber sehr groß und verfügen über Satellitenfernsehen und WLAN. An der Rezeption stehen ein kostenloser Internetzugang und ein Ticketreservierungsservice zur Verfügung.

✝ 196 B2

✉ Spálená ulice 98/31, Nové Město

☎ 224 932 010; www.twogoldenkeys.cz oder www.udvouzlatychklicu.cz

U Krále Karla €€

Dieses kleine Hotel verfügt über 19 Zimmer in herrlicher Lage am oberen Ende der Nerudova-Straße (▶ 102), direkt unterhalb der Prager Burg. Die exquisite Einrichtung repräsentiert Stilrichtungen von der Renaissance bis zur Neogotik, und zwar vom reizvollen Frühstücksraum bis zum Buntglas-Dachfenster im obersten Stockwerk. Parkmöglichkeiten sind sehr begrenzt. Das Restaurant serviert tschechische Standardgerichte.

✝ 196 B3

✉ Úvoz 4 (an der Nerudova), Malá Strana

☎ 257 533 594; www.romantichotels.cz

U Zlaté Studny €€€

Das »Zum goldenen Brunnen« ist ein luxuriöses Boutiquehotel mit kaiserlicher Atmosphäre – einst war es die Residenz von Rudolf II. Die 17 wunderschön eingerichteten Zimmer und zwei Suiten sind im Stil des 17. Jahrhunderts möbliert und bieten einen herrlichen Blick über die Dächer von Mála Strana. Gleiches gilt für das Restaurant unter der Leitung des preisgekrönten Chefkochs Pavel Sapik. Zudem steht den Gästen im Sommer ein eigener Zugang zu den Gärten der Prager Burg zur Verfügung.

✝ 197 D4

✉ U zlaté studně 4 (am Ende der Sněmovná), Malá Strana

☎ 257 011 213; www.goldenwell.cz

Villa Voyta €

In einem grünen Vorort bietet dieses schöne, ein wenig verborgene Jugendstilgebäude 13 elegante Zimmer, die stilgerecht eingerichtet sind. Man benötigt etwa 20 Minuten mit dem Taxi von Zentrum zum Hotel. Die acht ebenfalls komfortablen Zimmer in einem Anbau auf der anderen Straßenseite können zu Suiten verschiedener Größe zusammengeschlossen werden. Alle Zimmer im Anbau und fast alle im Hauptgebäude verfügen über eine Klimaanlage. Die besseren Zimmer haben sogar Videogeräte und Stereoanlagen. Das Restaurant genießt einen guten Ruf und ist ebenfalls im Jugendstil eingerichtet. Die französische und tschechische Küche ist ziemlich teuer.

✚ 201 bei F1
✉ K Novému dvoru 124/54, Lhotka, 14200 Prag 4
☎ 261 171 307; www.villavoyta.cz

Essen und Trinken

Auswärts Essen ist in Prag immer noch eine Glückssache. Obwohl der Standard gestiegen ist, gibt es auch weiterhin zu viele Restaurants, die sich auf die bewährte Formel – mittelmäßige Gerichte für Touristenmassen – verlassen. Im Allgemeinen sollten Sie Restaurants in den Haupttouristengebieten in der Altstadt und an der Malá Strana meiden und stattdessen die hier genannten Empfehlungen befolgen oder sich an lokalen Informationen orientieren, zum Beispiel in der englischsprachigen Zeitung *The Prague Post*.

Die Restaurantsituation ändert sich ständig mit wöchentlichen aufwändigen Neueröffnungen, die dann nach einem Jahr, wenn die Welle weitergerollt ist, wieder schließen. Überraschenderweise ist traditionelles tschechisches Essen schwer zu finden. Die meisten neueren Restaurants konzentrieren sich auf internationale Gerichte und eine exotischere Küche. In der Regel ist die Mittagszeit die beste Gelegenheit, ein tschechisches Gericht zu probieren, da zahlreiche Pubs und Restaurants ein Tagesmenü mit einem lokalen Gericht wie Gulasch oder Schweinebraten servieren. Vegetarische Restaurants sind noch selten, aber auf den Speisekarten der meisten Restaurants stehen zumindest einige vegetarische Gerichte.

Tschechische Küche

Die Tschechen behaupten gerne, dass ihre besten Köche zu Hause kochen. Falls Sie nicht in der glücklichen Lage sind, bei Tschechen eingeladen zu sein, können Sie dennoch die bodenständigen, örtlichen Spezialitäten probieren.

- Das **Mittagessen** ist traditionell die Hauptmahlzeit. Typisch sind *polévka* (Suppe), oftmals mit Zwiebeln oder Knoblauch. *Kulajda* (starke, scharfe Kartoffel-Pilzsuppe) ist eine südböhmische Spezialität.
- Als **Hauptgericht** ist *vepřové* (Schweinefleisch) sehr beliebt. In preiswerten Restaurants schmecken Schweinefleischgerichte normalerweise besser als *hovezí* (Rindfleisch). Dazu werden meistens *knedlíky* (Semmelknödel) oder *hranolky* (Pommes frites) serviert. Fisch ist weniger beliebt, aber als böhmische Spezialität erscheint er vor allem im Herbst selbst in den einfachsten Restaurants auf der Speisekarte. Besonders lecker sind *pstruh* (Zuchtforellen), *štika* (Hecht) oder *úhoř* (Aal).
- **Gemüse** wird immer beliebter. Zu einem Standardgericht gehören jedoch oft nur *zelí* (Sauerkraut) oder *obloha* (eingelegtes Gemüse). *Šopsky salát* (Salat) besteht im Allgemeinen aus Gurke, Tomate und Paprika.

- Traditionelle **Desserts** sind *palačinky* (Crêpes), Obst oder Eiskrem sowie *ovocné knedlíky* (Obstknödel), die so füllend wie ein Hauptgericht sind.
- **Bier** *(pivo)* ist natürlich das Hauptgetränk. Pils wurde in der böhmischen Stadt Plzeň (Pilsen) erfunden. Man wird keine große Bandbreite von Biersorten wie in München, Brüssel oder Dublin finden, doch Prag kann sich mit allen Konkurrenten beim Geschmack messen und übertrifft alle beim Preis.
- Tschechischer **Wein** ist ebenfalls eine Probe wert. Unter dem Kommunismus hatte der mechanisierte Weinanbau eine verheerende Wirkung auf die alte mährische und böhmische Weinindustrie. In jüngster Zeit brachte das Land jedoch wieder trinkbare Sorten hervor. Zu den besten Roten (*červené*) gehören Frankovka und Svatovavřinecke, zu den guten Weißen (*bílé*) zählen Rýnský ryzlink (Riesling), Tramín Červený und Veltlínské zelené.

Restaurace, Hostinec oder Vinárna?

Restaurant, Kneipe oder Weinbar? Das Schild draußen zeigt oft nicht genau an, was die Besucher drinnen erwartet.

- Viele Betriebe verwenden das Wort *restaurace*, sind jedoch eher eine Kneipe. Das Bier wird gezapft und ist kühl und durststillend, während das Essen eher eine Beilage ist. Es kann jedoch auch umfassende Speisekarten geben.
- Das *hostinec* ist eine Kneipe, in der auch warmes Essen serviert wird.
- Die Einheimischen in der *pivnice* (Bierhalle) an der Ecke schauen vielleicht misstrauisch, doch sind sie im Allgemeinen recht freundlich. Gibt es keine freien Tische, fragt man: »*Je tu volno?*« (»Ist hier noch frei?«).
- *Vinárna* ist im wörtlichen Sinne »ein Ort für Wein«. Zu dieser Kategorie gehören Theken für ein schnelles Glas, mager beleuchtete Keller-Weinbars, aber auch einige der besten Restaurants in der Stadt.

Café-Kultur

Ein Stadtführer aus dem Jahr 1913 führte nicht weniger als 27 Grand Cafés in Prag auf. Drei davon gibt es noch immer – sie erinnern an die verschwundene tschechisch-deutsch-jüdische Kulturmischung, die eingefleischte Kaffeehausbesucher wie Bedřich Smetana, Franz Kafka und Albert Einstein hervorbrachte. Die letzten alten Kaffeehäuser sind das Café Slavia (► 74), das Café Louvre (► 158) und das Café im Obecní dům (► 139). Die Kultur und die Kaffeehäuser verschwanden nach dem Zweiten Weltkrieg oder während der kommunistischen Herrschaft. Die Situation spitzte sich so zu, dass es in den frühen 1990er-Jahren ebenso schwierig wurde, eine gute Tasse Kaffee in Prag zu trinken, wie den berühmten Sohn der Stadt, Franz Kafka, persönlich zu treffen. Kafka starb 1924. Doch die Stadt lechzte nach einer Rückkehr von Literaturcafés, Musikcafés und ganztägig geöffneten Cafés. Die Millionen von Touristen, die jährlich die Stadt besuchten, wollten einfach nur eine erträgliche Tasse Capuccino genießen. Deshalb belebt heute eine neue Generation die alte Atmosphäre der verschwundenen Kaffeehäuser.

Für eine sanftere Erfrischungspause bieten die **Teehäuser** (*čavojna*) vielleicht genau die richtige Alternative. Die Teekenner, welche diese Betriebe leiten, fahren um die ganze Welt, um dort die aromatischsten Sorten zu finden und die Geheimnisse des angemessenen Aufbrühens kennen zu lernen. Zudem bieten die meisten Teehäuser Nichtraucherzonen.

Essen in Prag – wichtige Tipps

- In der Hauptsaison sollte man möglichst immer **reservieren** oder sich um 11 oder um 18 Uhr für ein frühes Mittag- oder Abendessen entscheiden. Viele günstige Lokale und auch viele teurere sind den ganzen Tag über geöffnet. Fast alle bieten am späten Nachmittag freie Sitzplätze.

- **Freizeitkleidung** reicht praktisch überall; bei den gehobeneren Restaurants bei der Reservierung nach der Kleiderordnung fragen.
- In kleineren Restaurants gibt es vielleicht nur eine tschechische Speisekarte, größere Einrichtungen bieten aber in der Regel auch englische und deutsche Karten an. **Nützliche Wörter** sind *jídelní lístek* (Menü), *denní nabídka* (Tagesgerichte) und *jídla na objednávku* (Hauptgerichte).
- Der **Service** hat sich enorm verbessert, aber schwankt noch immer sehr. Man kann sich nunmehr in den meisten Restaurants auf prompte, sachkundige und freundliche Bedienung verlassen. Genau wie bei allem anderen in Prag benötigt man aber Geduld, um das volle Erlebnis genießen zu können. Der Service ist normalerweise nicht in den Rechnungen enthalten, man gibt 10–15 Prozent Trinkgeld. In Kneipen und preiswerten Restaurants gibt man ein kleines Trinkgeld, indem man ein paar Münzen zur Abrundung der Gesamtsumme drauflegt.
- Die wichtigsten **Kreditkarten** werden in den meisten Restaurants akzeptiert, die in diesem Reiseführer erwähnt sind (Achten Sie auf die Anzeige an der Tür). Viele günstigere Restaurants, Kneipen und Cafés akzeptieren hingegen nur Bargeld.
- Die **Mehrwertsteuer** ist normalerweise in der Rechnung enthalten.

Kulinarische Highlights

Asiatisch: Angel (➤ 70)
Café: Kavárna Slavia / Café Slavia (➤ 74)
Historisches Interieur: Pálffy Palác (➤ 106)
Italienisch: Allegro (➤ 70)
Koscher: King Solomon (➤ 129)
Pizza: Pizze Nuovo (➤ 71)
Fischrestaurant am Fluss: Rybářský klub (➤ 106)
Teehaus: Dobrá Čajovna (➤ 158)
Terrasse: Hergetova Cihelná (➤ 106)
Aussicht: U Zlaté studně (➤ 107)

Preise

Die Symbole für die in den einzelnen Kapiteln empfohlenen Restaurants beziehen sich auf ein komplettes Abendessen für eine Person inklusive Getränke, Steuer und Service.

€ unter 500 Kč   €€ 500–1000 Kč   €€€ über 1000 Kč

Einkaufen

Souvenirstände säumen die Hauptfußgängerzonen an Altstädter Ring, Karlova, Karlsbrücke und Malá Strana. Hier werden kleine Geschenkartikel und günstige Wegwerfartikel wie Kaffeetassen, T-Shirts und Schlüsselanhänger angeboten. Nach hochwertigeren Produkten müssen Sie etwas länger suchen. Das Pařížská in Josefov ist der ideale Ort für Luxusmarken wie Hermes und Louis Vuitton. Na příkopě in Nové Město ist die High-Street von Prag mit trendigen Modegeschäften wie Mango, H&M und Zara. Das Gebiet um den Obecní dům ist ein guter Ort, um in Antiquitätenläden und Antiquariaten zu stöbern.

Tschechische Spezialitäten

- Die drei wichtigsten **traditionellen tschechischen** Produkte sind Kristall und Glas, Porzellan und Marionetten. Das Preis-Leistungs-Verhältnis ist exzellent. Einfache Glaswaren und Porzellan können ziemlich preisgünstig sein. Im oberen Marktsegment sind Marken wie Moser weltbekannt.

- Andere **beliebte Produkte** sind Granatjuwelen, Kunsthandwerk, Schuhe und Lederwaren sowie der Kräuterlikör Becherovka.
- Prag bietet auch **Schnäppchen**, z. B. bei Klassik-CDs und Musikinstrumenten.
- Aufgrund der 50-jährigen Isolation besitzt der **Antiquitäten- und Kunstmarkt** ein großes Wachstumspotenzial. Gewiefte Käufer können gute Geschäfte machen, aber auch Gegenstände erwerben, deren Authentizität zweifelhaft ist. Händler mit einem guten Ruf besorgen auch die nötigen Zollpapiere für echte Antiquitäten und Kunstwerke.

Wohin zum Einkaufen?

- Die **Neustadt** bietet im Allgemeinen die größten Geschäfte.
- In der **Altstadt** und der **Josephstadt** findet man Boutiquen, Souvenirstände und eine Reihe von schicken internationalen Modegeschäften.
- In der **Kleinseite** und rund um die **Prager Burg** macht man am besten einen Streifzug durch die kleinen Geschäfte.

Märkte

- Den belebten **Havelská-Straßenmarkt** in der Altstadt kann man nicht verpassen. Hier gibt es Kunsthandwerk, Spielzeug und Bekleidung neben Obst und Gemüse. Er ist täglich von Sonnenaufgang bis Sonnenuntergang geöffnet.
- Der **Altstädter Ring** kehrt zu Ostern und Weihnachten zu seinen geschäftlichen Wurzeln zurück, wenn er mit Ständen belegt ist, die traditionelles Kunsthandwerk, Bratwürste und Glühwein anbieten.
- In allen Stadtteilen werden *tržnice*, kleine Märkte, abgehalten, die Lebensmittel, Kleidung, Schuhe, Regenschirme, Mäntel und Taschen zu günstigen Preisen anbieten.

Service

Das typische Innenstadtgeschäft hat sich in Prag im letzten Jahrzehnt stark gewandelt. In der Vergangenheit sah man sich langen Theken und grimmig dreinschauenden Matronen gegenüber. Falls man mit ihnen überhaupt kommunizieren konnte, händigten sie missmutig die Waren aus. Heute sind offen gestaltete Läden mit Angestellten, die Deutsch oder Englisch sprechen, die Norm. Der Weg zu besserem Service ist jedoch steinig.

Öffnungszeiten

- Geschäfte und Kaufhäuser in der Innenstadt sind wochentags bis 19 Uhr oder länger geöffnet. Samstags und sonntags schließen sie einige Stunden früher.
- Andernorts sind die meisten Läden von 9 bis 18 Uhr an Wochentagen und 9 bis 13 Uhr an Samstagen geöffnet, sonntags sind sie geschlossen.

Ausgehen

Prag wird von Opernfans und Bewunderern des vollen mitteleuropäischen Orchesterklangs innig geliebt. Darüber hinaus bietet Prag eine überraschend breite Palette an Bühnenkunst für jeden Geschmack.

Information und Reservierung

- Man kann alle Arten von **Tickets** für alle Arten von Veranstaltungen bei einer riesigen Anzahl von Ticketagenturen, großen Hotels, dem Städtischen Informationsdienst (PIS) und Reisebüros kaufen.
- **Eintrittskarten** für wichtige Vorführungen sind am Tag der Veranstaltung rar, doch lohnt es sich, bei der Theaterkasse vorbeizuschauen. Operntickets sind im Winter am leichtesten erhältlich.

- **Bohemia Ticket International**, Na příkopě 16, Nové Město; Tel. 224 215 031; www.ticketsbti.cz, verkauft Restkarten für die Staatsoper zum halben Preis am Tag der Aufführung.
- Tickets für das **Prager Frühlingsfestival** erhält man im Internet unter www.festival.cz, in den Büros von **PIS** (Prager Informationsdienst ➤ 34) oder bei **Ticketpro**, Klimentská 1515/22 (Tel. 234 704 234; www.ticketpro.cz).

Weitere Informationen

Die deutschsprachige *Prager Zeitung* (www.pragerzeitung.cz) und das Monatsheft *Willkommen in Prag* bieten Veranstaltungshinweise und Kritiken. Das Monatsheft *Culture in Prague* ist nicht immer leicht zu bekommen und informiert über Veranstaltungen und Filme.

Oper und klassische Musik

- Die drei **Opernhäuser** der Stadt sind die Juwelen der Kulturszene: das Ständetheater (Stavovské divadlo, ➤ 63), das Nationaltheater (Národní divadlo, ➤ 145) und die Prager Staatsoper (Státní opera Praha, ➤ 152).
- Die **Kartenpreise** für Opern sind für Prag recht hoch.
- Die **Tschechische Philharmonie** und das **Prager Symphonieorchester** bieten Musik von Weltrang. Die Tschechische Philharmonie spielt im Rudolfinum (➤ 124) und das Prager Symphonieorchester in der Smetanova síň (Smetanahalle) im Obecní dům (Repräsentationshaus). Häufig werden Werke von Mozart, Vivaldi und Bach gespielt.

Theater und Tanz

Selbst wenn man die zahlreichen tschechischsprachigen Dramen außer Acht lässt, gibt es noch eine große Auswahl.

- **Schwarzlichttheater** ist eine lokale Erfindung und unterhält die Besucher jeden Abend an verschiedenen Orten mit einer Mischung aus Pantomime, Clownerie und Lichteffekten. Informationen zu Tickets über Ticketpro (Tel. 234 704 234; www.ticketpro.cz).
- Hervorragende **Pantomime**-Künstler treten im Archa (➤ 160) und auf Festivals wie dem Tanec Praha im Juni auf (siehe unten).

Pop und Jazz

- In Prag kann man sehr guten **Jazz** mit einer langen Tradition in einer Reihe von Clubs im Zentrum hören. Veranstaltungshinweis gibt es unter anderem in der *Prager Zeitung*.
- Dort finden sich auch Hinweise auf lokale **Rock-, Blues- und Folkkonzerte**.
- **Weltmusik** ist in Prag ebenfalls populär. Das PIS erteilt hierzu Infos.

Festivals

Detailliertere Informationen zu Festivals finden sich in den einzelnen Kapiteln.

- Das ehrwürdige **Musikfestival Prager Frühling** bringt die besten Künstler jedes Jahr von Mitte Mai bis Anfang Juni in die Stadt (www.festival.cz).
- Das **Prager Herbstfestival** macht dasselbe im September, allerdings auf einem etwas niedrigeren Niveau (www.pragueautumn.cz).
- Im Juni wird das **Prager Autorenfestival** veranstaltet, auf dem Schriftsteller aus aller Welt Lesungen und Diskussionsrunden abhalten (www.pwf.cz).
- Im Juni gibt es außerdem das Musikfestival **United Islands of Prague** (www.unitedislands.cz) und hochklassige Vorführungen **moderner Tänze** auf dem **Tanec Praha** (www.tanecpraha.cz).
- Die zwei wichtigsten **Filmfestivals** sind das FebioFest (www.febiofest.cz) im März und das One World International Human Rights Documentary Film Festival (www.jedensvet.cz).

Altstadt (Staré Město)

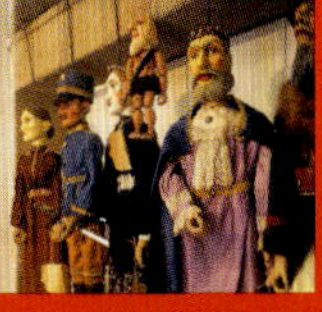

Erste Orientierung

Die Altstadt (Staré Město) ist das historische Zentrum Prags. Hier führte der Königsweg entlang, über den die Herrscher unter dem Jubel der Menge ihrer Krönung entgegenzogen. Heute vermengen sich historische und moderne Elemente sehr gut: Internetcafés summen und piepen in mittelalterlichen Kellergewölben.

Die Altstadt befindet sich in einer Flussbiegung der Moldau. Sie erstreckt sich von der monumentalen Karlsbrücke (Karlův most) über den Altstädter Ring (Staroměstské náměstí) mit dem Rathaus und der bekannten atsronomischen Uhr bis zum östlich gelegenen Ende der Celetná (Zeltnergasse).

Nördlich von Celetná liegt die historische Doppelturmkirche Teyn und der Kirchhof Ungelt. Der südliche Bereich ist so eng, dass die

...nden,
..., die Prag so
...schäften der
... Celetná ent-
... Kitsch wie
...der Husova
...obenen Bistros
...divadlo) kann
...em Altstädter
...d genießen. Im
...nende Ruhe.

★ Nicht verpassen!

1 Karlsbrücke (Karlův most) ➤ 52

2 Altstädter Ring (Staroměstské náměstí) ➤ 56

3 Teynkirche & Teynhof ➤ 60

4 Ständetheater (Stavovské divadlo) ➤ 63

Nach Lust und Laune!

5 Galerie u Křižovniku ➤ 64
6 Smetana-Museum (Muzeum Bedřicha Smetany) ➤ 64
7 Kreuzherrenplatz (Křižovnické náměstí) ➤ 64
8 Puppenmuseum (Muzeum loutkářskřch kultur) ➤ 64
9 Bethlehemskapelle (Betlémské kaple) ➤ 65

10 Klementinum ➤ 65
11 Nikolauskirche (Svatého Mikuláš) ➤ 66
12 Haus Zum goldenen Ring (Dům U Zlatého prestenu) ➤ 67
13 Jakobskirche (Svatého Jakub) ➤ 67
14 Zeltnergasse ➤ 67
15 Karolinum ➤ 69

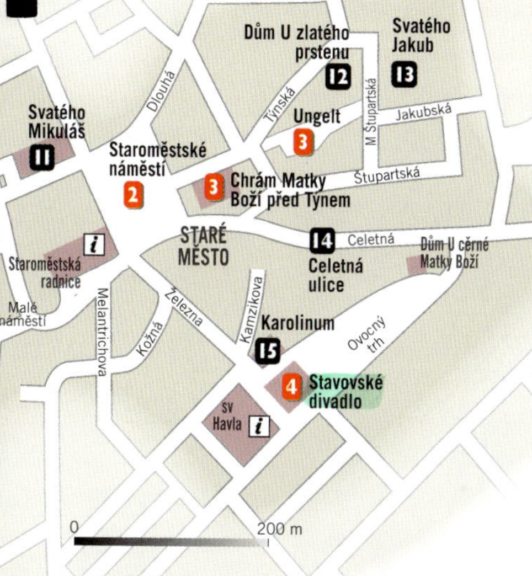

Seite 47: Der Glockenturm des Novotného Lavka an der Karlsbrücke (Karlův most)

Unten: Blick am Alten Rathaus vorbei auf die Teynkirche

An einem Tag

Wenn Sie sich nicht sicher sind, wo Sie Ihre Reise beginnen möchten, empfiehlt diese Route einen praktischen eintägigen Besuch der Altstadt mit den wichtigsten Sehenswürdigkeiten. Sie können dazu die Karte auf der vorangegangenen Seite verwenden. Weitere Informationen finden Sie unter den Haupteinträgen (➤ 52ff).

9 Uhr

Prags beliebteste Sehenswürdigkeit, die **1 Karlsbrücke** (➤ 52ff), ist meistens ziemlich überlaufen. Wer sie in Ruhe genießen will, sollte früh aufstehen. Die 31 Statuen machen sie zu einer ganz besonderen Brücke. Den Altstädter Brückenturm sollten Sie bei Sonnenuntergang besteigen. Spazieren Sie östlich weiter über die Karlova am **10 Klementinum** (➤ 66) und am **7 Kreuzherrenplatz** (Křižovnické náměstí, ➤ 64) vorbei.

10 Uhr

Zeit für einen Kaffee auf dem **2 Altstädter Ring** (➤ 56) mit Aussicht auf das Rathaus, die Kirche, die Paläste oder das **Jan-Hus-Denkmal** (links, ➤ 58), bevor Sie die Sehenswürdigkeiten genauer besichtigen. Versorgen Sie sich vorher im Informationsbüro im Alten Rathaus mit Prospekten und Karten. Keinesfalls versäumen sollten Sie die **11 Nikolauskirche** (➤ 66). Danach geht es über den Platz zur Passage zwischen dem Haus Zur steinernen Glocke und der Teynschule.

11.30 Uhr

Die **3 Teynkirche** (➤ 60), deren Ursprünge bis in die Zeit der Romanik zurückreichen, braucht keinen Vergleich mit der Nikolauskirche zu scheuen. Nach der Besichtigung spaziert man zum **3 Teynhof** (➤ 61) und besucht die dortigen Kunsthandwerksläden und Galerien. Im Teynhof mussten Kaufleute früher eine Gebühr (»Ungelt«) entrichten, auf die sich der volkstümliche Name des Hofes bezieht. Sehenswert ist auch das Prager Stadtmuseum im **12 Haus Zum goldenen Ring** (Dům U Zlatého Prestenů, ➤ 67).

13 Uhr

Machen Sie einen abstecher ins Restaurant Rugantino, wo es die beste Pizza Prags gibt, wie viele behaupten (➤ 72).

14.30 Uhr

Der Nachmittag beginnt mit einem Schaufensterbummel oder einer Schnäppchenjagd in der **14** **Zeltnergasse** (Celetná, ➤ 68). Das **Tschechische Kubismus-Museum** befindet sich in Nr. 34 (➤ 69).

16 Uhr

Kehren Sie zurück zum Altstädter Ring ins Obergeschoss des Grand Café Praha, wo Sie sich in schöner Atmosphäre mit Blick auf die **Astronomische Uhr** (➤ 57) bei einem Kaffee oder Tee entspannen können.

17.30 Uhr

Die Oper fängt in Prag frühzeitig an. Kehren Sie rechtzeitig ins Hotel zurück, um sich umzuziehen. Essen Sie vor der Aufführung eine Kleinigkeit in der Kneipe Na Ovocném trhu am Ovocný trh (➤ 63).

19 Uhr

Lassen Sie den Tag stilvoll mit einer Oper im **4** **Ständetheater** (unten, ➤ 63) ausklingen, und nutzen Sie die Gelegenheit, um das Haus von innen kennen zu lernen.

❶ Karlsbrücke
(Karlův most)

Die Brücke und die berühmten Statuen auf ihrer Brüstung sind das markanteste Wahrzeichen der Stadt. Nicht alle Statuen sind Meisterwerke, doch zusammen bilden sie ein bezauberndes Ensemble. Tagsüber ist diese Pulsader voller Menschen, die zur Burg gehen oder von dort zurückkehren, vorbei an den Souvenirständen mit Kunst und Kitsch.

Bis ins 19. Jahrhundert war dies Prags einzige Brücke über die Moldau und sie hieß über 500 Jahre lang einfach Steinbrücke. Erst 1870 wurde sie nach ihrem ursprünglichen Erbauer benannt, dem heiligen römisch-deutschen Kaiser und König von Böhmen, Karl IV. Der Krönungszug führte über die Brücke in die Burg (➤ 82ff). Ritter galoppierten hinüber, Händler trafen sich auf der Brücke, Kriminelle und Ketzer wurden hier gehängt oder geköpft. Die deutschen SS-Truppen paradierten 1939 über die Brücke, gefolgt von den kommunistischen Milizen während des Staatsstreichs von 1948.

Die Karlsbrücke ist mit dem Segen ihrer Heiligen zu jeder Tageszeit bezaubernd

Die Anfänge
Die winterlichen Überschwemmungen der schnell fließenden Moldau beschädigten die Vorgängerinnen der Karlsbrücke immer

wieder schwer. Die erste schriftlich erwähnte Brücke war eine leichte Holzbrücke, die oft weggespült wurde. Sie geht auf das 10. Jahrhundert zurück, als man die sterblichen Überreste von Böhmens Schutzheiligem Wenzel über sie trug, um sie in der Prager Burg beizusetzen. König Vladislav I. ließ 1170 eine Steinbrücke errichten und benannte sie nach seiner Frau Judith. Doch auch diese Brücke verschluckte die Moldau.

Karl IV. wurde 1355 zum Kaiser gekrönt und fand die Brücke als Ruine vor. Er beauftragte seinen Hofbaumeister Peter Parler, eine neue Brücke zu entwerfen, während er gleichzeitig am Veitsdom (➤ 89ff) arbeitete. Nach dem Entwurf der ausgefeilten Gewölbebögen für das Kirchenschiff und den Chor hatte der Baumeister wenig Probleme mit den 16 Bögen der Brücke. Die neue, 516 Meter lange und zehn Meter breite Brücke wurde direkt südlich ihrer Vorgängerin errichtet. Man verwendete Teile der alten Fundamente, weshalb die Brücke eine leichte S-Kurve zwischen den beiden Ufern beschreibt.

Der Altstädter Brückenturm

Mit seinem steil aufragenden Dach, den goldenen Weltkugeln, den Ecktürmen und der Wehrgalerie besitzt dieser herrliche Brückenturm eine gleichermaßen beeindruckende wie elegante

KÖPFE

1621 ließen die katholischen Habsburger im Dreißigjährigen Krieg 27 führende Protestanten hinrichten. Am Morgen danach wurden zwölf ihrer abgetrennten Köpfe auf dem Altstädter Brückenturm zur Schau gestellt. Sie verblieben dort für zehn Jahre, bis eine protestantische Armee die Stadt lang genug besetzte, um die Köpfe herunterzunehmen und sie ordnungsgemäß in der Teynkirche (➤ 60ff) beizusetzen.

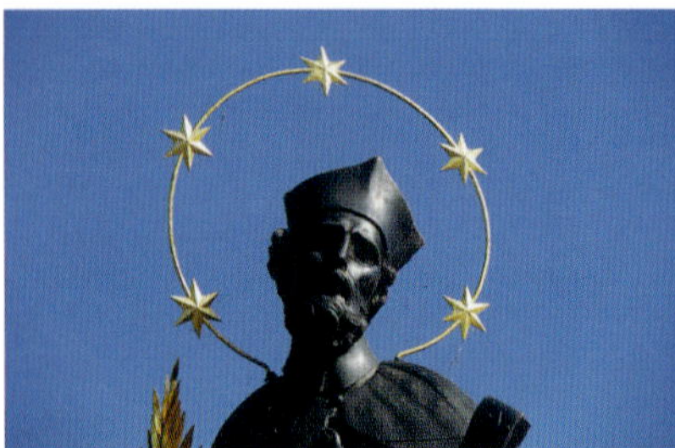

TOP-TEN DER BRÜCKENSKULPTUREN

Von den 31 Brückenstatuen und -skulpturen verdienen die folgenden eine eingehendere Betrachtung. Die Nummern beziehen sich auf ihre Position gemäß dem unteren Plan.

- Der **hl. Ivo (2)** von Matthias Bernard Braun zeigt den Schutzheiligen der Juristen mit Justitia, der die Augen verbunden sind.
- Die Gruppe mit der **hl. Barbara (4)**, Beschützerin der Silberminen, zusammen mit **Margarete** und **Elisabeth**, ist ein Gemeinschaftswerk der bedeutenden Werkstatt der Brokoff-Familie.
- Der Jesuitenmissionar **Franziskus Xaverius (10)** wird mit bekehrten Chinesen, Indern und Arabern dargestellt. Es gilt allgemein als Meisterwerk von Ferdinand Maximilian Brokoff.
- Die berühmteste Skulptur ist die Bronzeskulptur des **Johannes von Nepomuk (15)**, ebenfalls von Brokoff. Sie steht in der Brückenmitte, wo man den Leichnam des Erzbischofs 300 Jahre zuvor in den Fluss geworfen hatte.
- Die **hl. Ludmila (16)** war die Großmutter des hl. Wenzel und Böhmens erste Märtyrerin.
- Die **hl. Judas Thaddäus (19)** stammt von Johann Mayer und zeigt den Apostel in seinem Martyrium.
- Die Augustiner beauftragten Jan Bedřich Kohl, den **hl. Augustinus (22)** als Skulptur zu errichten. Er hält das flammende Herz seines Ordens.
- **St. Nikolaus von Tolentino (23)** verteilt Brot an die Armen.
- Die Quintessenz der barocken Statuen ist die Zisterziensernonne von Matthias Braun, die **hl. Luitgard (25)**, die Jesu Wunden küsst.
- **Cosmas und Damian (30)**, die Schutzheiligen der Ärzte von Johann Mayer

Die Statuen und Skulpturen

1. Madonna und der hl. Bernard
2. Der hl. Ivo
3. Madonna mit Dominikus und Thomas von Aquin
4. Die Heiligen Barbara, Margarete und Elisabeth
5. Bronzekruzifix
6. Pietà
7. Die hl. Anna mit Madonna und Jesuskind
8. Der hl. Josef
9. Die Heiligen Cyrillus und Methodius
10. Der hl. Franziskus Xaverius
11. Der hl. Johannes d. T.
12. Der hl. Cristophorus
13. Die Heiligen Wenzel, Norbert und Sigismund
14. Der hl. Franziskus von Borgia
15. Der hl. Johannes von Nepomuk (oben)
16. Die Heiligen Ludmila und Wenzel
17. Der hl. Antonius von Padua
18. Der hl. Franziskus
19. Der hl. Judas Thaddäus
20. Die Heiligen Vincenz Ferrer und Prokop
21. Rolandstatue
22. Der hl. Augustinus
23. Der hl. Nikolaus von Tolentino
24. Der hl. Kajetan
25. Die hl. Luitgard
26. Der hl. Philippus Benitius
27. Der hl. Adalbert
28. Der hl. Veit
29. Die Heiligen Johannes von Matha, Felix von Valois und der selige Iwan
30. Jesus und die Heiligen Cosmas und Damian
31. Der heilige Wenzel

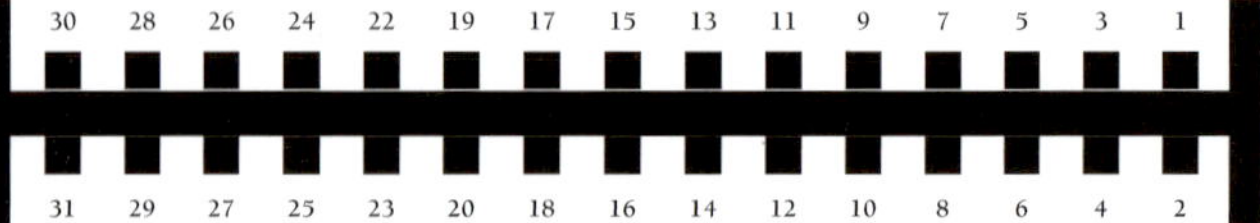

Kleinseitner Brückenturm   Altstädter Brückenturm

KARLSBRÜCKE: INSIDER-INFO

Top-Tipp: Man sollte den **Altstädter Brückenturm,** der Ende des 14. Jahrhunderts entstand, frühmorgens oder spätnachmittags besteigen. Die Aussichtsgalerie im ersten Stock bietet einen wunderbaren Blick auf die Prager Burg und die Altstadt.

Silhouette. Ursprünglich war der Turm mit einem Fallgitter versehen, um feindliche Attacken auf die Prager Burg oder die Stadt zu verhindern. Bemerkenswert ist, dass der Brückenturm 1648 dem Artilleriebeschuss der Schweden widerstand, als sie während der Schlussphase des Dreißigjährigen Krieges zum letzten Angriff auf die Stadt bliesen. An der östlichen Fassade über dem gotischen Bogen wird die Statue des hl. Veit von den Figuren Karls IV. auf der Linken und seines Sohns, Wenzels IV., auf der Rechten eingerahmt. Darunter befindet sich eine Reihe von zehn böhmischen Wappen.

Die Statuen

Die Brücke war nur mit einem Kruzifix aus Holz versehen, bis die Jesuiten mit der Serie von Heiligenskulpturen begannen, die jetzt die Brüstung zieren. Als Erste wurde 1683 die Statue des hl. Johannes Nepomuk (Jan Nepomucký) errichtet.

Bis 1714 schufen tschechische Barockbildhauer rund 25 Statuen für die Brücke. Inspirieren ließen sie sich von Berninis Statuen auf der römischen Engelsbrücke. Respektable Kopien und sechs neue Statuen wurden im 19. und 20. Jahrhundert hinzugefügt. Einige der barocken Originale sind im Verlies der Burg Vyšehrad zu sehen (▶ 149ff).

Detail der St.-Nepomuk-Statue (Schutzpatron der Brücken) mit dem Heiligenschein aus fünf Sternen auf der Prager Karlsbrücke

Unten: Detail der St.-Luitgard-Statue von Matthias Braun; einer von 31 Statuen auf der Karlsbrücke in Prag

KLEINE PAUSE

Ganz in der Nähe kann man im Café Rincon (Na Zabradlí 1, Staré Město; tägl. 12–2 Uhr; Tel. 222 222 173) bei Kaffee und Kuchen, Salat oder Sandwiches den phantastischen Blick auf die Karlsbrücke und die Burg genießen.

✚ 197 F3   📷 Staré Město, Praha 1
🏛 Altstädter Brückenturm:
April–Sept. tägl. 10–23 Uhr; Okt.,
März tägl. 10–22 Uhr; Nov.–Feb. tägl.
10–20 Uhr   🚌 17, 18   ✋ Altstädter
Brückenturm: preiswert

2 Altstädter Ring
(Staroměstské náměstí)

Dieser **bunte und lebendige Platz** ist zweifelsfrei nicht nur das Zentrum der Altstadt (Staré Město), sondern der ganzen Stadt. Schon frühzeitig wirkte er wie ein Magnet auf alle Schichten der Bevölkerung. Ein Rathaus, Kaufmannshäuser, Fürstenpaläste und zwei majestätische Kirchen (Nikolauskirche, ► 66f, und Teynkirche, ► 60ff) blicken auf das massive, moderne Monument des Nationalhelden Jan Hus.

Die Geschichte des Altstädter Rings begann im 11. Jahrhundert, er diente als städtischer Marktplatz für die örtlichen Bauern und für Händler aus ganz Europa. Man nannte ihn einfach den Großen Platz (Velké náměstí); seinen jetzigen Namen erhielt er erst 1895. Überreste der romanischen Ära sind noch in den Kellern der heute größtenteils barocken Gebäude erhalten.

Das Zentrum des Handels bot sich selbstverständlich auch als Ort für das Rathaus an, wofür man zunächst benachbarte Häuser miteinander verband. Bald hatte der Platz sich zur ersten Adresse der Stadt entwickelt. Die reichsten Bürger – Import- und Exporthändler, Bankiers und Vertreter der Silberminen von Kuttenberg (► 162ff) – errichteten hier ihre stattlichen Häuser. Die königliche Familie und die Adligen erbauten Paläste, die viel komfortabler waren als die nasse und zugige Burg.

Die Leute versammelten sich aber nicht nur, um auf dem Markt zu kaufen und zu verkaufen. Man bewarf Straftäter, die am Pranger des Rathauses angekettet waren, mit faulen Eiern, bejubelte die Sieger von Turnieren, Könige bei ihrer Krönung und Henker, wenn sie die Feinde der Könige enthaupteten.

Der Altstädter Ring ist ein guter Platz um sich zu erholen und dem Treiben zuzuschauen

Die Astronomische Uhr am Rathaus verrät mehr über die Sterne als über die Tageszeit

Altstädter Rathaus (Staroměstské radnice)

Das derzeitige, größtenteils gotische Gebäude auf der Westseite des Platzes entstand aus mehreren Häusern, die im Laufe der Jahrhunderte eingegliedert wurden. Das erste Haus wurde 1296 für den Stadtschreiber erworben. Der 66 Meter hohe Rathausturm wurde 1364 errichtet. Seit 1381 befindet sich in ihm auch die Turmkapelle mit dem markanten Erkerfenster.

Vom nördlichen neogotischen Flügel sind nach dem Beschuss durch die Deutschen 1945 nur Reste erhalten. Der Haupteingang befindet sich auf der Südseite an einem Tor aus dem 15. Jahrhundert. Es gibt auch 45-minütige geführte Touren durch die Kapelle und die Ratskammer, in der die böhmischen Könige vor der Ankunft der Habsburger gewählt wurden. Für die Aussicht lohnt es, den Turm zu besteigen oder mit dem Lift nach oben zu fahren. Das Touristenbüro befindet sich auf der Rückseite (► 34).

Astronomische Uhr

Die Hauptattraktion des Rathauses ist die Astronomische Uhr im Turm. Zu jeder vollen Stunde zwischen 9 und 21 Uhr versammeln sich die Massen, um das Glockenspiel mit den bunten Figuren zu bewundern. Die Uhr wurde 1410 eingebaut, doch sollte sie weniger die genaue Tageszeit angeben, der eigentliche Zweck war die Darstellung des Laufes von Sonne und Mond und der Tierkreiszeichen. Mit dem letzten Stundenschlag beginnt in den oberen Fenstern eine Prozession der zwölf Apostel. Die Figuren sind Kopien der

TOD AM MORGEN

Die spektakulärste Hinrichtung fand auf dem Altstädter Ring am 21. Juni 1621 statt. Damals tobte der Dreißigjährige Krieg unerbittlich. Acht Monate nach dem entscheidenden Sieg der Katholiken in der Schlacht am Weißen Berg (Bílá Hora) verurteilte der kaiserliche Gouverneur von Prag 27 protestantische Anführer zum Tode. Um fünf Uhr morgens donnerten Kanonenschüsse, um die Bevölkerung zu dem Spektakel zu rufen. Lautes Trommeln und Fanfarenstöße sollten jedes Protestgeschrei übertönen, als der Henker die Köpfe von 24 Adligen und Rittern mit einem Hieb abhackte. Für sie war die Enthauptung ein Privileg ihres Standes. Die drei einfachen Bürger wurden gehängt. Heute erinnern 27 weiße Kreuze im Pflaster auf der Ostseite des Rathauses an diesen Moment in Prags Geschichte.

Altstadt (Staré Město)

hölzernen Originale aus dem 18. Jahrhundert, die 1945 zerstört wurden.

An der Seite der 24-Stunden-Uhr schlägt das Skelett des Todes seine Glocke und zeigt mit einem Stundenglas, dass die Zeit für seinen türkischen Nachbarn sowie die Figuren der Eitelkeit und des Wuchers gekommen ist. Diese schütteln nur ungläubig ihren Kopf. Sobald die Fenster geschlossen sind, kräht ein Hahn, und das Spektakel ist vorüber. Die zwölf beweglichen Kalenderziffernblätter unterhalb der Uhr wurden von Josef Mánes bemalt.

Ein Denkmal für Jan Hus

Das markante Denkmal vor der Teynkirche wird mehr als patriotisches Symbol, denn als künstlerisches Meisterwerk verehrt. Es verewigt Jan Hus, den Helden der tschechischen Reformation (1370–1415). Der Bildhauer Ladislav Šaloun schuf das Denkmal 1915 zum 500. Jahrestag der Verbrennung von Hus als Ketzer.

Als Gegner der kirchlichen Korruption steht Hus zwischen seinen militanten Gefolgsleuten. Die gedemütigten Protestanten mussten später das Land verlassen. Eine Mutter mit Kind symbolisiert die nationale Erneuerung. Die Nationalsozialisten verschandelten das Denkmal mit Hakenkreuzen, während es 1968 bei der Invasion sowjetischer Truppen von Prager Studenten durch schwarzen Stoff verhüllt wurde. Am Sockel des Denkmals ist das berühmte Wort von Hus angebracht: *Pravda vítězí.* (Die Wahrheit siegt.)

Die Häuser am Platz

Die umliegenden Häuser, ob Palais oder Kaufmannshaus, sind herausragende Beispiele der städtischen Baukunst. Viele besitzen Arkadengänge mit Rippengewölben, was sich für regnerische Monate als Glücksgriff erwies.

Auf der Westseite des Altstädter Rings steht in rechtem Winkel zum Rathaus das **Haus Zur Minute** (Dům U Minuty). Es ist berühmt für seine herrlich bemalte Renaissancefassade, auf der Ritter, Prinzen und allegorische Figuren zu erkennen sind.

Auf der Südseite befindet sich in Nr. 20 das **Haus Zum golden Einhorn** (Dům U Zlatého jednorožce), welches einstmals Smetanas Musikschule beherbergte. Die Fassade stammt aus dem 18. Jahrhundert, während das Gewölbe gotisch und der Keller romanisch ist.

Das großartige **Rokokopalais Kinský** steht am Ostrand des Platzes. Es wurde von Kilian Ignaz Dientzenhofer erbaut, der auch für die

Das Rokoko-palais Kinský verleiht der Ostseite des Altstädter Rings eine beschwingte Note

am Platz liegende Nikolauskirche verantwortlich zeichnete (► 66). Im 19. Jahrhundert war in dem Palais das Deutsche Gymnasium untergebracht sowie das Kurzwarengeschäft von Franz Kafkas Vater Hermann. Eine Dauerausstellung mit antiker und orientalischer Kunst eröffnete im Frühjahr 2010.

Rechts von dem Palais findet sich leicht zurückgelegen ein stilistisches Gegenstück, das quadratische gotische **Haus Zur steinernen Glocke** (Dům U Kamenného zvonu). Die barocke Fassade wurde 1970 entfernt, und es kam der schöne honigfarbene Kalkstein aus dem 14. Jahrhundert zum Vorschein.

KLEINE PAUSE

Auf dem Platz gibt es zahlreiche Terrassencafés. Für ein leichtes Mittagessen folgen Sie der Dlouhá-Straße, die vom Platz weg führt, und biegen nach links auf die Kozí-Street ab, bis Sie den **Bakeshop Praha** (Kozí 1, Staré Město) erreichen. Hier können Sie Suppen, Salate oder Sandwiches essen oder mitnehmen.

✚ 198 B3

☎ Information im Altstädter Rathaus: 224 372 423;
Haus Zur steinernen Glocke (Dům U Kamenného zvonu): 222 327 851

🕓 Altstädter Rathaus: Mo 11–20, Di–So 9–20 Uhr;
Haus Zur steinernen Glocke: Di–So 10–20 Uhr

🚇 Staroměstská

🚌 17, 18

✋ Altstädter Rathausturm: mittel; Haus Zur steinernen Glocke: mittel

ALTSTÄDTER RING: INSIDER-INFO

Top-Tipp: Der für Verkehr gesperrte Platz ist die beliebteste Adresse, um von den Cafétischen im Freien ungestört **Leute zu beobachten**.

Muss nicht sein! Vermeiden Sie das Menschengedränge vor der Astronomischen Uhr zur Mittagszeit.

3 Teynkirche & Teynhof
(Chrám Matky Boží prěd Týnem & Ungelt)

Die **ehrwürdige Teynkirche** gehört zu den **markantesten Wahrzeichen der Altstadt** und spielte auch in der Geschichte der Reformbewegung des Jan Hus eine herausragende Rolle. Die Kirche erhebt sich auf der östlichen Seite des Altstädter Rings.

Die Schätze
Wenn man die Silhouette der Kirche vom Altstädter Ring aus lange genug bewundert hat, sollte man in die schmale Týnská ulička zwischen der Teynschule und dem Haus Zur steinernen Glocke einbiegen, um zur Kirche zu gelangen. Ihr kompletter Name lautet Kirche unserer Jungfrau vor dem Hof (Chrám Matky Boží před Týnem).

Das Nordportal besitzt einen Giebel von Peter Parler mit einer Darstellung der **Christuspassion** (1390). Das gotische Gewölbe der Seitenschiffe hat das Feuer 1689 überlebt. Bemerkenswert sind die **Steinkanzel** und der Hauptaltar mit der *Himmelfahrt Mariens* (1649) von Karel Škréta. Rechts der Presbyteriumsstufen befindet sich die marmorne **Grabplatte Tycho Brahes** (1546–1601), des Hofastronomen von Rudolf II. (➤ 6ff).

Der Teynhof (Ungelt)

Auf dem Hof hinter der Kirche trafen sich zwischen dem 12. und dem 18. Jahrhundert die deutschen Kaufleute, um eine Unterkunft zu finden, zu handeln und ihre Zollabgaben zu entrichten. Auf Mittelhochdeutsch wurde Letzteres als *Ungelt* bezeichnet, daher der Name. Der Bezirk wurde geschmackvoll restauriert. Die Lager- und Zollhäuser wurden in Läden, Kunstgalerien sowie Ateliers, Cafés, Restaurants und ein elegantes Hotel umgewandelt. Das Renaissancepalais **Granovský** (1560) wurde auf Resten früherer romanischer Häuser errichtet.

Religionskonflikte

Die Kirche hat während der religiösen Konflikte in Prag viele blutige Szenen erlebt. Deutsche Kaufleute bauten hier schon im 12. Jahrhundert eine Kapelle. 1365 begannen sie mit dem Bau einer größeren Kirche. Die Arbeiten wurden während des Aufstands nach der Verbrennung von Jan Hus (➤ 22) eingestellt. Das Holz für den Dachstuhl wurde für Galgen genutzt, um hussitische Rebellen zu hängen. Viele deutsche Kaufleute verließen die Stadt, die Nachfahren der Aufständischen vollendeten die Kirche als Gegenstück zum Veitsdom (➤ 89).

Der Fürsprecher der Hussiten, König Georg von Podiebrad, ging 1458 nach seiner Krönung demonstrativ zu einer Messe in die Teynkirche. Die Statue des letzten böhmischen Königs, der in Tschechien geboren wurde, wurde im Giebel aufgestellt, der zum Altstädter Ring blickt. Nach dem katholischen Sieg am Weißen Berg entfernten jesuitische Studenten 1623 die Statue und den Abendmahlskelch. Später errichtete man an ihrer Stelle ein Bildnis der Jungfrau Maria.

TYCHOS GOLDNASE

Der Astronom Tycho Brahe hatte ein Faible für Gold. Als er in einem Duell seine Nasenspitze einbüßte, ließ er sich eine neue aus Gold und Silber fertigen. Als sein Grab 1901 geöffnet wurde, war dieses teure Zubehör verschwunden.

DIE SCHICKSALSSCHLACHT

Für viele Tschechen ist der 8. November 1620 ebenso schändlich wie die Invasion durch die Sowjets 1968 oder die kommunistische Machtübernahme 1948. Der frühzeitige Sieg der Katholiken über die Protestanten am Weißen Berg (Bílá Hora) während des Dreißigjährigen Krieges besiegelte das Schicksal der tschechischen Nationalisten für 300 Jahre. Auf einem Hügel am westlichen Stadtrand des heutigen Prag versammelten die tschechisch-protestantischen Anführer 21 000 Söldner aus Mähren, Deutschland, Österreich und Ungarn, um gegen die katholische Armee unter Maximilian von Bayern zu kämpfen. Die numerische Überlegenheit seiner 28 000 deutschen, spanischen und französischen Soldaten, darunter der Philosoph René Descartes, wurde durch die Notwendigkeit, bergan zu kämpfen, ausgeglichen. Doch die protestantischen Truppen aus Ungarn flohen schon beim ersten Ansturm, der nur ein Geplänkel war, und die tschechische Armee brach zusammen. Ihren Anführern gelang es nicht, die Prager Bürger zum Widerstand zu motivieren, und Maximilian nahm die Stadt ein, ohne einen Schuss abzufeuern. 36 000 Familien und alle nicht-katholischen Pfarrer wurden vertrieben. Bis 1918 gehörte Böhmen zum Habsburgerreich.

KLEINE PAUSE

Genießen Sie ein hervorragendes, aber teures Fischessen bei **Riby trh** im Ungelt. Ebenfalls empfehlenswert ist das Sportcafé in der Nordwestecke des Teynhofes.

Oben: Das **elegante Palais Granovský am Teynhof**

◻ 198 C3   ✉ Kirche: Altstädter Ring; Teynhof (Ungelt): Týnský dvůr
⊕ Di–Sa 10–13, 15–17 Uhr   🚇 Staroměstská   ✋ frei

TEYNKIRCHE & TEYNHOF: INSIDER-INFO

Muss nicht sein! Die Flyer, die freien Eintritt zum Ungelt Jazz Club in der Týnská versprechen, sind mit Vorsicht zu genießen. Oben ist der Eintritt gratis, doch den Jazz im Keller gibt es nicht kostenlos.

4 Ständetheater
(Stavovské divadlo)

Das Ständetheater ist seit langer Zeit Prags wichtigstes Theater und verhalf Mozart zu einigen seiner größten Operntriumphe (► 24ff). Nach einer Renovierung kann man mittlerweile wieder den klassizistischen Glanz bewundern.

Die hoch aufragende Fassade verleiht dem westlichen Ende des Ovocný trh ein passendes Theaterflair. Der Portikus mit doppelten korinthischen Säulen ragt durch zwei anmutig geschwungene Flügel sanft in den Platz hinein. Die Säulen werden gekrönt durch die Inschrift *Patriae et Musis* (Dem Vaterland und den Musen). Das elegante Innere verfügt über fünf u-förmige Ränge mit Logen.

Wo ist meine Heimat?

Das Theater war für die nationale Identität der Tschechen schon immer besonders wichtig. Doch außer Mozarts italienischen Opern *Die Hochzeit des Figaro* und *Don Giovanni* sowie einigen tschechischen Stücken war das Repertoire deutsch und blieb es auch bis 1920. Damals vertrieben tschechische Nationalisten die deutsche Leitung des Hauses mit dem Schlachtruf »Das Ständetheater für die Nation!« Nach dem Zweiten Weltkrieg bekräftigten die Kommunisten die tschechische Identität des Hauses, indem man es nach Josef Kajetán Tyl benannte, dem Komponisten der Nationalhymne *Kde domov můj* (Wo ist meine Heimat?). Heute ist das Ständetheater kosmopolitisch.

KLEINE PAUSE

Für eine Mahlzeit oder einen Drink vor der Aufführung empfiehlt sich **Kogo** (Havelská 27, Staré Město), das Steaks, Pasta und Pizza serviert.

Die restaurierte Fassade des Ständetheaters aus dem 19. Jahrhundert

✚ 198 C3
✉ Ovocny trh 1   ☎ 224 902 322; www.estatestheatre.cz
🕓 Aufführungen um 19 oder 19.30 Uhr
Ⓜ Můstek   ✋ mittel

Nach Lust und Laune!

Bedřich Smetana sitzt mit dem Rücken zur Moldau, dem Thema seiner bekanntesten Komposition

5 Galerie u Křižovniku

Gleich neben der Tür zur Kirche hl. František am Kreuzritterplatz liegt der Eingang zu einem ehemaligen mittelalterlichen Krankenhaus, das heute eine kommerzielle Kunstgalerie und eine Ausstellung zur Judithbrücke beherbergt. Diese war der Nachfolger der um 1170 erbauten mittelalterlichen Karlsbrücke und fiel im Jahre 1342 einer Flut zum Opfer. Im Erdgeschoss können Sie neben den Gemälden ein Modell der Brücke, eine in grellen Farben gestalte-

te künstliche Grotte mit barocken Stalaktiten (Teil der ursprünglichen Dekoration) und religiöse Objekte aus der Schatzkammer bewundern, von denen einige auf das 16. Jahrhundert zurückgehen. Machen Sie einige Schritte hinunter in das muffige Untergeschoss, wo Sie einen erhaltenen Bogen der Judithbrücke und die Original-Wassertreppe bewundern können. Im Eintrittspreis ist ein Kaffee und ein Glas des »Elixirs von St. John Nepomok« enthalten, das von einer freundlichen jungen Frau in einem farbenfrohen mittelalterlichen Kleid serviert wird. Die Galerie ist nur wenige Schritte vom Pier entfernt, an dem die Schiffe zu den Flussrundfahrten ablegen.

✠ 198 A3 ✉ Křižovnicke náměstí 3 ☎ 221 108 266 🕘 Di–So 10–17 Uhr 🚇 Staroměstská 🚌 17, 18

6 Smetana-Museum

Das am Fluss gelegene Museum ist dem patriotischsten aller tschechischen Komponisten gewidmet (➤ 26), Bedřich Smetana (1824–84). In dem üppig verzierten Haus im Neorenaissancestil gibt es eine kleine Sammlung mit Andenken an den Komponisten. Seine Brille, seine Möbel, eine Halskette für seine Frau sowie seine Partituren gewähren nur einen kleinen Einblick in das Leben dieses großen Mannes. Interessanter und reizvoller sind die Kammermusikabende.

✠ 197 F3 ✉ Novotného lávka ☎ 222 220 082; www.nm.cz 🕘 Mi–Mo 10–12, 12.30–17 Uhr 🚌 17, 18 👆 preiswert

7 Kreuzherrenplatz

Der Kreuzherrenplatz ist quasi der Vorhof zur Karlsbrücke. Die Leute verabreden sich vor der **Statue Karls IV.** aus dem 19. Jahrhundert. Karl IV. hatte die Brücke erbauen lassen. An der Nordseite des Platzes liegt die

barocke **Franziskuskirche** (sv. František) der tschechischen Kreuzherrenritter, die einst Torwächter der Brücke waren. Ihre imposante Kuppel ist eine Imitation des Petersdoms in Rom. Im Inneren beeindrucken die feinen violetten Marmorsäulen sowie die Kuppel mit dem Deckenfresko *Das Jüngste Gericht* von Lorenz Reiner.

Teil des Klementinums an der Karlova ist die Jesuitenkirche **St. Salvator** mit ihrer italienischen Renaissancefassade und dem ausgeprägt barocken Inneren.

✚ 198 A3 🚇 Staroměstská 🚌 17, 18

8 Puppenmuseum (Muzeum loutkářských kultur)

Verborgen inmitten der kitschigen Souvenirläden in der Karlova befindet sich diese Institution der Volkskunst. Das Museum wird betrieben von der UNIMA (Internationales Institut für Marionettenkunst) und zeigt in gotischen Keller-gewölben wunderbar geschnitzte und kostümierte Puppen. Der Schwerpunkt liegt auf dem 19. und 20. Jahrhundert, doch die tschechische Tradition reicht bereits bis ins Mittelalter zurück. Es gibt auch Puppen aus Asien, Afrika und anderen europäischen Ländern. Leider gibt es keine Vorführungen der Puppen (Puppentheater ➤ 76). Die Website des Museums lohnt das Anklicken: www. puppetart.com.

✚ 198 A3 ✉ Karlova 12 ☎ 224 241 103
🕐 Museum: tägl. 12–20 Uhr; Laden: tägl. 10–19 Uhr
🚇 Staroměstská
🚌 17, 18 ✋ preiswert

9 Bethlehemskapelle

Die Bethlehemskapelle ist die Rekonstruktion eines Nationaldenkmals der tschechischen Geschichte und entstand im letzten Jahrhundert. In der ursprünglichen Kapelle, die 1391–94 erbaut wurde, hatte Jan Hus Anfang des 15. Jahrhunderts gepredigt (➤ 18). Nach ihrer totalen Zerstörung im 18. Jahrhundert wurde die Kapelle mit dem markanten zweigiebligen Holzdach 1950 wieder aufgebaut, um nach dem Zweiten Weltkrieg das tschechische Nationalgefühl zu stärken. Jedes Detail des Gebäudes

Ein antiker Globus in der barocken Bibliothekshalle des Klementinum

---

AUF FRISCHER TAT ERTAPPT

Weniger prachtvoll als die Schätze der Jakobskirche sind die Reste eines menschlichen Unterarms in der Kirche. Diese große Touristenattraktion hängt hoch oben an der westlichen Mauer und ist am besten mit einem Fernglas zu sehen. Angeblich wurde der Arm vor 400 Jahren einem Dieb abgeschlagen, der sich seine Hand einklemmte, als er gerade den Schmuck der Muttergottes am Hochaltar stehlen wollte.

---

wurde haargenau vom Original kopiert, das im Inneren als Teil einer ständigen Ausstellung zur Geschichte der bedeutenden Kapelle zu sehen ist.

✚ 198 B2
✉ Betlémská náměstí
🕓 April–Okt. Di–So 10–18.30 Uhr; Nov.–März Di–So 10–17.30 Uhr
🚇 Národni třida
🚌 6, 9, 18, 22   ✋ preiswert

⑩ Klementinum

Mehr als 30 Häuser, drei Kirchen, zehn Innenhöfe und mehrere Gärten wurden abgerissen, um für den ausgreifenden Komplex des ehemaligen Jesuitenkollegs Platz zu schaffen. Das Klementinum erstreckt sich im Osten von der Kreuzherrengasse (Křižovnická) entlang der Karlsgasse (Karlova) bis zum Marienplatz (Mariánské náměstí) und wird an Grundfläche nur von der Prager Burg übertroffen. Bemerkenswert ist die Kombination verschiedener Stile von der Renaissance über den Barock bis zum Neoklassizismus.

Gegründet wurde das Klementinum 1556, um die hussitischen Ketzer zu bekämpfen. Heute beherbergt das Gebäude

die Nationalbibliothek. Bei Kammermusikabenden ist die **Spiegelkapelle (Zrcadlová kaple)** aus dem 18. Jahrhundert zugänglich, und durch den herrlichen **Barock-Bibliothekssaal** von 1727 gibt es Führungen. Der **Astronomische Turm** im Zentrum des Komplexes dient bereits seit 1775 meteorologischen Forschungen.

✚ 198 A3   ✉ Karlova (Eingang neben der Klemenskirche)   ☏ Reservierungen empfohlen unter 606 100 293; www.klementinum.com
🕓 nur geführte Touren, innerhalb des Barock-Bibliothekssaal, Spiegelkapelle und Astronomischer Turm: Jan.–März tägl. 10–17 Uhr; April, Sept. tägl. 10–18 Uhr; Mai 10–19 Uhr; Juni–Aug. 10–20 Uhr. Die Führung dauert 50 Minuten und beginnt zu jeden vollen Stunde (in der Hauptsaison halbstündlich)   ✋ teuer
🚇 Staroměstská

⑪ Nikolauskirche (sv. Mikuláš)

Deutsche Kaufleute errichteten die erste Nikolauskirche auf dem Altstädter Ring im 12. Jahrhundert. Die Kirche wurde bis zum Bau des Altstädter Rathauses

Nach einem Jahrhundert als Lagerhaus ist die Nikolauskirche heute bekannt für Kirchenkonzerte

auch als kommunales Zentrum benutzt. 1620 übernahmen die Benediktiner die Kirche und ersetzten sie im Laufe der Zeit durch das heutige Gebäude. Das Kloster wurde 1787 geschlossen; die Kirche wurde bis 1920 als Lagerhaus genutzt. Die Kirche wird heute außer als Veranstaltungsort für überdurchschnittliche Kirchenkonzerte nur noch selten genutzt.

Die Kirche wurde 1735 nach Plänen von Kilian Ignaz Dientzenhofer errichtet, dessen Vater die Kleinseitner St. Nikolauskirche entworfen hatte (► 96). Weil die Kirche bis Ende des 19. Jahrhunderts von drei Seiten durch Häuser stark eingeengt war, richtete der Architekt die Hauptfassade mit den beiden Zwillingstürmen stärker nach Süden aus, anstatt wie üblich nach Westen.

Der hoch aufragende Innenraum wird unter anderem von Fresken des bayerischen Künstlers Peter Asam d. Ä. geziert. Sie zeigen auf dem Kuppelbogen die Heiligen Nikolaus und Benedikt. Das Gemälde der Jungfrau Maria auf dem Altar stammt aus dem 20. Jahrhundert.

✚ 198 B3 ✉ Staroměstské náměstí
☎ 224 190 991 Ⓜ Staroměstská

⓬ Haus Zum goldenen Ring (Dům U Zlatého prstenů)

Das Prager Stadtmuseum ist auch unter seinem alten Namen *Dům U Zlatého prstenů* bekannt, nach dem Emblem eines goldenen Rings, das es einst zierte. Das Museum hat in der gesamten Stadt Ausstellungsräumlichkeiten und zeigt in diesem schönen Herrenhaus aus dem 13. Jahrhundert seine Sammlung tschechischer Kunst des 20. Jahrhunderts, unter anderem Symbolisten (Bílek und

Švabinsky), Kubisten (Filla und – nomen est omen – Kubišta), Realisten (Čapek und Zrzavý) sowie Surrealisten (Teige und Štyrský) und jüngere konzeptuelle Künstler. Ausstellungen von zeitgenössischen Avantgardewerken sind in den gotischen Kellergewölben zu sehen.

✚ 198 C3 ✉ Ungelt, Týnská 6
☎ 224 827 022; www.ghmp.cz
🕓 Di–So 10–18 Uhr
Ⓜ Náměstí Republiky 🚊 5, 8, 14
✋ mittel

⓭ Jakobskirche

Diese zugleich prächtige und elegante Kirche aus dem 14. Jahrhundert liegt etwas versteckt östlich des Teynhofes. Selbst die vollständige Erneuerung im ausladend barocken Stil nach einem Feuer 1689 hat nicht den ursprünglich gotischen Charakter der Kirche übertüncht. Das gedämpfte Licht, das hohe und schmale Schiff und der ausgedehnte Chor stehen in einem feinen Kontrast zu den kunstvoll ausgeführten Skulpturen und den überschwänglichen Altarbildern.

Aufgrund der guten Akustik finden hier regelmäßig Konzerte statt. Reiners beeindruckendes *Martyrium des hl. Jakob* schmückt den Hauptaltar, das eigentliche Meisterwerk der Kirche ist im nördlichen Seitenschiff das **Grabmal von Graf Mitrovice** (1714), das von dem österreichischen Barockarchitekten Johann Bernhard Fischer von Erlach entworfen und vom Prager Bildhauer Ferdinand Maximilian Brokoff gestaltet wurde.

✚ 198 C3 ✉ Malá Štupartská 6
☎ 604 208 490
Ⓜ Náměstí Republiky
🚊 5, 8, 14

🔲 Zeltnergasse (Celetná ulice)

Eine der elegantesten Einkaufsstraßen der Altstadt war bereits im Mittelalter eine Hauptverkehrsader, die den Altstädter Ring über den Pulverturm (▶ 152) mit Osteuropa verband. Hier begann der Königsweg (*Králova Cesta*) bei den Krönungsprozessionen.

Die Barockfassaden der ursprünglich romanischen oder gotischen Häuser sind liebevoll restauriert worden. Oftmals gehören zu ihnen schöne Innenhöfe mit Balkonen (so genannte *pavlač*). In Nr. 22 befindet sich die Gaststätte **U Supa** (Zum Geier). Auf der nördlichen Seite der Gasse befindet sich in einem historischen Gebäude das Theater Divadlo v Celetné.

An der Ecke zum Ovocný trh bricht das **Haus Zur Schwarzen Muttergottes** (Dům U Černé Matky boží) mit dem vorherrschenden Barockstil. Das Haus stammt aus dem Jah-

re 1912, war eigentlich als Kaufhaus gedacht und beherbergt heute das Tschechische Kubismus-Museum. Das Gebäude ist selbst ein beeindruckendes Beispiel der tschechischen kubistischen Architektur von Josef Gočar. Im Museum kann man Gočars hervorragende Möbel und sein Porzellan bewundern. Weitere Gemälde,

Eines der schönen Details an den Gebäuden in der Zeltnergasse

Skulpturen und Fotografien von anderen kubistischen Gebäuden kann man am Vyšehrad (➤ 151) sehen.

✚ 198 C3

✉ Dům U Černé Matky boží (Tschechisches Kubismus-Museum), Ovocný trh 19

☎ 224 211 746; www.ngprague.cz

🕐 Di–So 10–18 Uhr

🚇 Náměstí Republiky

🚃 5, 8, 14

✋ mittel

15 Karolinum

Das rote Backsteingebäude der Universität liegt auf der Nordseite des Ständetheaters und wird heute nur noch für Examensfeierlichkeiten genutzt. Nach der Zerstörung durch Nazi-Deutschland im Jahr 1945 ist vom

Den 2. Weltkrieg hat nur dieses Fenster der gotischen Kapelle der alten Karolinum Universität überstanden

ursprünglichen Karolinum nur noch ein steinernes Erkerfenster geblieben. Die Universität wurde von Karl IV. 1348 gegründet und war die älteste deutsche Hochschule – Wien und Heidelberg folgten erst später im selben Jahrhundert. Am Ende des Zweiten Weltkrieges wurde die deutsche Fakultät geschlossen.

✚ 198 C3

✉ Ovocný trh 3 🚇 Můstek

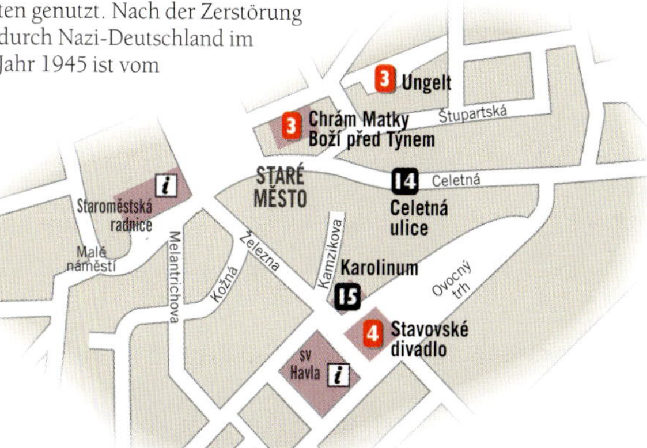

Wohin zum ...
Essen und Trinken?

Preise
Die Preisangaben gelten pro Person für ein Essen inklusive Getränke, Steuer und Service:
€ unter 500 Kč   €€ 500–1000 Kč   €€€ über 1000 Kč

RESTAURANTS

Allegro €€€
Der erste Michelinstern in Prag ging 2008 an das Hotelrestaurant des Four Seasons Hotels. Allegro setzt seit seiner Eröffnung vor einigen Jahren Maßstäbe für lokale Restaurants. Und unter Sternekoch Andrea Accordi wurden diese noch erhöht. Thema ist die italienische und mediterrane Küche mit einer guten Umsetzung böhmischer Schweinefleischgerichte für den lokalen Geschmack. Bei schönem Wetter sollten Sie versuchen, einen Platz auf der Terrasse zu bekommen. Reservierungen werden empfohlen.
✚ 198 A3 ✉ Veleslavínova 2a ☎ 221 427 000; www.fourseasons.com ⊛ tägl. 11.30–22.30 Uhr Ⓜ Staroměstská

Angel €€–€€€
Seit Ende 2007 ist dieses exklusive Fusion-Restaurant, das von einem Engländer und seiner südostasiatischen Frau geführt wird, eine gute Ergänzung zu den Restaurants in der Altstadt. Der asiatische Einfluss wird durch Hauptgerichte wie Red Snapper aus der Pfanne in balinesischer Soße und Entenbrust mit Kumquats deutlich. Hier schmeckt alles. Die Atmosphäre ist gedämpft und eher formell, aber nicht versnobt. Reservierungen werden empfohlen.
✚ 198 B4 ✉ V kolkovně 7 ☎ 773 222 422; www.angelrestaurant.cz ⊛ Mo–Sa 11.30–24 Uhr Ⓜ Staroměstská

Brasserie La Provence €€–€€€
Die Besitzer dieses beliebten Restaurants verstehen ihr Handwerk: Sie bieten – abgesehen von der tschechischen Bedienung – eine authentische Pariser Brasserie: das reicht vom typischen Interieur mit verspiegelten Wänden und roten Ledersitzen bis hin zum Speisenangebot. Spezialität des Hauses sind die frischen Meeresfrüchte, daneben gibt es Kaninchen, gebratenes Hähnchen und Quiche. Allein die Jugendstil-Einrichtung und der Blick durch die riesigen Fenster lohnen den Besuch dieses charmanten Ecklokals.
✚ 198 C3 ✉ Štupartská 9 ☎ 296 826 155; www.kampagroup.cz ⊛ tägl. 11–1 Uhr Ⓜ Náměstí Republiky

Da Nico Wine Bar and Restaurant €€
Der tschechisch-italienische Besitzer dieses kleinen Restaurants nimmt seinen Job sehr ernst. Seien Sie also nicht überrascht, wenn er aus der Küche kommt und Sie fragt, wie Sie Ihren Risotto oder Ihre Pasta gerne hätten, oder Ihnen etwas Neues zum Probieren bringt. Die Atmosphäre ist herzlich und einladend. Hier setzt sich der Chef des Hauses nach getaner Arbeit dazu und spendiert allen anwesenden Gästen einen Grappa auf Kosten des Hauses.
✚ 198 C4 ✉ Dlouhá 21 ⊛ tägl. 11–23 Uhr ☎ 222 311 807; www.danico.cz Ⓜ Náměstí Republiky

Le Degustation €€€
Das obere Ende einer Reihe von tschechischen Ambiente-Restaurants. Es handelt sich um eine Art Konzeptrestaurant – hier bekommen Sie gewaltige Sieben- oder Acht-Gänge-Menüs, die über den Abend verteilt serviert werden. Mit anderen Worten: es eignet sich nicht für ein leichtes Essen oder einen schnellen Imbiss. Abgesehen davon ist die Qualität hervorragend, und Sie können aus einem traditionellen böhmischen Angebot, europäischen oder modernen Gerichten wählen.

✠ 198 C4 ✉ Haštalská 18 ☎ 222 311 234; www.ladegustation.cz ☻ Mo–Sa 18–24 Uhr Ⓜ Náměstí Republiky

Indian Jewel €€

Das Indian Jewel erntet schon seit seiner Eröffnung 2009 Applaus für seine Mughal-Küche. Die Spezialitäten sind Tandoori-Grillgerichte, aber auch Currys und Kebabs sowie eine kleine, aber leckere Auswahl vegetarischer Gerichte stehen auf der Speisekarte. Es stehen Sitzplätze auf der Terrasse zur Verfügung, von denen Sie einen schönen Blick auf den herrlichen Hof von Ungelt haben. ✠ 198 C3 ✉ Týn 6 ☎ 222 310 156; www.indianjewel.cz ☻ tägl. 11–23 Uhr Ⓜ Staroměstská

Klub Architektů €

Dieses attraktive Kellergewölbe unterhalb der Bethlehemskapelle (▶ 65) wird von jungen Leuten besucht. Auf der Speisekarte finden sich einfache tschechische Gerichte wie *smažený sýr* (gebratener Käse), *smažený celer* (gebratener Sellerie) sowie das Natio-nalgericht *zapečený kuřecí steak s broskví a sýrem* (Hühnchen mit Käse und Pfirsichen überbacken). ✠ 198 B2 ✉ Betlémské náměstí 5a ☎ 224 401 214 ☻ tägl. 11.30–24 Uhr Ⓜ Staroměstská

Kolkovna €

Ja, es ist auch in all den anderen Reiseführern und so touristisch, wie es nur sein kann. Aber wenn Sie einen amüsanten, relativ günstigen und lohnenswerten Abend im Pub verbringen wollen, dann sind Sie hier richtig. Das gezapfte Pilsner Urquell ist eines der frischsten der Stadt und Schweinebraten, Gulasch, Klöße, Ente und alles andere tschechische aus der Küche ist einfach unschlagbar. ✠ 198 B4 ✉ V kolkovně 8 ☎ 224 819 701; www.kolkovna.cz ☻ tägl. 11–24 Uhr Ⓜ Staroměstská

Mlynec €€€

Wenn Sie ein besonderes kulinarisches Erlébnis genießen möchten, reservieren Sie im Mlynec und lassen Sie sich vom Küchenchef verwöhnen, der als einziger im Lande bereits zum dritten Mal mit dem Michelin *Bibendum* ausgezeichnet wurde. Wählen Sie den gegrillten Seeteufel mit sautierter Gurke und Frühlingzwiebeln auf Tomatenconfit, dazu einen 1999er Chablis Mont de Milieu Premier Cru – als einen perfekten Begleiter. ✠ 197 F3 ✉ Novotného lávka 9 ☎ 277 000 777; www.mlynec.cz ☻ Mo–So 12–15, 17.30–23 Uhr Ⓜ Staroměstská

Mucha €€

Natürlich ist hier von dem berühmten tschechischen Künstler Alfons Mucha die Rede. Er wird nicht nur mit dem Namen des Restaurants, sondern auch durch den kühlen Jugendstil-Dekor und die Retromöbel geehrt, die eine elegante, aber keineswegs spießige Atmosphäre schaffen. Auf der Speisekarte stehen internationale und tschechische Gerichte, aber es sind vor allem die traditionellen böhmischen Schweinefleisch- und Entengerichte, die dem Chefkoch am besten gelingen. Der Service ist hervorragend. ✠ 198 B3 ✉ Melantrichova 5 ☎ 224 225 045; www.restaurace-mucha.cz ☻ tägl. 12–23 Uhr Ⓜ Můstek

NoStress €€

Prominent an einer Ecke gelegen, wo drei Straßen zusammentreffen, bietet das Restaurant eine gelungene Mischung aus französischer und Thai-Küche. Der belgische Küchenchef serviert seinen Gästen Köstlichkeiten wie gegrillte Entenbrust mit Pflaumen, scharfe Garnelensuppe oder Fischcurry mit Jasminreis. Unbedingt Platz lassen sollte man für eines der leckeren Desserts. Wer sich die Kalorien lieber in flüssiger Form zuführt, kann einen der zahlreichen Drinks im Barbereich testen. ✠ 198 B4 ✉ Dušní 10 (Eingang von der V Kolkovně 9) ☎ 222 317 007; www.nostress.cz ☻ tägl. 10–24 Uhr Ⓜ Staroměstská

Pizza Nuova €€

Wie Le Degustation ist auch dieses Restaurant ein Mitglied der Ambiente-Familie. Allerdings befindet es sich eher auf niedrigerem Niveau und bietet einfacheres Essen: Pizza und Pasta. Es gibt verschiedene gute Gründe, hierher zu kommen – der erste ist die hervorragende Pizza und das all-you-can-eat Antipasti-Büffet, das das beste Preis-Leistungs-Verhältnis der Stadt bietet. Der zweite ist ein kleiner Kinderspielplatz im Innenbereich und lärmtolerantes Personal – ein Segen, wenn Sie mit kleinen Kindern unterwegs sind.

✚ 199 D4 ⊠ Revoluční 1 ☎ 221 803 308; www.ambi.cz ⊛ tägl. 11.30–23.30 Uhr Ⓜ Náměstí Republiky

Pizzeria Rugantino €

Gute Pizza war in Prag bis zu den Umwälzungen 1989, die nicht nur mehr politischer Freiheit die Tore öffneten, rar. Die Pizzen und Salate sind hervorragend in diesem großen, geschäftigen Restaurant, das bei Rucksacktouristen genau so beliebt ist wie bei lokalen Berühmtheiten und sowohl mittags als auch abends eine gute Auswahl anbietet.

✚ 198 B4 ⊠ Dušni 4 (auch in der Klimentská 40) ☎ 222 318 172; www.rugantino.cz ⊛ Mo–Sa 11–23, So 12–23 Uhr Ⓜ Staroměstská

Rybí trh €€–€€€

Im Gegensatz zu den älteren Fischrestaurants am Moldauufer befindet sich das Rybi trh (Fischmarkt) in der Stadt im aufgewerteten Teynhof am Altstädter Ring (► 56). Die Auswahl an Fischgerichten ist riesig, einige Exemplare schwimmen in den Aquarien des Restaurants herum. Es gibt zwei spärlich eingerichtete Räume im Erdgeschoss und einen von Ziegeln überwölbten Keller.

✚ 198 C3 ⊠ Týnský Dvůr 5 ☎ 224 895 447; www.rybitrh.cz ⊛ tägl. 11–24 Uhr Ⓜ Náměstí Republiky

U Supa €–€€

Günstige Gerichte, eine ausgelassene Atmosphäre und die hervorragende Lage im Herzen der Altstadt haben das »Zum Geier« über die Jahre zu einem Dauerbrenner bei Touristen gemacht. Jeden Abend spielt in dem Gewölbe aus dem 13. Jahrhundert eine Zigeunerband. Genießen Sie die Musik zu traditionellen tschechischen Gerichten wie würzige Kohlsuppe und gebratene Schweineschulter mit Klößen.

✚ 198 C3 ⊠ Celetná 22 ☎ 224 227 800; www.restauraceusupa.cz ⊛ tägl. 11–23 Uhr Ⓜ Náměstí Republiky

V Zátiší €€€

Obwohl Zátiší viel Lob und Preise gewonnen hat, ist dieses einladende Restaurant noch nicht verdorben und wirkt wie eine Insel inmitten eines Ozeans von Touristenlokalen. Die Inneneinrichtung ist auf schlichte Eleganz ausgerichtet. In einem Raum sind die Wände weiß, in einem anderen ockerfarben mit einer gewölbten Decke. Die europäische Küche bietet keinen Firlefanz, sondern ist einfach hervorragend zubereitet. Es gibt genügend tschechische Ergänzungen, um die Gäste daran zu erinnern, dass man sich schließlich in Prags Altstadt befindet. Die Speisekarte führt rund ein halbes Dutzend Fischgerichte auf, je nachdem, was auf dem Markt am frischesten aussah. Wer regionale Küche bevorzugt, sollte die böhmische Bratgans in Honig-Lavendel-Soße probieren. Schokoholics schmelzen beim *čokoládová pěna* (Mousse au Chocolat) dahin.

✚ 198 B3 ⊠ Liliová 1 (at Betlémské náměstí) ☎ 222 221 155; www.vzatisi.cz ⊛ tägl. 12–15, 17.30–23 Uhr

Bar and Books

Mit ihren roten Wänden, den weichen Lederbänken und sanfter Musik ist diese elegante Cocktail-Lounge im Týn-Hof die perfekte Umgebung für einen entspannten Abend. Und wenn Ihnen ein Wodka-Martini nach dem Rezept von James Bond Autor Ian Fleming nicht zusagt, können Sie aus einer Reihe feiner Weine und Spirituosen sowie kubanischen Zigarren wählen.

✚ 198 C3 ⊠ Týnská 19 ☎ 224 815 122; www.barandbooks.cz/tynska ⊛ tägl. 12–16 Uhr

Chateau Rouge

Eine laute Bar, die insbesondere von ungehobelten Ausländern und ihren neuen tschechischen Freunden besucht wird. Im Kellergeschoss befindet sich eine Music Club, der bis in die Morgenstunden geöffnet ist. Die meiste Action wird allerdings in der Hauptbar im Erdgeschoss geboten. Wenn Sie Trinken, Lärm und Tumult mögen, werden Sie hier nicht enttäuscht.

✚ 198 C3 ✉ Jakubská 2 ☎ 222 316 328; www.chateaurouge.cz ◉ tägl. 12–3 Uhr

U Medvídků

Eine berühmte Bierschenke, wo aus den Zapfhähnen ein Strom von mildem Budvar aus Südböhmen (► 25f) fließt. Mit den tschechischen Spezialitäten, die man hier bekommt, kann man eine gute Grundlage schaffen.

✚ 198 B2 ✉ Na Perštýně 7 ☎ 224 211 916; www.umedvidku.cz ◉ Mo–Sa 11–23, So 12–22 Uhr

U Vejvodů

Die ehemals verräucherte, uralte Kneipe präsentiert sich nach ihrer Umgestaltung als heller Pilsner-Palast, wo sich die Gäste wohl fühlen und die Einheimischen die erschwinglichen Preise zu schätzen wissen.

✚ 198 B2 ✉ Jilská 4 ☎ 224 219 999; www.restauraceuvejvodu.cz ◉ Mo–Do 22–3, Fr, Sa 22–4, So 22–2 Uhr

U Zlatého tygra

Einer der letzten traditionellen tschechischen Kneipen in der Altstadt – traditionell in dem Sinne, das wirklich gar keine Anstrengung unternommen wird, um Touristen anzuziehen. Jeden Tag um 15 Uhr kommen die Stammgäste und belegen ihre Tische. Sie können sich gerne dazugesellen und sich setzen, wenn Sie einen freien Platz finden. Hervorragendes Bier und passables tschechisches Essen machen das Bild komplett.

✚ 198 B3 ✉ Husova 17 ☎ 222 221 111; www.uzlatehotygra.cz ◉ tägl. 15–23 Uhr

CAFÉS UND TEEHÄUSER

Die Wiedergeburt der Prager Kaffeehausszene (► 43) ist nirgendwo spürbarer als in der Altstadt mit ihren Kaffee- und Teehäusern.

Bakeshop Praha

Eher eine Bäckerei als ein Coffee Shop, aber der Kaffee ist gut und sie können auf einem der Stühle mit einer Tasse Kaffee und einem Stück hausgemachtem Kuchen, einem Brownie oder einem Schokokeks entspannen. Bakeshop Praha ist auch ideal für einen Salat oder ein Sandwich zum Mitnehmen für ein späteres Picknick.

✚ 198 C4 ✉ Kozí 1 ☎ 222 316 823; www.bakeshop.cz ◉ tägl. 7–19 Uhr

Cafe Konvikt

Dieser preiswerte Treffpunkt ist bei jungen, modischen Leuten beliebt. Auf der Speisekarte gibt es nur wenige Dinge, darunter einige vegetarische Gerichte und *bábovka* (Schokoladentorte).

✚ 198 B2 ✉ Bartolomějská 11 ☎ 224 232 427 ◉ tägl. 11–24 Uhr

Café de Paris

Falls das riesige Café im Repräsentationshaus (Obecní dům, ► 138f) an einem Sommernachmittag besetzt ist, findet sich in diesem kleinen, ebenfalls authentischen Jugendstilcafé auf der anderen Straßenseite immer ein Platz. Es gibt leichte, internationale Gerichte, darunter Pasta, Cäsar-Salat und Bagel-Sandwiches.

✚ 199 D3 ✉ Hotel Paříž, U Obecího domu 1 ☎ 222 195 195; www.hotel-paris.cz ◉ tägl. 8–24 Uhr

Choco Café

Ein toller Ort zum Entspannen zwischen anstrengenden Besichtigungstouren. Das Choco Café serviert Bruschetta, Sandwiches, Salate, Kuchen, Kaffee und Eistee, die Spezialität ist aber heiße Schokolade mit Chili und Ingwer – ideal an Wintertagen.

✚ 198 B3 ✉ Liliová 4 ☎ 222 222 519; www.choco-cafe.cz ◉ Mo–Fr 9–20, Sa–So 10–20 Uhr

Culinaria

Eine Kombination aus Coffee Shop und Feinkost mit der besten Sandwichtheke in Prag. Hier bekommen

Sie Delikatessen wie Beef Wellington und gegrillten Lachs zum Mitnehmen. Außerdem gibt es eine Espresso Bar, in der sehr guter Kaffee sowie gesunde Gemüse- und Obstsäfte oder Smoothies serviert werden.

✚ 198 B2 ✉ Skořepka 9
☎ 224 231 01; www.culinaria.cz
◉ Mo–Sa 10–19, So 17–24 Uhr

Grand Cafe Orient

Tschechische Designer haben unter großen Mühen das Interieur dieses Cafés im ersten Stock des Hauses der Schwarzen Madonna im Stil des frühen 20. Jahrhunderts restauriert. Serviert werden Kuchen, Sandwiches und andere leichte Snacks.

✚ 198 C3 ✉ Ovocný trh 19
☎ 224 224 240; www.grandcafeorient.cz
◉ Mo–Fr 9–22, Sa–So 10–22 Uhr

Grand Cafe Praha

Das Café bietet einen spektakulären Blick auf die astronomische Uhr direkt gegenüber der Eingangstür. Teuer.

✚ 198 B3
✉ Staroměstské náměstí 22
☎ 221 632 522; www.grandcafe.cz
◉ tägl. 7–22 Uhr

Kavárna Slavia/Café Slavia

Dieses Jugendstilcafé ist die Königin unter den Prager Kaffeehäusern. Praktisch jeder wichtige Prager Schriftsteller, Musiker und Schauspieler ist hier zu Gast gewesen. Man kann das berühmte Getränk der Künstler bestellen, den Absinth, der in Tschechien legal hergestellt wird. Zudem gibt es Kaffee, Wein, Bier und leichte Gerichte, darunter Salate und tschechische Schnellgerichte, wie *toasty* (Toast belegt mit verschiedenen Wurstsorten). Am besten bleibt man für einen Drink, bewundert die Einrichtung aus Marmor und Stahl und lässt die Seele baumeln.

✚ 198 A2
✉ Smetanova nábřeží 2 (am Národní třida)
☎ 224 218 493; www.cafeslavia.cz
◉ tägl. 9–23 Uhr

Wohin zum...
Einkaufen

In der Staré Město finden Sie die meisten Boutiquen in Prag. Versuchen Sie von den Promenaden mit viel Touristenrummel wegzukommen und gehen Sie in die kleineren Straßen und Alleen.

Ring (Staroměstské náměstí) mit seinem unregelmäßigen Kopfsteinpflaster das soziale und wirtschaftliche Herz von Prag. Hierhin kommen auch die meisten Reisegruppen und viele Schmuckhändler. Günstigere Einkaufsmöglichkeiten befinden sich in den Seitenstraßen.

Mode

Josefov ist das Zentrum für exklusive Mode in Prag und die Nové Město – insbesondere Na příkop – ist der beste Ort für High-Street-Mode. Es gibt aber auch einige gute Kleidungs- und Modegeschäfte in der Altstadt. Beginnen Sie am Obecní dům. Hier finden Sie den exklusiven italienischen Handtaschen- und Lederwarenhersteller **Coccinelle** (Náměsti Republiky 5 und in der Železná 22, Tel. 222 002 340). Kleine Boutiquen säumen die Straßen hinter dem Obecní dům.

Bücher, Drucke und Karten

In der Altstadt gibt es hervorragende Buchläden, die auch fremdsprachige Bücher führen. Hier können Sie Ihre Lektüre aufstocken oder nach Übersetzungen tschechischer Autoren wie Milan Kundera oder Ivan Klima suchen. **Anagram Books** im Ungelt

(Tel. 224 895 737; www.anagram.cz) hat sich auf Kunst, Philosophie und Geschichte spezialisiert, bietet aber auch eine gute Literaturauswahl an. Im **Big Ben Bookshop** direkt vor dem Ungelt an der Malá Štupartská 5 (Tel. 224 826 565; www.bigbenbookshop.com), bekommen Sie zahlreiche Mystery-Romane, Thriller und Flughafenlektüre.

In Prag gibt es zahlreiche Buchhändler, die Bücher aus zweiter Hand und in der Regel auch Lithografien, Poster, Karten, alte Zeitschriften und alles mögliche andere anbieten. Achten Sie auf das Wort »antikvariát« vor der Tür. Viel Spaß beim Stöbern!

Geschenke und Diverses

Das Einkaufszentrum Palladium in der Nähe der Náměstí Republiky (Tel. 225 770 250) bietet verschiedene Geschenkeshops, Boutiquen, Drogerien, Bars und Restaurants – und ist an sieben Tagen der Woche geöffnet. In der Zeltnergasse (Celentá) in der Nähe des Staromestské náměsti bieten **Cristallano** (Nr. 12, Tel. 224 223 027; www.cristallino.cz) und **Celetná Crystal** (Nr. 15, Tel. 224 223 073) Kristall, Glaswaren, Halbedelsteine und Schmuck an. **Artěl** in der Celetná 29 (Eingang von Rybná, Tel. 271 732 161; www.artelglass.com) bietet Reproduktionen von Glaswaren der 1920er und 30er Jahre sowie eine ungewöhnliche, aber interessante Sammlung von Büchern und Schmuck. **Botanicus** (Tel. 234 767 446; www.botanicus.cz) im Ungelt hinter der Teynkirche führt Produkte, die auf einem Biohof außerhalb von Prag hergestellt, gezogen oder abgefüllt werden: Kerzen, Seifen, Öl und Essig. Gleich nebenan befindet sich das **Obchod Marionety Truhlář** (www.marionety.com), das fantastische handgeschnitzte Holzmarionetten verkauft.

In zwei Gebäuden auf der Tynská 7 und in einem Hinterhof dahinter befindet sich das faszinierende Kuriositätengeschäft **Bric à Brac** (Tel. 222 326 484). Auf der Dlouhá gibt es sich zwei Geschäfte, deren Besuch sich lohnt: **Studio Šperk** (Nr. 19, Tel. 224 815 161) bietet schönen Halbedelsteinschmuck in moderner Kulisse und bei **Bohemia Granat Jewellery** (Nr. 28, Tel. 222 315 612) bekommen Sie böhmischen Halbedelsteinschmuck zu Fabrikpreisen. **Art Decoratif** (Tel. 222 002 350) im Obnecní-dům-Komplex bietet exquisite Reproduktionen von Art-Nouveau-Lampen, Schmuck und Accessoires an.

Vernachlässigen Sie das Gebiet im Süden und Westen des Altstädter Rings in Richtung Karlsbrücke und Moldau nicht. Die zentrale Achse hier ist die stark touristische Karlova mit ihren Souvenirgeschäften. Schnäppchen oder etwas Authentischeres finden Sie in den Straßen hinter der Karlova und zwischen dem Altstädter Ring und der Národní třída – zum Beispiel auf der Michalská oder der Na Perštýně.

Antiquitäten

Alma Mahler Antiques (Valentínská 7, Tel. 222 325 865) bietet alles von Schnickschnack bis zu Antiquitäten sowie eine Weinbar. **Art Deco Galerie** (Michalská 21, Tel. 224 223 076) verkauft, wie der Name schon sagt, Reproduktionen der frühen tschechischen Moderne und einige Originale. Die schönsten Antiquitäten finden Sie in der lokalen Filiale des österreichischen Auktionshauses **Dorotheum** (Ovocný trh 2, Tel. 224 222 001; www.dorotheum.cz).

Bücher, Drucke und Karten

Im Gebiet direkt hinter dem Betlémské Náměstí an der Betlémská gibt es eine Reihe antiquarischer Buchhandlungen und eleganter Kunstgalerien. Hier finden Sie seltene Lithografien, Karten und Posterkunst.

Geschenke und Diverses

Manufaktura in der Melantrichová 17 (Tel. 221 632 480) in der Nähe des Altstadtplatzes bietet hübsche tschechische Keramik, Küchengeräte, Zierat und Dekoartikel. Moderne Gläser finden Sie in den Glaswaren des lokalen Designers Boris Šípek bei **Arzenal** (Valentínská 11, Tel. 224 814 099; www.arzenal.cz).

Wohin zum… Ausgehen?

Jazz in einem 800 Jahre alten Keller, ein Kammerkonzert inmitten der üppigen Statuen einer Barockkirche oder Opern gesungen von lebensechten Marionetten – die Altstadt bietet ein Unterhaltungsangebot, das in Einklang steht mit ihren mittelalterlichen Straßen und der historischen Architektur.

THEATER

Divadlo Na Zábradlí

Die kleine Bühne des einflussreichen Theaters am Geländer ist nicht nur durch die dramatischen Werke von Václav Havel aus den 1960er-Jahren berühmt geworden.

✚ 198 A3
✉ Anenské náměstí 5, Staré Město
☎ 222 868 868; www.nazabradli.cz

Nationales Marionettentheater (Národní divadlo marionet)

Das Theater begeistert sowohl Erwachsene wie Kinder und bekommt viel Lob, weil es die ehrwürdige tschechische Kunst der Puppenoper am Leben erhält. Don Giovanni wird hier seit 1991 aufgeführt.

✚ 198 B3
✉ Žatecká 1, Staré Město
☎ 224 819 322; www.mozart.cz

MUSIK

AghaRTA

Hochwertige aktuelle Jazzmusik und Fusion in einem 800 Jahre alten gotischen Keller. Shows beginnen um 21 Uhr, Sie sollten aber schon um 20 Uhr dort sein, wenn Sie einen Sitzplatz haben möchten.

✚ 198 C3
✉ Železná 16, Staré Město
☎ 222 211 275; www.agharta.cz

Jazz Club U Staré paní

Die »Old Lady« wurde Mitte der 1990er-Jahre zeitgleich mit einer Reihe von neuen Jazz- und Bluesclubs gegründet. Einer der besten Orte für einheimische Mainstreambands.

✚ 198 B3
✉ Michalská 9, Staré Město
☎ 603 551 680; www.jazzlounge.cz

Klementinum

Die Spiegelkapelle aus dem 18. Jahrhundert bildet einen würdigen Rahmen für unvergessliche Kammerkonzertabende.

✚ 198 A3
✉ Karlova (neben der Klemenskirche)
☎ 222 220 879; www.klementinum.com

Roxy

Das Kunstzentrum bietet Auftrittsmöglichkeiten für Top-DJs und Stars der internationalen Musikszene.

✚ 198 C4
✉ Dlouhá 33, Staré Město
☎ 224 826 296; www.roxy.cz

Stavovské divadlo

Man sollte sich ein Ticket für das Ständetheater (➤ 63) kaufen, egal, was gespielt wird. Dann kann man das Opernhaus bewundern, in dem Mozart die Uraufführung von *Don Giovanni* selbst dirigierte. Das exzellente Ensemble des Nationaltheaters (Národní divadlo, ➤ 145f) hat einige der bekanntesten Mozartopern im Repertoire. Die Theaterkasse befindet sich gegenüber der Rückseite des Theaters im Kolowrat-Palais.

✚ 198 C3
✉ Ovocny trh 6 (Abendkasse), Staré Město
☎ 224 901 448; www.narodni-divadlo.cz

Schwarzlichttheater

Einige Vertreter dieser Theaterform finden sich in der Altstadt. Auf Seite 46 wird das Schwarzlichttheater und die **Laterna Magica** (➤ 160) näher beschrieben. Andere bekannte Theater sind:

Ta Fantastika Karlova 8, Staré Město, Tel. 222 221 366; www.tafantastika.cz

Divadlo Image, Pařížská 4, Staré Město, Tel. 222 314 458; www.imagetheatre.cz

Hradschin, Kleinseite und Umgebung

Erste Orientierung

Das **linke Ufer der Moldau** wird von dem ausladenden **Burgkomplex** und der **großartigen gotischen Kathedrale** innerhalb der Mauern dominiert. Barocke Herrenhäuser und Paläste, viele mit wunderbaren Gärten, dienen heute als Botschaften, Museen, Kneipen und schicke Restaurants. Gutbürgerliche Bezirke und Arbeiterwohnviertel bergen Sehenswürdigkeiten und erinnern an glanzvolle und weniger glorreiche Zeiten.

Der Hradschin (Hradčany) ist das Viertel rund um die Prager Burg. Im 16. Jahrhundert wurde es zu einem eigenen Stadtbezirk erhoben und umfasste die monumentale Burg, die umliegenden Gärten sowie die Paläste Richtung Westen rund um den Hradschiner Platz (Hradčanské náměstí).

Die Kleinseite (Malá Strana) wurde so genannt, weil sie kleiner war als der Bezirk am rechten Ufer. Dieses alte aristokratische Viertel erstreckt sich südlich der Burg und umfasst auch die reizvolle Insel Kampa. Die noch weitgehend erhaltene Architektur des 18. Jahrhunderts zog Miloš Forman zurück in seine Heimatstadt, wo er den Film Amadeus drehte. Erzählt wird die Geschichte Mozarts in einer städtischen Umgebung, die wienerischer ist als Wien selbst. Weiter südlich ist Smíchov ein eher unansehnliches Viertel mit der rettenden Attraktion des Mozart-Museums.

Nördlich und östlich der Burg liegen die Bezirke Bubeneč, Letná und Holešovice, mit einem Museum moderner Kunst, einigen seltenen Überbleibseln der kommunistischen Ära und dem Metronom.

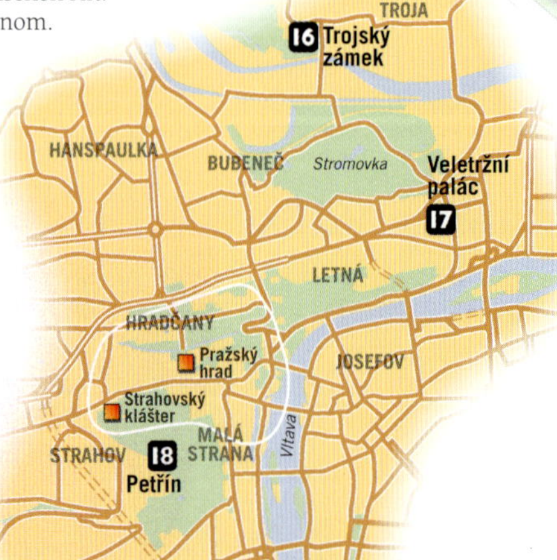

Seite 77:
Die Decke
des neuen
Berufungs-
gerichts mit
den farbigen
Wappen-
verzierungen.

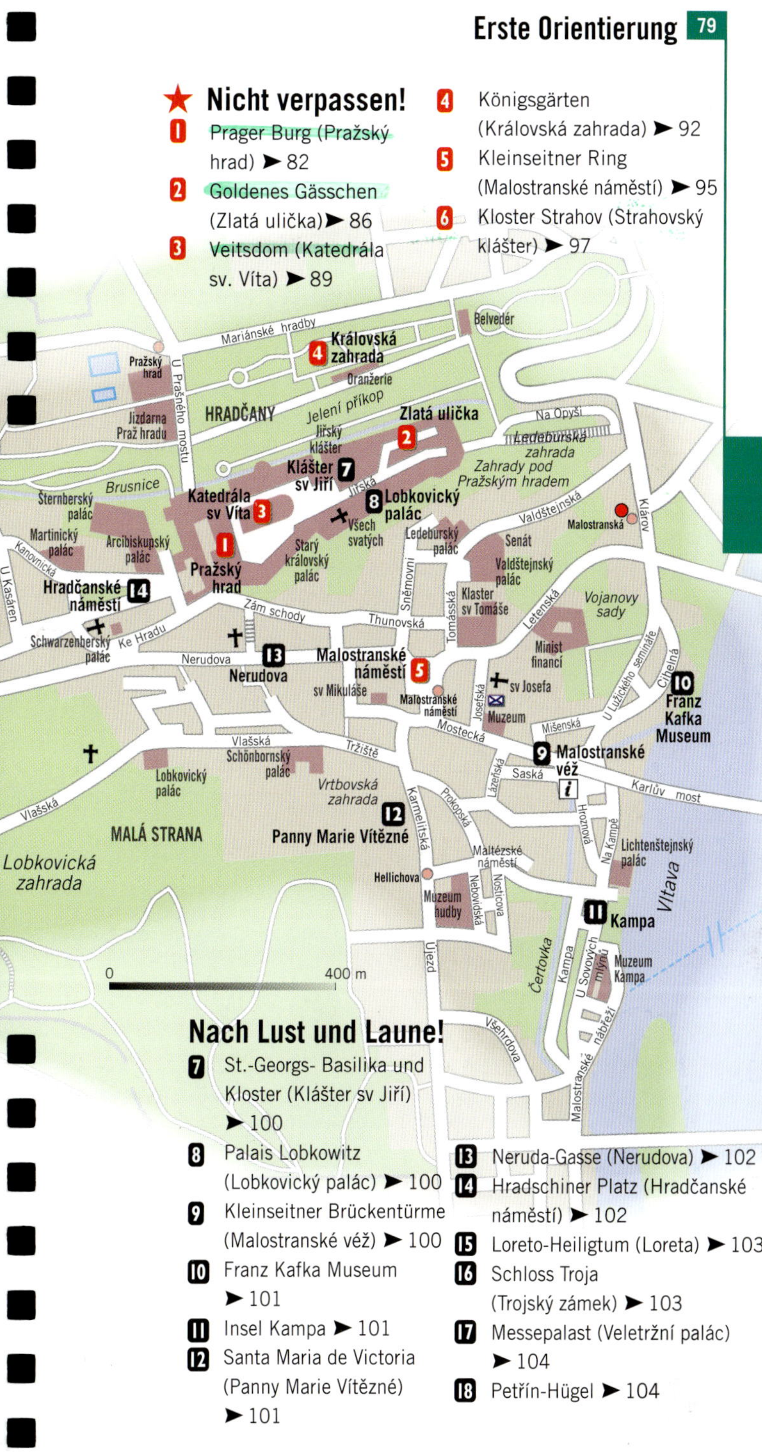

Nach Lust und Laune!

7 St.-Georgs- Basilika und Kloster (Klášter sv Jiří) ➤ 100
8 Palais Lobkowitz (Lobkovický palác) ➤ 100
9 Kleinseitner Brückentürme (Malostranské věž) ➤ 100
10 Franz Kafka Museum ➤ 101
11 Insel Kampa ➤ 101
12 Santa Maria de Victoria (Panny Marie Vítězné) ➤ 101
13 Neruda-Gasse (Nerudova) ➤ 102
14 Hradschiner Platz (Hradčanské náměstí) ➤ 102
15 Loreto-Heiligtum (Loreta) ➤ 103
16 Schloss Troja (Trojský zámek) ➤ 103
17 Messepalast (Veletržní palác) ➤ 104
18 Petřín-Hügel ➤ 104

In zwei Tagen

Wenn Sie sich nicht sicher sind, wo Sie Ihre Reise beginnen möchten, empfiehlt diese Route einen praktischen zweitägigen Besuch von Hradschin, Kleinseite und Umgebung mit den wichtigsten Sehenswürdigkeiten. Sie können dazu die Karte auf der vorangegangenen Seite verwenden. Weitere Informationen finden Sie unter den Haupteinträgen (➤ 82ff).

Erster Tag

Vormittags

Gönnen Sie sich eine ausführliche Entdeckungstour durch die ❶ **Prager Burg** (➤ 89ff), wohl die Hauptattraktion der Stadt. Mit einer Eintrittskarte können Sie die meisten Hauptattraktionen besuchen, darunter der alte Königspalast, den ❸ **Veitsdom** (Katedrála sv. Víta, ➤ 89ff), die ❽ **St.-Georg-Basilika** (➤ 100) und das ❷ **Goldene Gässchen** (Zlatá ulička) (➤ 86ff). Sie können beim Eintrittskartenverkauf einen Audioführer mieten, der Informationen zur tschechischen Geschichte bietet. Lassen Sie sich 2–3 Stunden für die Tour Zeit. Zum Mittagessen können Sie das Restaurant im Lobkowicz-Palast innerhalb des Burgkomplexes ausprobieren (Jiřská 3, Tel. 602 595 998), das Cowboy's unterhalb des Haupttors zur Burg an der Malá Strana hat ein etwas gehaltvolleres Angebot (Nerudova 40, Tel. 296 826 107).

Nachmittags

Schauen Sie sich nach dem Mittagessen den obligatorischen Wachwechsel (zur vollen Stunde) am Haupttor der Prager Burg an. Folgen Sie anschließend den gewundenen Straßen und Treppen entlang der historischen Nerudova-Straße hinunter zur Malá Strana, bis Sie den ❺ **Kleinseitner Ring** (Malostranské náměsti) erreichen (Malá Strana Platz, ➤ 95f). Die Hauptattraktion hier ist die barocke Nikolauskirche (sv. Mikuláš, ➤ 96). Folgen Sie vom Malostranské náměstí der Mostecká-Straße hinunter bis zur Karlsbrücke, und nehmen Sie die rechte Treppe am Beginn der Brücke hinunter zur ⓫ **Kampa-Insel** (➤ 101). Entspannen Sie den Rest des Tages im Kampa-Park und genießen Sie den Blick vom Fluss auf die Altstadt und die Karlsbrücke.

Zweiter Tag

Vormittags

Eine Park- und Gartentour – tragen Sie bequeme Schuhe. Beginnen Sie an der Metrostation Malostranská (Linie A, grüne Linie). Folgen Sie der Valdštejnská-Straße bis Nr. 12, dem Eingang zu einigen hübschen Terrassengärten, die allgemein als **4** **Königsgärten** (Královská Zahrada, ➤ 92ff) bekannt sind und alle die Namen der Adelsfamilien tragen, denen sie einst gehörten.

Gehen Sie weiter die Valdštejnská-Straße entlang, bis Sie den Valdštejnské náměstí (Wallensteinplatz) und den Palast des berühmten Habsburger Generals Albrecht von Wallenstein und seinen hübschen Renaissancegarten erreichen. Gehen Sie über den Malostranské náměstí und die Karmelítská-Straße entlang zu einem weiteren Ort, den Sie nicht verpassen sollten: die faszinierenden Vrtba-Gärten in der Karmelítská 25. Anschließend können Sie in einem von Dutzenden Restaurants in der Gegend zu Mittag essen. Ein schnelles und einfaches Gericht bekommen Sie im U malého glena (Little Glen's) in der Karmelítská 23, Tel. 257 531 717.

Nachmittags

Nehmen Sie vom **5** **Kleinseitner Ring** die Straßenbahnlinie 22 für eine landschaftlich reizvolle Fahrt zur Prager Burg. Beginnen Sie am Pohořelec, und besichtigen Sie die zwei schönen Büchereien im **6** **Strahov-Kloster** (Strahovský kláster, oben, ➤ 97f). Von hier folgen Sie der Beschilderung einen kleinen Pfad entlang, der zunächst befestigt, dann unbefestigt über die Wiesen zum Petřín-Beobachtungsturm (Mini-Eiffelturm) in der Ferne führt. Dies ist einer der schönsten Wege der Stadt. Beenden Sie den Tag mit einem Besuch des Aussichtsturms auf dem **18** **Petřín-Hügel** (➤ 104), und nehmen Sie im Restaurant Nebozízek, wo Ihnen die Lichter der Stadt buchstäblich zu Füßen liegen, einen Drink oder ein frühes Abendessen ein.

❶ Prager Burg
(Pražský hrad)

Die romantische Hügelsilhouette ist fast von überall zu sehen. Jenseits der kühlen neoklassizistischen Fassaden ragen die gotischen Türme des Veitsdoms empor (► 89ff). Die Kirche liegt innerhalb des Burggeländes, weil sie von Königen und Kaisern genutzt wurde, um ihre oftmals wackelige Machtposition zu festigen. Wenn man durch die Prager Burg schlendert, fühlt man sich auf der Bühne der Prager Geschichte.

Der *hrad*, wie die Burg im Allgemeinen genannt wird, ist das traditionelle Symbol staatlicher Macht geblieben. Hier wurden Könige gekrönt und Präsidenten vereidigt. Aus einem Fenster im 1. Stock rief Hitler 1939 das Protektorat Böhmen und Mähren aus. Die Chefs der Kommunistischen Partei hielten das Volk fern, während Präsident Václav Havel die Pforten öffnete. 1990 gab es eine riesige Bierparty.

Die erste Burg wurde 870 von Herzog Bořivoj errichtet und war nur wenig größer als eine massive Holzhütte. Die Verteidigungsanlagen mit gigantischen Holzpfählen, Erdwällen und natürlichen Wassergräben wurden im 11. Jahrhundert durch Steinbefestigungen ersetzt. Der Palast selbst ist hauptsächlich im Stil der Gotik und Renaissance errichtet. 1598 wurde die Burg nach der Altstadt und der Neustadt offiziell zu Prags drittem Stadtbezirk. Zu ihm gehören Paläste, Kirchen, Kapellen, Gärten (► 92ff), Adelshäuser, sogar Ateliers und Werkstätten im berühmten Goldenen Gässchen (► 86ff). Während des Dreißigjährigen Krieges (1618–48) wurde die Burg verlassen, Mitte des 18. Jahrhunderts sorgte Kaiserin Maria Theresia für die Restaurierung im neoklassizistischen Stil.

Die Prager Burg beherrscht das linke Ufer der Moldau

Erster und zweiter Burghof

Moderne Kopien der *Kämpfenden Giganten* (Ignaz Michael Platzer, 1768) säumen den Haupteingang. Auf der Rückseite des ersten Hofes befindet sich das **Matthiastor** (Matyášova brána). Im zweiten Hof erhebt sich rechts der **Präsidentenpalast** mit nicht-öffentlichen Büros und Wohnräumen.

Zur Linken befinden sich der **Spanische Saal** (Španělsky sál) und die **Rudolfsgalerie** (Rudolfova galerie). Während der Prager Frühlingskonzerte (► 46) sind sie der Öffentlichkeit zugänglich, ansonsten nur bei offiziellen Staatsfeierlichkeiten.

WACHWECHSEL

Falls die Zeremonie der Wachkompanie der Burg ein wenig komisch wirken sollte, so ist dies nicht ganz zufällig so. Nach der Steifheit der Habsburger und dem eintönigen Ritual der Kommunisten verlieh Präsident Havel der Show ein bisschen Humor und Lebendigkeit: Die Wachen tragen blaue Uniformen, die von dem Kleiderdesigner hergestellt wurden, der für die Kostüme im Film *Amadeus* einen Oscar erhielt. Die neue Hymne für die große Mittagsparade, wurde vom Rockmusiker Michal Kocáb komponiert.

KLEINSEITNER GÄRTEN

Die fürstlichen Barockgärten, die sich von der Prager Burg den Hügel hinunter er-strecken, sind wunderbar saniert worden. Es gibt verzierte Balustraden, Springbrun-nen, Loggien und Arkaden. Man kann herrlich spazieren gehen und phantastische Ausblicke über die Kleinseite und die Moldau genießen. Im Sommer dienen die Gärten als Bühne für Freilichtkonzerte. Am spektakulärsten ist der strikt geometri-sche **Wallenstein-Garten** (Valdštejnská zahrada) des gleichnamigen Palastes mit einer Loggia aus dem 17. Jahrhundert von Giovanni Pieroni, Bronzestatuen von Adriaen de Vries (Kopien, die Originale wurden von den Schweden 1648 geraubt) und einer Reihe von Pfauen im Vogelhaus. Der Palast ist nur gelegentlich für Konzerte geöff-net. Etwas kleiner, aber genauso attraktiv sind die drei benachbarten Palastgärten **Kolowrat**, **Ledebour** und **Palffy**.
Eingang: Valdštejnská 12; geöffnet April–Okt. tägl.; preiswert.

Burggalerie
(Obrazárna Pražského hradu)

Auf der Nordseite des zweiten Burghofs zeigt die Ausstellung die Reste der einst großartigen Kunstsammlung. Unter den ver-bliebenen Kunstschätzen sind Arbeiten von Veronese, Tinto-retto, Rubens, Cranach und Holbein. Zeitgenössische Ausstel-lungen finden in den benachbarten **Kaiserlichen Stallungen** (Císařská konírna) statt.

Alter Königspalast
(Starý královský palác)

Der dritte Hof führt direkt zum Alten Königspalast, vom 12. bis zum 16. Jahrhundert Sitz der böhmischen Könige. Starten Sie Ihre Tour mit der wunderbaren Ausstellung zur Geschichte der Prager Burg, die im gotischen Stockwerk des Palasts unter-gebracht ist. Neben den Stein- und Holzskulpturen, bestickten Gewändern und Totenkleidern, Glas- und Tonwaren werden der Helm und das Kettenhemd von St. Wenzeslaus und die Totenkrone von Rudolf von Habsburg gezeigt. Die Hauptat-traktion des Palasts ist aber der kahle **Vladislavský sál** (Vladislavsk Saal) mit seinem faszinierenden Rippen-gewölbe. Der prächtige gotische Saal wurde 1502 fertig gestellt und diente der Wahl des Königs. Einst fanden hier auch Bankette und Reitturniere statt, bei denen Pferde über die **Rei-tertreppe** an der Nordseite nach oben galoppierten.

Auf der Ostseite des Saals führt eine Wendeltreppe auf eine Terrasse, von der man die Stadt überblickt. In der Südwestecke führt eine Treppe hinunter in den Ludwigsflügel und zur Böhmischen Kanzlei. Dort wurden die Statthalter des Königs 1618 aus dem Fenster gestürzt (▶ 22f).

Wendeltreppe im Alten Königspalast

KLEINE PAUSE

Das (normalerweise) ruhigste der vielen nicht allzu teuren Burgcafés

Der Vladislav-Saal war groß genug für Reitturniere

im Freien befindet sich etwas versteckt in der Nordwestecke des **Basteigartens** (Zahrada na baště) auf der linken Seite des Haupteingangs.

✚ 196 C4

✉ Hradčanské náměstí, Praha 1

☎ Informationszentrum Prager Burg, Tel. 224 373 368; www.hrad.cz

🌐 April–Okt. tägl. Burganlage: 5–24 Uhr, Palast/Museen: 9–17 Uhr;
Nov.–März Burganlage: 6–23 Uhr, Palast/Museen: 9–16 Uhr

🚇 Malostranská

🚌 22 Pražsky hrad

✋ Anlage: frei; Gebäude/Sammlungen: teuer

PRAGER BURG: INSIDER-INFO

Top-Tipps: Alle Tipps erfordern ein gutes Stück Weg **zu Fuß**.

■ Um eine großartige **Aussicht** auf die Burg und die Stadt unten zu haben, nimmt man am besten die Neue Schlossstiege (Zámecké schody) von der Nerudova (➤ 102) zum Eingangstor hinauf.

■ Von der Metrostation Malostranská führt die **Alte Schlossstiege** (Staré zámecké schody) steil hinauf zum Hintereingang.

■ Der Wachwechsel sowie der Zugang zum Burggelände, den Straßen (Ausnahme: Goldenes Gässchen), Gärten und zum Hauptschiff des Doms (➤ 90) ist **frei**. Das Informationsbüro im dritten Burghof gegenüber dem Dom bietet Tickets, um den Domchor, den Chorumgang, die Krypta sowie den Alten Königspalast, die St.-Georgs-Basilika (➤ 100), das Goldene Gässchen (➤ 86ff) und den Daliborka-Turm zu besichtigen. Das umfassende Prager-Burg-Ticket kostet 350 Kč (ermäßigt 175 Kč) und ist zwei Tage lang gültig. Deutschsprachige Audioführer kosten 250 Kč.

■ **Sondertickets** (70–100 Kč) sind fällig für Ausstellungen in der Burggalerie, die Kaiserlichen Stallungen und das St.-Georgs-Kloster (➤ 100) sowie das Palais Lobkowitz (➤ 100) und das Hraček Museum (Spielzeugmuseum).

2 Goldenes Gässchen

(Zlatá ulička)

Diese **legendäre kleine Straße** der Alchemisten, Bogenschützen, Armen, Bettler und Poeten, die dicht gedrängt in den kleinen Häuschen wohnten, kann man am besten erleben, wenn sie vom spärlichen Laternenlicht in Schatten gehüllt wird. Dann kann man der Phantasie freien Lauf lassen.

Fakten ...

Die Gasse befindet sich etwas abgelegen in der Nordostecke der Burg, hinter dem St.-Georgs-Kloster (klášter sv. Jiří, ➤ 100). Die Gasse entstand im 16. Jahrhundert, als arme Geschäftsbesitzer und Handwerker vor einem Brand in der Stadt flüchteten und sich hier niederließen. Zu den Handwerkern gehörten auch Goldschmiede, nach denen die Gasse Zlatnická (Goldenes Gässchen) benannt wurde.

1916 kam **Franz Kafka** und verfasste in dem Häuschen seiner Schwester Olga (Nr. 22) sechs seiner besten Kurzgeschichten. Er beschrieb die Gasse sogar in dem unvollendeten Roman *Das Schloss* (➤ 30f).

Jaroslav Seifert wohnte 1929 hier. Er schrieb eine Reihe Gedichte, die ihm später einen Nobelpreis einbrachten.

... und Legenden

Deutsche Romantiker behaupteten im 19. Jahrhundert, im Goldenen Gässchen seien Alchemisten am Werk gewesen, um für Rudolf II. Blei in Gold zu verwandeln. Blitzschnell wurde das Goldene Gässchen als Alchemistengasse bekannt.

Doch auch die Tschechen haben ihre eigenen Legenden, die sich um das Goldene Gässchen ranken. Einer der Gefängnistürme, wo die Händler ihre Waren an die Gefangenen verkauften, wurde – und wird natürlich immer noch – vom noblen Ritter **Dalibor** heimgesucht. Er war dort gefangen, weil er im 15. Jahrhundert einen Bauernaufstand angeführt hatte. Um sich seine Langeweile zu vertreiben, lernte er angeblich das Geigenspiel. So konnte man im Goldenen Gässchen wunderbar traurige Musikstücke hören, selbst nachdem Dalibor hingerichtet worden war. Das in der Legende auftauchende Wort *housle* bedeutete aber nicht nur Geige, sondern auch Folterbank. Geigenspiel oder Schmerzensschreie – einige Prager glauben bis heute, dass aus dem Goldenen Gässchen wundersame Geräusche dringen.

Gefängnistürme

Am westlichen Ende des Goldenen Gässchens führen am Haus Nr. 24 Treppen zu einem überdachten Gang, der nach Westen zum Hauptgefängnis der Burg verläuft, dem **Weißen Turm** (Bílá věž). Der Turm am anderen Ende ist der von Geistern geplagte **Daliborka-Turm**, wo Dalibor auf seiner Geige gespielt haben soll.

Rechts: Das legendäre Goldene Gässchen im Burgbezirk

Mehrere Häuser im Goldenen Gässchen erinnern an die Legende von Dalibor

KLEINE PAUSE

Es gibt ein Café im Freien auf dem Hof zwischen dem Daliborka-Turm und dem Schwarzen Turm (Černá věž), der nicht öffentlich zugänglich ist.

✚ 197 D4

✉ Zlatá ulička

☎ Informationsbüro der Burg: 224 373 368

🕐 April–Okt. tägl. 5–24 Uhr; Nov.–März 6–23 Uhr. Das Gässchen war zur Drucklegung des Reiseführers geschlossen und soll im Mai 2011 wieder geöffnet werden.

🚇 Malostranská   🚌 12, 22

✋ teuer (Eintritt im Prager-Burg-Ticket enthalten)

GOLDENES GÄSSCHEN: INSIDER-INFO

Top-Tipp: Die **Alchemisten** des Goldenen Gässchen hatten angeblich Laboratorien in der Vikářská zwischen dem Veitsdom und dem Pulverturm (Prašná věž).

3 Veitsdom
(Katedrála sv. Víta)

Das Dach dieses großartigen gotischen Bauwerks verleiht der Prager Burg ihr dramatisches Profil. Als Kirche der böhmischen Könige und Habsburger Kaiser ist sie Wächter von geheiligten Schätzen, die Symbol der politischen Kämpfe waren. Die Architekten kamen aus Frankreich, Deutschland und Österreich. An der jetzigen Kirche wurde mehr als 600 Jahre lang gearbeitet, und die Baumeister, welche die Kirche nach dem Zweiten Weltkrieg fertig stellten, hielten sich strikt an die Originalpläne aus dem 14. Jahrhundert.

Die Dächer des Doms verweisen auf unterschiedliche Baustile: Gotik, Renaissance und Barock

Der lange Weg

Die Arbeiten am Dom begannen 1344. Karl IV. hatte den Papst überredet, Prag den Status eines Erzbistums zu gewähren und ihm seinen Architekten, Mathieu d'Arras, auszuleihen. Dieser starb acht Jahre später, doch er hinterließ einen klar französischen Grundriss. Peter Parler übernahm mit seinen 23 Jahren die Leitung und verlieh der Kirche ihren kühnen spätgotischen Flamboyant-Charakter. Später wurden unpassende Renaissance- und Barockelemente hinzugefügt, bis die Baumeister des 19. und 20. Jahrhunderts wieder zu den ursprünglichen Plänen zurückkehrten. Die Kirche wurde offiziell 1929 für das 1000-jährige Jubiläum des Todestags des hl. Wenzel (Václav) fertig gestellt. Doch die

Arbeiten dauerten noch weitere 20 Jahre an.

Das Äußere

Der Kirchenkörper ähnelt einem umgedrehten Schiff mit schwebenden Strebepfeilern und einem stark abgeschrägten Dach mit einem Diamantenmuster. An der **Westfassade** gibt es drei Bronzetüren. Die Fassade zieren schlanke Türme, die das große Rosettenfenster über dem Hauptportal einrahmen. Bevor man die Kirche betritt, sollte man über den dritten Burghof gehen, um die spektakuläre Südseite der Kirche angemessen zu würdigen. Hier wird der beeindruckende, 96 Meter hohe, gotische **Südturm** Parlers nur aus der Entfernung von dem 1770 beigefügten barocken Zwiebelhelm verschandelt.

Rechts des Turms befindet sich Parlers herrliches **Goldenes Tor** (Zlatá brána, 1367), welches ursprünglich das Hauptportal war. Ein venezianisches Mosaik mit einer Darstellung des *Jüngsten Gerichts*

Detail des Jugendstilfensters von Alfons Mucha

ziert das Tor. Beachtung verdient auch das offene Maßwerk aus Stein für eine Wendeltreppe auf der rechten Seite des Eingangs. Der **Chor** ist mit seinen Strebepfeilern über fünf vieleckigen Kapellen das bewundernswerte und sehr französische Erbe von Mathieu d'Arras.

Das Innere

Das Hauptschiff beeindruckt durch seine Höhe. Beleuchtet wird es vielfarbig durch die modernen Fenster aus Buntglas, obwohl Parler eigentlich Klarglas gewünscht hatte. Fans des Jugendstilmalers **Alfons Mucha** (► 140) sind besonders an seinem Fenster von 1931 in der dritten Kapelle an der Nordseite interessiert, auf dem Cyrill und Methodius zu sehen sind. Die beiden Missionare wirkten in Böhmen.

Der größte Schatz der Kirche ist die von Parler opulent verzierte **Wenzelskapelle** im südlichen Querschiff. Karl IV. wünschte die Glorifizierung des Nationalheiligen, um seine schwache Position als böhmischer König zu stärken. Über dem Grabmal des Heiligen ließ er Parler eine quadratische vergoldete Kapelle errichten, die mit leuchtenden Halbedelsteinen verziert wurde. So sollte der Eindruck des Neuen Jerusalems erweckt werden, wie es im Buch der Offenbarung stand: quadratisch, aus reinem Gold, wie auf klarem Glas. Die Wandgemälde stellen Episoden aus dem Leben Wenzels dar. Darüber sind Szenen der Passion Christi zu erkennen.

VEITSDOM: INSIDER-INFO

Top-Tipp: Rechnen Sie mit einer Wartezeit von 1 Stunde für den Eintritt zur Kathedrale. Wenn Sie das Anstehen ganz vermeiden wollen, sollten Sie den Audio-Guide mieten. Nachmittags ist die Warteschlange in der Regel kürzer.

Geheimtipp: An der Nordseite ist die **Alte Sakristei** ein absolutes Meisterwerk der Gewölbekunst von Peter Parler, die sich der Schwerkraft zu widersetzen scheint.

Um die Kapellen und den **Chor**umgang zu besichtigen, benötigt man das Prager-Burg-Ticket. Die Investition lohnt sich. Sehenswert ist das **Grabmal des hl. Johannes von Nepomuk** aus reinem Silber. Die Jesuiten wollten mit dem 1736 errichteten Grabmal die allgemeine Verehrung der Wenzelskapelle zurückdrängen. Auf dem Grabmal zeigt einer der geflügelten Engel auf das, was man lange für die abgetrennte Zunge des Heiligen (➤ 32) hielt.

Südlich des Chors befindet sich die **Königskapelle**, die nach kunstvollen Plänen von Benedikt Ried 1490 für König Vladislav Jagiello errichtet worden und durch eine Passage mit seinem Schlafzimmer im Alten Königspalast (➤ 84) verbunden war.

Das Fenster, das Sie direkt gegenüber sehen, wenn Sie in der Kathedrale nach Osten blicken, wurde von Max Svabinsky gestaltet

KLEINE PAUSE

Das **Café im Freien** auf der Rückseite der Kirche bietet einfache Snacks und Getränke.

✚ 197 D4
✉ Pražský hrad
🕐 April–Okt. 9–17 Uhr; Nov–März 9–16 Uhr; Sonntagsgottesdienste nur 9–12 Uhr
🚇 Malostranská
🚌 22
🎫 Chorumgang, Chor, Krypta: teuer (Eintritt im Prager-Burg-Ticket enthalten); Hauptschiff, Wenzelskapelle: frei

4 Königsgärten
(Královská zahrada)

Die Gärten nördlich und südlich der Prager Burg sind aufgrund ihrer Gestaltung und der herrlichen Aussichtsmöglichkeiten auf Prag und die Burg selbst ein wahrer Genuss. Zum Glück sind sie selten überlaufen und eignen sich perfekt für eine Pause während der anstrengenden Besichtigungstour.

Die elegantesten Burggärten liegen auf der Nordseite, jenseits der Pulverbrücke (Pražný most) aus dem 16. Jahrhundert. Man erreicht sie durch das Nordtor im zweiten Burghof. Die Brücke überquert den **Hirschgraben** (Jelení příkop). In diesem breiten bewaldeten Graben pflanzten die Habsburger Zitronen- und Feigenbäume und hielten sich Wild für ihre Jagden.

Gegenüber dem Eingang zu den Gärten liegt die barocke **Reitschule** (Jízdárna) aus dem 17. Jahrhundert, ein schlichter, nüchterner Bau.

Die Gärten wurden von Ferdinand I. 1534 angelegt und haben einen angemessen königlichen Charakter: Springbrunnen zwischen makellosen Rasenflächen, umgeben von Mandelbäumen, Azaleen und einer spektakulären Tulpenpracht im Frühling. Tulpen gab es hier schon 1551, und damit zehn Jahre, bevor sie in Holland eingeführt wurden. Sie wurden aus türkischen Samen gezüchtet, welche der österreichische Botschafter vom Hof der Ottomanen mitgebracht hatte.

Auf der südlichen Terrasse steht der Renaissancepavillon

Friedvolle Idylle in einem Garten der Prager Burg

POLITISCH KORREKT
Während der Restaurierungsarbeiten am Míčovna-Pavillon im Jahre 1950 ergänzte Pavel Janák auf dem Höhepunkt der stalinistischen Ära eine Kleinigkeit bei den allegorischen Figuren, welche die Sandsteinpfeiler einrahmen: Zwischen Frieden und Gerechtigkeit hält der Bursche, der den Fleiß repräsentiert, einen Hammer mit Sichel.

Mythische Helden an der Singenden Fontäne

Míčovna aus dem 16. Jahrhundert. Hier befand sich der königliche Tennisplatz von Kaiser Rudolf. Die Fassade ist mit Sgraffiti und einem Fries mit allegorischen Figuren verziert. Vor dem Pavillon steht die Skulptur *Die Nacht* (1734) von Matthias Braun.

Rechts des Pavillons erhebt sich das **Königliche Haus** (Zahradní dům). Es stammt aus dem 18. Jahrhundert und verfügt über einige moderne Ergänzungen.

Ferdinand I. ließ das **Lustschloss Belvedere** 1537 errichten. Im Zentrum der Gartenterrasse, einem Renaissance-*giardinetto*, steht Francesco Terzios ***Singende Fontäne*** (Zpívající fontána, 1568). Man kann ihre Musik hören, wenn das Wasser von einem Becken ins Nächste fließt.

Südliche Gärten

Die südlichen Gärten erreicht man aus der Burg über eine moderne Treppe mit einem Kupferdach, die aus der Südostecke des dritten Burghofs herunterführt. Der slowenische Architekt Josip Plečnik führte die Renovierungsmaßnahmen im 20. Jahrhundert durch. Er legte die Treppe so an, dass man von den Balkonen auf dem Weg nach unten in einer geraden Linie über die Kleinseitner Nikolauskirche (➤ 96) und die Moldau zur Burg Vyšehrad (➤ 149) schauen kann.

Wallgarten (Zahrada na valech)

Eigentlich befand sich an dieser Stelle nur ein einziger Streifen eines geometrisch angelegten Barockgartens. Dieser erstreckte sich entlang der gesamten Südfassade der Burg. Der Garten wurde in einen kleinen Park umgewandelt. Von der Treppe führt eine Promenade zu einer großen halbrunden Aussichtsterrasse. Unterhalb des Alten Königspalastes (➤ 84) markiert ein Denkmal die Stelle, an der die Gouverneure 1618 nach ihrem Sturz

aus dem Fenster landeten (➤ 22f). Zudem gibt es ein alpines Arboretum, ein Vogelhaus, eine Laube und andere Pavillons. Am westlichen Ende ließ man ein Stück des Barockgartens übrig.

Paradiesgarten (Rajská zahrada)

Hinter dem Samsonbrunnen befindet sich im Zentrum des kleineren Gartens ein gigantisches Granitbecken, das aus einem Monolithen gehauen wurde. An der Rückseite führt eine monumentale Treppe zum Hradschiner Platz (Hradčanské náměstí, ➤ 102f) hinauf.

KLEINE PAUSE

Das Restaurant **Lví dvůr** (Löwenhof) liegt am Eingang zu den Königsgärten und befindet sich im ehemaligen Privatzoo von Rudolf II. Der Kaiser ließ die Käfige im Winter beheizen, damit es seinen geliebten Luchsen, Leoparden, Löwen und Wölfen an nichts fehlte.

Die allegorische Figur *Die Nacht* von Antonin Braun vor der Ballspielhalle in den Königsgärten

---

✚ 197 D4 ✉ Pražský hrad ☎ 224 373 368 🕒 April–Okt. (Belvedere ganzjährig) tägl. Ⓜ Südgärten: Malostranská; Königsgärten: Hradčanská
🚌 Südgärten: 12, 22 Malostranské náměstí; Königsgärten: 2, 8, 18 Pražný most ✋ frei, außer bei Konzerten und Ausstellungen

KÖNIGSGÄRTEN: INSIDER-INFO

Top-Tipp: Konzerte und Ausstellungen in den Gärten sind normalerweise preisgünstig. Aktuelle Programme sind im Informationsbüro im dritten Burghof der Prager Burg erhältlich (Tel. 224 373 368).

5 Kleinseitner Ring
(Malostranské naměstí)

Dieser Kopfsteinpflasterplatz ist das lebendige Zentrum des öffentlichen Lebens im Bezirk Kleinseite (Malá Strana). Er war auch eine wichtige Etappe auf dem Königsweg, der die böhmischen Könige aus der Altstadt über die Karlsbrücke zu ihrer Burg führte. Die Kleinseitner Nikolauskirche (sv. Mikuláš) teilt den Platz in zwei Hälften.

Ein Feuer zerstörte 1541 die bescheidenen mittelalterlichen Häuser, welche den Platz säumten. Hier wohnten hauptsächlich die Protestanten, die später während des Dreißigjährigen Krieges vertrieben wurden. Um die katholische Macht wieder zu unterstreichen, begannen die Jesuiten und ihre Anhänger Ende des 17. Jahrhunderts damit, den Kleinseitner Ring in eine triumphale geistige Festung der Gegenreformation umzuwandeln. Sie schufen das theatralische Dekor der vorwiegend neoklassizistischen Fassaden rund um eine überschwängliche Barockkirche, die sich damals an ein Jesuitenkolleg anschloss.

Blick vom Kirchturm auf den Kleinseitner Ring

Palais Liechtenstein (Lichtenštejnský palác)

Das Palais Liechtenstein beherbergt die Musikfakultät Academy of Performing Art's. Gelegentlich werden hier Konzerte und Ausstellungen veranstaltet. In der Prager Geschichte hat das Palais jedoch eine weniger glorreiche Rolle gespielt. Der erste Eigentümer, Karl von Liechtenstein, war der kaiserliche Statthalter der Habsburger, der 1621 die Hinrichtung von 27 tschechischen Protestanten anordnete (▶ 57). 1648 wurde das Palais von den Kommandeuren der schwedischen Besatzungsarmee beschlagnahmt, die auf der Karlsbrücke die letzte Schlacht des Dreißigjährigen Krieges schlugen. Exakt 200 Jahre später machte der Habsburger Feldmarschall Alfred Windischgrätz das Palais zu seinem Hauptquartier, um die Prager Revolte von 1848 zu unterdrücken.

Die barocke
Kleinseitner
Nikolauskirche

Kleinseitner Nikolauskirche (sv. Mikuláš)

Herzstück der Kleinseite ist die Nikolauskirche aus dem 18. Jahrhundert, eines der schönsten barocken Baudenkmäler Prags mit leicht geschwungener Westfassade, Kuppel und Glockenturm. Der Entwurf war eine Familienangelegenheit. Der aus Bayern stammende Christoph Dientzenhofer schuf die Fassade und das Hauptschiff. Sein Sohn Kilian Ignaz begann mit dem Dach, dem Chor und der Kuppel im Jahr 1737. Der Glockenturm wurde 1755 von Anselmo Lurago hinzugefügt, dem Schwiegersohn von Ignaz.

Das Innere ist eine fröhliche Symphonie von Licht und Farbe. Das Schiff und der Chor bestehen aus zahlreichen Ellipsen. Über dem Hauptschiff befindet sich das riesige Gemälde *Die Apotheose des hl. Nikolaus* von Lukas Kracker. In der Kirche finden regelmässig Konzerte statt.

KLEINE PAUSE

Das riesige Starbuck's Café in der Mitte des Platzes ist kaum zu übersehen. Alternativ können Sie auch eines der Angebote auf der Trziste-Straße wählen – das **J.J. Murphy's** (► 107) ist ideal für einen Drink oder eine leichte Mahlzeit.

✚ 197 D3
✉ Malostranské náměstí
☎ 251 512 516; www.psalterium.cz
🕐 Nikolauskirche: Führungen tägl. März–Okt. 9–17 Uhr; Nov.–Febr. 9–16 Uhr;
🚇 Malostranská
🚌 12, 22
✋ Nikolauskirche, Glockenturm: mittel

KLEINSEITNER RING: INSIDER-INFO

Top-Tipp: Viele der Herrenhäuser rund um den Platz wurden in Restaurants umgewandelt und verfügen über Kellerbars mit gotischen Gewölben.

Geheimtipp: An der Ecke zur Mostecká liegt an der Südseite des Platzes das **Petersilienhaus** (Dům U Petržílka, Nr.1). Das Renaissancehaus verfügt über ein schönes Beispiel eines typischen Prager *pavlač* (Innenhof mit Balkonen).

6 Kloster Strahov
(Strahovský klášter)

Nicht nur eine, sondern gleich zwei der beeindruckendsten Bibliotheken Europas sichern diesem Kloster eine herausragende Position unter Prags großartigen Barockmonumenten. Vladislav II. ließ das Kloster 1140 auf Wunsch des mährischen Bischofs von Ölmütz, Jindřich Zdík, erbauen. Die Bibliotheken waren von so hoher Bedeutung, dass Kaiser Joseph II. 1783 auf die Auflösung dieses Klosters verzichtete. Unter den Kommunisten war es geschlossen, doch heute haben Mönche die Abteikirche, die Refektorien und die Gärten neu belebt.

Vladislav II. siedelte das Kloster an der Straße zur Prager Burg an, sodass es ebenfalls als Verteidigungsanlage diente. Geleitet wurde es von Prämonstratenser-Mönchen. Ihr Gründer, der hl. Norbert (1080–1134), hatte vor allem Bibelstudien gefordert.

Am Eingang des Hradschins steht die **Statue des hl. Norberts** über der barocken Pforte (1742). Direkt hinter dem Eingang erhebt sich die kleine Gemeindekirche **St. Rochus** (1612) im Stil der Spätrenaissance, heute eine Kunstgalerie.

Die Abteikirche **Maria Himmelfahrt** (Nanebezvetí Panny Marie) aus dem 12. Jahrhundert erhielt 1744 ihre gegenwärtige barocke Form. Mozart spielte 1787 hier auf der Orgel.

Innerhalb der Klosteranlagen

Die Bibliotheken

Im ersten Stock befindet sich im **Philo-sophischen Saal** die erste und größere der beiden Büchersammlungen. Er wurde gebaut, um die wissenschaftlichen und religiösen Sammlungen der Klosterbibliothek Louka in Mähren aufzunehmen. Diese war von Josef II. um 1785 geschlossen worden. Die Ausstattung des Saals wurde durch die Größe von Loukas mächtigen Bücherregalen aus Walnussholz bestimmt, die vom Boden bis zur Decke reichen. Die Deckenfresken (1794) des Österreichers Franz Anton Maulbertsch sind ein allegorischer Tribut an die menschliche *Suche nach Wahrheit*. In den Glasvitrinen sind uralte Insekten, getrocknete Meerestiere wie Schildkröten, Hummer und Krabben sowie zwei Walpenisse ausgestellt.

Oben: Juwelenbesetzte Bibelausgabe (9. Jh.) im Kloster Strahov

Rechts: Detail des Deckenfreskos im Speisezimmer des früheren Abts

Der ältere und niedrigere **Theologische Saal** wurde 1671 geschaffen, um die Bibliothek zu ersetzen, die von der schwedischen Armee zerstört worden war. Auf die Pulte und Globen schauen die Fresken von Bruder Siard Nosecký herunter. Sie verkünden die Überlegenheit der göttlichen Weisheit über das menschliche Wissen. Der älteste und größte Schatz des Klosters ist die aus dem 9. Jahrhundert stammende, juwelengeschmückte **Strahov-Bibel**. Sie stammt aus der deutschen Schule von Trier, ihr lateinischer Text in Goldbuchstaben wird in einer Glasvitrine auf dem Flur ausgestellt.

KLEINE PAUSE

Kehren Sie für ein herzhaftes Essen im Brauerei-Restaurant **Klášterní pivovar** zum Kloster zurück (➤ 108).

✚ 196 B3
✉ Strahovské nádvoří 1/132, Praha 1
☎ 233 107 711; www.strahovskyklaster.cz
🕐 Bibliotheken tägl. 9–12, 13–17 Uhr
🚌 22 Pohořelec
✋ mittel

KLOSTER STRAHOV: INSIDER-INFO

Geheimtipp: Eine Tür in der Ostmauer des Klosters führt in die **Gärten** auf der Nordseite des Petřín-Hügels (➤ 104). Von hier hat man einen schönen Panoramablick auf die Stadt.

Muss nicht sein! Nach den Wundern der Bibliothek ist die farblose **Strahov-Galerie** (Strahovská obrazárna) über dem Kreuzgang ihr Eintrittsgeld nicht wert.

Nach Lust und Laune!

7 St.-Georgs-Basilika (Klášter sv. Jiří)

Hinter ihrer ansehnlichen, rostbraun gefärbten Fassade offenbart sich die zweite Kirche der Prager Burg als die ältere im Vergleich zum gotischen Veitsdom. Der Bau der romanischen Basilika geht auf das Jahr 1142 zurück. Das lange schmale Schiff führt über eine merkwürdige, aber nicht unpassende barocke Doppeltreppe zum Chor. Rechts vom Chor liegt die **Grabkapelle** der **hl. Ludmilla**, Böhmens erster christlicher Märtyrerin und Großmutter des hl. Wenzel. Unter dem Chor finden sich in der **Krypta** die Gräber der ersten Äbtissinnen des Klosters. Auf dem Altar steht eine makabre allegorische Skulptur der Eitelkeit aus dem 16. Jahrhundert mit Schlangen

Eine barocke Treppe in der St.-Georgs-Basilika und Kloster

und Eidechsen, die durch die Eingeweide eines Heiligen kriechen. Die Basilika bietet eine wunderbare Atmosphäre für klassische Konzerte am frühen Abend. Gleich nebenan liegt das Kloster **klášter sv Jiří** aus dem Jahr 973. Es wurde 1782 von Kaiser Joseph II geschlossen und ist heute Teil der Nationalgalerie. Gezeigt wird eine Dauerausstellung zur böhmischen Kunst des 19. Jahrhunderts.

✝ 197 D4
✉ Jiřské náměstí 33, Pražský hrad
☎ 224 372 434; www.ngprague.cz
🕐 Di–So 10–18 Uhr 🚌 22 Pražsky hrad
✋ teuer (Eintritt im Prager-Burg-Ticket enthalten)

8 Palais Lobkowitz

Eine der relativ neuen und sehr empfohlenen Attraktionen der Burg ist ein privates Museum, das von den Nachfahren der Familie Lobkowitz betrieben wird und den Besitz der Adelsfamilie über die Jahrhunderte zeigt. Der Audioführer bietet, anders als der allgemeine Führer der Prager Burg, ein persönliches Erlebnis. Zu den Ausstellungsstücken zählen unter anderem Arbeiten von Brueghel dem Älteren und Velazquez. Negativ ist der hohe Eintrittspreis, der nicht im Ticketpreis für die Burg enthalten ist. Das Museum hat ein sehr gutes Café und ein kleines Restaurant.

✝ 197 D4 ✉ Jiřská 3 ☎ 602 595 998
🕐 tägl. 10.30–18 Uhr 🚇 Malostranská
🚊 22, 23 nach Pražský hrad ✋ teuer

9 Kleinseitner Brückentürme (Malostranské věž)

Der befestigte Torbogen auf der linken Moldauseite der Karlsbrücke (➤ 52ff) wird von zwei Türmen flankiert. Der kleinere wurde 1166 errichtet und war Teil der früheren Judithbrücke. Die Wandgemälde und das Renaissancedach wurden im 16. Jahrhundert hinzugefügt. Der größere Turm (1464) ähnelt dem Altstädter Brückenturm auf der anderen Flussseite durch sein keilförmiges Dach, die Türmchen und den Wehrgang. Außer einer beeindrukkenden Sicht über die Kleinseite und die Moldau bietet der Turm noch eine Ausstellung über die Brücke und das von Mythen umrankte Leben des hl. Johannes von Nepomuk.

✚ 197 E3 ✉ Karlův most ☎ 257 530 487 ⚙ Turm April, Nov.–Febr. tägl. 10–18 Uhr; Mai–Aug. 10–19; Sept. So, Do 10–18, Fr–Sa 10–19; Okt., März 10–21 Uhr 🚌 12, 22 ✋ Turm: preiswert

Ausstellungsstücke im Franz Kafka Museum

🔟 Franz Kafka Museum

Begeben Sie sich mit modernster Audio-Video-Technik wie Tonspuren, Projektoren, Spiegeln, verzerrten Filmmaterialien und speziellen Lichteffekten auf eine sensorische Reise durch das Leben und die Fantasiewelt des Autors. Faszinierende Ausstellungsstücke zum jüdischen Viertel von Prag, zu Kafkas Familienkreis, seiner Freundschaft zum zeitgenössischen Autor Max Brod, seiner unheilbaren Ruhelosigkeit und seinen schwierigen Verhältnissen zu Frauen bilden die Szenerie für eine Folge äußerst gespenstischer Installationen im Untergeschoss. Dazu zählen schwarze Aktenschränke mit den Namen der Figuren Kafkas, eine zum Teil animierte Prager Burg, Insektengeräusche und Stacheldraht. Die Fahrt mit einer Geisterbahn ist nichts dagegen!

✚ 197 E3 ✉ Cihelná 2b ☎ 221 451 400, 257 535 373; www.kafkamuseum.cz ⚙ tägl. 10–18 Uhr ✋ mittel 🚇 Malostranská

1️⃣1️⃣ Insel Kampa

Die malerische kleine Moldauinsel wird als das Venedig von Prag bezeichnet. Man erreicht sie von der Karlsbrücke über einen Treppenabgang. Ein Arm der Moldau, genannt Čertovka (Teufelskanal), trennt die Insel von der Kleinseite und trieb einst Wassermühlen an.

Na kampě heißt der Platz südlich der Karlsbrücke. Er wird von einigen schönen Häusern aus dem 18. Jahrhundert gesäumt. Besonders sehenswert ist Nr. 7, das Haus **Zum goldenen Löwen** (Dům U Zlatého lva).

✚ 197 E3 🚌 12, 22

1️⃣2️⃣ Santa Maria de Victoria (Panny Marie Vítězné)

Die unauffällige Kirche aus dem 17. Jahrhundert ist eine der größten Touristenattraktionen der Kleinseite. Sie wurde ursprünglich von deutschen Lutheranern erbaut und 1624 dem Karmeliterorden vermacht. Dieser wandelte die Kirche in ein Denkmal für den Sieg am Weißen Berg (Bílá Hora, ➤ 62) um. Was jedoch fromme Pilger und passionierte Anhänger von Kitsch eigentlich anlockt, ist das **Jesuskind von Prag** (Pražské Jezulátko). Diese

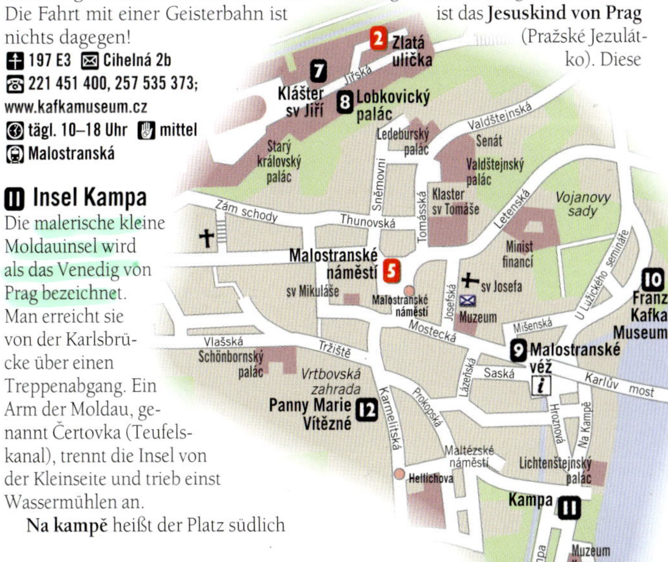

GESCHICHTE IN EINEM BOTSCHAFTSGARTEN

In der Vlašská ulice 19 befindet sich das Barockpalais Lobkowitz aus dem 18. Jahrhundert, in dem heutzutage die deutsche Botschaft residiert. Im Sommer 1989 fand hier ein geschichtlicher Wendepunkt statt. Tausende ostdeutscher Urlauber kletterten in den Botschaftsgarten und zelteten dort, während sie auf die Ausreiseerlaubnis nach Westen hofften. Sie ließen ihre wackeligen Trabis in den umliegenden Straßen zurück. Die tschechoslowakische Regierung sah sich genötigt, Züge zu organisieren, um die Flüchtlinge nach Westdeutschland zu transportieren. Die Menge der Flüchtlinge trug schließlich mit zum Fall der Berliner Mauer bei. Heute kann man aus dem Petřín-Park die wunderschöne geschwungene Rückfassade der Botschaft sehen, die Giovanni Battista Alliprandi 1713 schuf. Im Garten steht David Černýs moderne Skulptur *Quo Vadis?*, ein mit Gold bemalter Trabant auf Beinen.

Wachspuppe wurde 1628 nach Prag gebracht und war Teil der Mitgift einer spanischen Braut. Man sagt der Puppe Wunderkräfte nach. Deshalb wurden ihr massenhaft luxuriöse kleine Kostüme aus allen Teilen der Welt zugeschickt. Die Kleider aus Seide, Satin, Samt und Spitzen werden zusammen mit prachvollem Schmuck in einem kleinen Museum ausgestellt. Das Museum befindet sich an einer Wendeltreppe im südlichen Seitenschiff der Kirche.

✠ 197 D3 ✉ Karmelitská 9 ☎ 257 533 646
🕓 Mo–Sa 8.30–19, So 8.30–20 Uhr
🚌 12, 22 ✋ Museum: preiswert

⓭ Neruda-Gasse (Nerudova)

Einst verband diese Hauptstraße die Burg mit der Stadt. Deshalb trifft man hier auf einige der schönsten Barockpaläste und Herrenhäuser Prags. Die Straße wurde nach Jan Neruda benannt, einem bedeutenden tschechischen Schriftsteller des 19. Jahrhunderts. Er schuf berühmte Darstellungen des Lebens im Künstlerviertel der Kleinseite. Wenn man vom Kleinstädter Ring (Malostranské náměstí) kommt, fällt zuerst das elegante **Palais Morzin** (Nr. 5, jetzt die rumänische Botschaft) ins Auge. Zwei gigantische Mohren von Ferdinand Maximilian Brokoff stützen den verzierten Balkon. Auf der anderen Straßenseite ist in Nr. 20 die italienische Botschaft untergebracht. Das imposante **Palais Thun-Hohenstein** stammt aus dem Jahr 1725. Der Eingang wird von zwei großen Adlern eingerahmt.

✠ 197 D3 🚌 12, 22

⓮ Hradschiner Platz (Hradčanské náměstí)

Das verheerende Feuer von 1541 zerstörte die Häuser der Handwerker sowie ihre Werkstätten und die Fleischerläden. Sie wurden durch Paläste des tschechischen und ausländischen Adels ersetzt. Auf der Südseite verdient das stark verzierte **Palais Schwarzenberg** mit seinem steilen Dach und ausgefeilten *Sgraffiti*, die geschnittene Steine imitieren, besondere Beachtung. Das Design

Drei gekreuzte Violinen schmücken die Fassade des Three Little Fiddles auf der Nerudova-Straße

des Museums für Barockkunst wirkt skurril. Es bildet einen scharfen Kontrast zum Rokokopalast des Erzbischofs, der genau gegenüber, auf der anderen Seite des Platzes liegt (Nr. 16).

Das **Palais Martinic** ist ein malerischer Renaissanceumbau von drei gotischen Häusern. Die Sgraffiti zwischen den Fenstern im ersten Stock zeigen biblische und mythologische Szenen.

Im **Palais Šternberk** (Nr. 15) aus dem 18. Jahrhundert befindet sich die kleine Sammlung alter europäischer Meister der Nationalgalerie, darunter Albrecht Dürers *Rosenkranzfest* sowie Werke von Bernardo Daddi, Tintoretto, Bronzino, Simon Vouet, El Greco, Goya, Rembrandt, Rubens, Frans Hals, Jan van Goyen und Jan Steen.

✚ 196 C4
☎ Museum Palais Šternberk: 233 090 570; www.ngprague.cz ⏰ Di–So 10–18 Uhr
🚌 22 ✋ mittel

15 Loreto-Heiligtum (Loreta)

Die Pilgerstätte Loreto ist eine von 50 in ganz Böhmen. Sie wurde 1626 in einer konzertierten Aktion gegründet, um das Land nach der Niederlage der Protestanten am Weißen Berg (➤ 62) zu rekatholisieren.

Im Kreuzgang steht eine Kopie der so genannten **Casa Santa** (Heiliges Haus) der Maria. Auf wundersame Weise gelangte es angeblich zunächst nach Italien und als Kopie überall dorthin, wo der Glauben ein wenig Nachhilfe benötigte. Im Schrein befindet sich eine hölzerne Schwarze Madonna mit Kind und daneben eine Geburtskirche, in der die schrecklichen Martyrien verschiedener weiblicher Heiliger dargestellt werden.

Christoph Dientzenhofer und sein Sohn Kilian Ignaz schufen 1722 die monumentale Barockfassade des Kreuzgangs, die zum Platz hin weist.

Zur vollen Stunde ertönt ein Glockenspiel im Turm.

✚ 196 B4 ✉ Loretánské náměstí 7
☎ 220 516 740; www.loreta.cz
⏰ Di–So 9–12.15, 13–16.30 Uhr
🚌 22 ✋ mittel

16 Schloss Troja (Trojský zámek)

Das Barockschlösschen im französischen Stil befindet sich im Norden Prags. Es wurde 1685 von Jean-Baptiste Mathey für die Familie Šternberk errichtet und liegt inmitten von Gärten, die ebenfalls im französischen Stil erhalten blieben. Mathey entwarf eine monumentale Freitreppe, die er Schloss Fontainebleau in Frankreich nachempfand. Belebt wird die Szenerie durch Skulpturen kämpfender Giganten von Georg und Paul Hermann. Im Inneren gibt es einige extravagante Deckenfresken, welche die Siege der Habsburger über die feindlichen Türken zelebrieren.

✚ 196 B5 ✉ U Trojského zámku 6
☎ 283 851 614; www.ghmp.cz
⏰ April–Okt. Di–Do, Sa, So 10–18 Uhr, Fr 13–18 Uhr; Nov.–März Sa–So 10–17 Uhr
🚆 Nádraží Holešovice, dann 🚌 112 oder per Schiff über die Moldau vom Anleger an der Palackého most ✋ mittel

Schloss Troja (Trojský zámek) ist ein Landschloss außerhalb der nördlichen Vorstädte von Prag

17 Messepalast (Veletržní palác)

Das riesige funktionalistische Gebäude aus dem Jahre 1928 wurde in ein **Museum moderner Kunst** umgewandelt. In sechs Stockwerken, die durch einen Lift miteinander verbunden sind, werden Werke von bedeutenden tschechischen Malern, Bildhauern, Architekten sowie der Angewandten Künste und des Kunstgewerbes gezeigt. Auch gelegentliche Wechselausstellungen stehen auf dem Programm. Unter den Künstlern befinden sich der abstrakte Meister František Kupka, der Bildhauer František Bílek sowie die Kubisten Emil Filla, Bohumil Kubišta und Josef Čapek. Zu den weiteren europäischen Künstlern gehören Rodin, Renoir, Van Gogh, Henri Rousseau, Picasso, Matisse, Klimt, Schiele und Munch.

✚ 195 E2
✉ Dukelských Hrdinů 47, Holešovice
☎ 224 301 111; www.ngprague.cz
◉ Di–So 10–18, Do 10–21 Uhr
🚌 5, 12, 14, 17
✋ teuer

18 Petřín-Hügel

Prags größter Park ist ein bewaldeter Hügel, der sich vom Kloster Strahov (► 97f) nach Südosten bis zur Kleinseite (Malá Strana) erstreckt. Vom Klostergarten geht man an der alten **Hungermauer** (Hladová zed) entlang. Im 15. Jahrhundert wurde sie errichtet, um die Stadt nach Süden zu schützen und Arbeit für die Armen zu schaffen. In südöstlicher Richtung passieren Sie den **Rozhledna**, eine Miniaturversion des Eiffelturms von 1891, und **Bludiště**, eine Miniaturburg im gotischen Stil mit einem Spiegelkabinett im Inneren. Direkt hinter der Drahtseilbahn liegen der **Rosengarten** (Růžový sad) und das **Planetarium** (Štefánikova hvězdárna).

Die Drahtseilbahn bringt Sie zurück zur Kleinseite.

✚ 196 C2
◉ Rozhledna, Observatorium und Spiegelkabinett: März Sa, So 10–18; April, tägl. 10–19 Uhr; Mai–Sept. tägl. 10–22 Uhr; Okt. tägl. 10–20 Uhr; Nov.–Febr. 10–18 Uhr;
🚌 22
✋ Drahtseilbahn: preiswert

Wohin zum…
Essen und Trinken?

Preise
Die Preisangaben gelten pro Person für ein Essen inklusive Getränke, Steuer und Service:
€ unter 500 Kč   €€ 500–1000 Kč   €€€ über 1000 Kč

Alchymist €€

Das Interieur mag mit Kerzen und Schnickschnack überladen sein, der Gesamteffekt ist aber dennoch abgeschlossen und romantisch. Gute europäische Küche und eine hervorragende Weinkarte. Der richtige Ort für ein besonderes privates oder geschäftliches Essen.
✚ 197 E3 ✉ Nosticova 1 ☎ 257 312 518; www.alchymist.cz ✪ tägl. 12–23 Uhr 🚊 Tram 22

Baráčnická rychta €–€€

Steigen Sie die steile Straße über der amerikanischen Botschaft hinauf zu diesem vollkommenen tschechischen hospoda: dunkel, warm und einladend mit viel Holz, oberflächlicher aber professioneller Bedienung und so viel Schweinehachse und Bier, wie Sie vertragen. Die Obstknödel sind hervorragend. Sehr gemütliches und günstiges Nichtraucher-Restaurant für ein gutes Essen. An Wochenenden spielt häufig eine Band.
✚ 197 D3 ✉ Tržiště 23 ☎ 257 532 461; www.baracnickarychta.cz ✪ Mo–Sa 11–23, So 11–21 Uhr 🚇 Malostranská 🚊 Tram 18, 20, 22

Café Savoy €–€€

Das Restaurant gehört zur beliebten Ambiente-Kette, die hervorragendes Essen und Service garantiert. Auf der Speisekarte finden sich zahlreiche internationale Gerichte, aber hier können Sie auch gut *Svičkova*, ein klassisches tschechisches Gericht aus Rinderfilet in Creme-Soße und Knödeln sowie einem Löffel Cranberries probieren.
✚ 197 E2 ✉ Vítězná 5 ☎ 257 311 562; www.ambi.cz ✪ Mo–Sa 8–22.30; So 9–22.30 Uhr 🚊 Tram 6, 9, 22

Černý orel €€

Italienische Weine und tschechisches Pils begleiten eine entsprechende Küche in zwei entspannend luxuriösen und niedrigen Räumen. Die Beliebtheit dieses Viertels bei italienischen Touristen stellt sicher, dass viele Nationalgerichte auf der Speisekarte erscheinen. Daneben gibt es traditionelle tschechische Küche.
✚ 197 D3 ✉ Malostranské náměstí 14 (Eingang von Zámecká her) ☎ 257 533 207; www.cernyorel.com ✪ tägl. 11–23 Uhr 🚇 Malostranská 🚊 Tram 6, 9, 22

Cowboys €€–€€€

Ein weiteres Juwel der lokalen Restaurantkette Kampa Park. Es wird insbesondere wegen der Lage empfohlen (und wegen der hervorragenden Steaks). Das beste Restaurant in Gehweite der Burg. Nehmen Sie einfach die Straße in Richtung Malostranské náměstí. Nicht billig, aber zum Mittagessen können Sie einen Burger oder ein Sandwich bestellen. Zum Abendessen können Sie zwischen guten Steaks und Meeresfrüchten in einer zwanglosen, aber gehobenen Atmosphäre wählen. Bei schönem Wetter sollten Sie nach einem Tisch auf der Dachterrasse fragen.
✚ 197 D3 ✉ Nerudova 40 ☎ 296 826 107; www.kampagroup.com ✪ tägl. 12–1 Uhr

Gitanes €€

Gitanes' Spezialitäten sind Balkan-Gerichte. Meeresfrüchte und gebratenes Fleisch dominieren die Speisekarte, etwa *čevapčiči* oder *mučkalica* (gedünstetes Schweinefleisch). Es gibt auch zahlreiche Gerichte ohne Fleisch wie gefüllte Paprika oder Schafskäse, Oliven und Gurkensalat. Auf der Weinkarte stehen Weine aus dem ehemaligen Jugoslawien, Frankreich und Tschechien.
✚ 197 D3 ✉ Tržiště 7 ☎ 257 530 163; www.gitanes.cz ✪ tägl. 12–24 Uhr 🚇 Malostranská

Hergetova Cihelná €€€

Dieses Restaurant auf der Insel Kampa bietet seinen Gästen einen großartigen Blick über die Moldau und die angeblich beste Holzofen-Pizza der Stadt. Auf der Speisekarte steht außerdem eine große Auswahl an Salaten, Fleisch und Fisch. Reservieren Sie vorher, vor allem wenn Sie im Sommer auf der Terrasse sitzen wollen.

✚ 197 E3 ✉ Cihelná 2b, Malá Strana ☎ 296 826 103; www.kampagroup.com ⏰ tägl. 11.30–1 Uhr 🚇 Malostranská 🚋 Tram 18

Kampa Park €€€

Das wohl beste Restaurant der Stadt. Hier sollten Sie nicht für ein günstiges Essen herkommen, sondern für einen besonderen Abend. Hochwertige europäische Küche, hervorragender Wein und Service und bei schönem Wetter ein Tisch auf der Terrasse. Im Voraus reservieren.

✚ 197 E3 ✉ Na Kampě 8b ☎ 296 826 112; www.kampagroup.com ⏰ tägl. 11.30–1 Uhr 🚇 Malostranská 🚋 Tram 12, 20, 22

Nebozízek €€

Das historische Lokal serviert feine landestypische Küche: Wild, Ente, Schwein und Palatschinken zum Dessert. Doch der Hauptgrund, hier einzukehren, ist der phantastische Blick über Prag und auf die Burg. Vorbestellung ist empfehlenswert.

✚ 197 D2 ✉ Petřínské sady 411 ☎ 257 315 329; www.nebozizek.cz ⏰ tägl. 12–23 Uhr 🚋 Tram 12, 22 nach Újezd, dann mit der Seilbahn den halben Weg hoch nach Petřín

NOI €

Dieses thailändische Restaurant wird schon seit dem Tag seiner Eröffnung 2008 von seinen Gästen hochgelobt. Einigen gefällt insbesondere das kühle Dekor im Zen-Stil, andere bevorzugen die ruhige Gartenterrasse. Wieder andere sind von dem diskreten, aber aufmerksamen Service begeistert. Bei einem sind sich aber alle einig: Das NOI bietet authentische thailändische Gerichte zu unschlagbaren Preisen an. Die meisten Hauptgerichte sind auch in der vegetarischen Version erhältlich.

✚ 194 B3 ✉ Újezd 19 ☎ 257 311 411; www.noirestaurant.cz ⏰ tägl. 11–24 Uhr 🚋 Tram 6, 9, 12, 20

Pálffy Palác €€€

Das reizvoll verfallen wirkende Palais Palffy beherbergt eine Musikschule. Zudem hat es die romantischsten Restauranträumlichkeiten der ganzen Stadt, geräumig mit dezenten Farbtönen. Hierher kommt man gerne zum Brunchen. Abends ist die Speisekarte modern. Beispielsweise gibt es Hühnchenbrust gefüllt mit Shiitake-Pilzen in Estragonsoße.

✚ 197 E4 ✉ Valdštejnská 14 ☎ 257 530 522; www.palffy.cz ⏰ tägl. 11–23 Uhr

Perpetuum €€

Ein Restaurant mit einer ausgefallenen Idee, die Sie mögen werden, wenn Sie gerne Ente essen – denn das ist fast alles, was sich auf der Speisekarte findet. Ein tschechisches Gericht, das hier aber auf zahlreiche unterschiedliche Arten zubereitet wird. Zum Beispiel Landente mit einer Füllung aus süßsaurem Kohl und Salbei oder Enten-Confit mit Kartoffelpfannkuchen. Hervorragender Wein und guter Service in gehobener Atmosphäre machen den Abend perfekt. Nehmen Sie den Stadtplan mit, um hinzufinden. Das Restaurant befindet sich in einer schmalen Straße in der Nähe der Metrostation Dejvická.

✚ 194 bei A1 ✉ Na hutich 9 ☎ 233 323 429; www.restauraceperpetuum.cz (nur auf tschechisch) ⏰ Mo–Sa 12–23 Uhr

Rybářský klub €€

Falls ein Fisch in einem tschechischen Fluss oder Teich schwimmt, dann wird er hier serviert. Der Hecht in schwarzer Soße und der Flussaal sind die Favoriten des Hauses. Einen Versuch wert ist auch der Nationalfisch, der Karpfen. Das Restaurant verströmt das angenehme und solide Gefühl eines Angler-Clubhauses. Im Sommer sorgen vier oder fünf kleine Tische auf der Rückseite für ein herrliches Abendessen am Fluss.

✚ 197 E2 ✉ U Sovových mlýnů 1, Kampa ☎ 257 534 200; www.rybklub.cz ⏰ tägl. 12–23 Uhr

Sushi Bar €€–€€€

In dieser kleinen Bar fühlt man sich ein wenig wie in Kalifornien. Die Einrichtung ist minimalistisch, dennoch ist die Bar ein Vorreiter für die steigen-

de Beliebtheit der Sushi-Restaurants. Fisch und Meeresfrüchte werden zweimal wöchentlich angeliefert, sodass es sich lohnt, vorher anzurufen, um sicherzustellen, dass man frische Aale, Jakobsmuscheln, Seebarsch oder Krabben bekommt.
✚ 197 E1 ✉ Zborovská 49 ☎ 603 244 882; www.sushi.cz ◷ tägl. 12–22 Uhr 🚊 Tram 5,14

Terasa U Zlaté studně €€€

Es gibt geteilte Meinungen darüber, ob das Essen in diesem vornehmen Restaurant der Sicht angemessen ist. Der Blick über die Dächer hinunter zur Moldau ist unvergleichlich. Die Speisekarte führt manche Spezialitäten auf, die man ansonsten nur schwer in Prag bekommt, wie zum Beispiel gebackene Gänseleber. Das Restaurant ist schwer zu finden, es versteckt sich in einer Sackgasse oberhalb des Valdštejnské náměstí.
✚ 197 D4 ✉ U Zlaté studně 166/4 (vom nördlichen Ende der Sněmovní abzweigend) ☎ 257 533 322; www.terasauzlatestudne.cz ◷ tägl. 7–23 Uhr 🚊 Tram 12, 20, 22

U malé velryby €€

Dieses kleine irische Restaurant ist eine willkommene Ergänzung zur Restaurantszene von Malá Strana. Günstige Tapas und internationale Gerichte wie Steak oder gegrillter Lachs, aber auch lokale Spezialitäten sowie scharf angebratenes Lamm und gebratene Ente werden hier serviert. Es gibt nur ein halbes Dutzend Tische, Sie sollten also reservieren.
✚ 197 D3 ✉ Maltézské náměstí 15 ☎ 257 214 703; www.umalevelryby.cz ◷ tägl. 12–22 Uhr 🚊 Tram 17, 18, 22

U Ševce Matouše €€

Man kann leicht an den alten Bronzeschuhen im Eingang und den Gestellen im Speisesaal erraten, dass dieses schon seit langem etablierte Steakhaus unter den Bögen des Loreto-Platzes früher der Laden eines Schusters war.
✚ 196 B3 ✉ Loretánské náměstí 4, ☎ 220 514 536; www.usevcematouse.cz ◷ tägl. 11–23 Uhr 🚊 Tram 22

U Zlaté hrušky €€€

Wildkeule, Ente mit Erbsen und Gerste sowie Spanferkel sind klassische böhmische Gerichte, von denen sich der Astronom Tycho Brahe (▶ 7), der vor 400 Jahren nebenan lebte, wahrscheinlich auch ernährt hat.
✚ 196 B4 ✉ Nový svět 3 ☎ 220 941 244; www.uzlatehrusky.cz ◷ tägl. 11–1 Uhr (Küche bis 21 Uhr) 🚊 Tram 22

Valdštejnská hospoda €€–€€€

Das mittelalterliche Haus *Zu den drei Störchen* erhielt seine jetzige Fassade im 18. Jahrhundert. Das Haus wurde 2008 als gehobenes Hotel neu eröffnet und das Restaurant ist komfortabel und raffiniert. Die Gerichte tendieren in Richtung Wild, Geflügel und traditioneller tschechischer Küche.
✚ 197 D3 ✉ Tomášská 20/16 ☎ 257 212 989 ◷ tägl. 11.30–23.30 Uhr 🚇 Malostranská 🚊 Tram 18, 20, 22

BarBar

Steigen Sie vorsichtig die Treppe hinab und geben Sie auf Ihren Kopf acht, wenn Sie das freundliche Kellerlokal betreten. Es ist auch bei den Pragern sehr beliebt.

Im hinteren Raum werden süße oder pikante Crêpes und tschechische Gerichte wie *haluška* und *gulaš* serviert.
✚ 197 E2 ✉ Všehrdova 17 ☎ 257 312 246; www.bar-bar.cz ◷ So–Do 12–24, Fr–Sa 12–1 Uhr 🚇 Malostranská

Fraktal

Eine gute Nachbarschaftsbar, wenn Sie in Letná oder Holešovice wohnen. Sehr freundliches, englischsprachiges Personal, ordentliches Essen und entspannte Atmosphäre, tagesabhängig schwankend zwischen Studenten- und Eckkneipe. Eine gute Wahl für einen langen Abend. WiFi ist verfügbar.
✚ 194 C2 ✉ Šmeralová 1 ☎ 777 794 094; www.fraktalbar.cz ◷ Mo–Fr 12–1, Sa–So 11.30–1 Uhr 🚊 Tram 17 nach Výstaviště

J.J. Murphy's

Nur einen Steinwurf entfernt von der irischen Botschaft ist dieses beliebte Gasthaus im keltischen Stil ideal für ein Mittagessen nach einem anstrengenden Morgen voller Besichtigungen. Die Atmosphäre ist gesellig und die Speisekarte bietet für jeden Geschmack etwas. Staropramen, Granat sowie Guiness vom Fass sind natürlich jederzeit erhältlich.

✚ 197 D3 ✉ Tržiště 4 ☎ 257 535 575; www.jjmurphys.cz ◷ tägl. 10–2 Uhr Ⓜ Malostranská 🚋 Tram 12, 22

Klášterní pivovar

Zwar stammt die heutige Mikrobrauerei nur aus dem Jahr 2000, die Brauerei St. Norbert wurde aber schon im 13. Jahrhundert auf dem Gelände des Strahov-Klosters gegründet. Probieren Sie das berühmte dunkle Bier zu einem typisch tschechischen Gericht. Im Zapfraum herrscht eine authentischere Pub-Atmosphäre als im Restaurant.

✚ 200 A4 ✉ Strahovské nádvoří 301 ☎ 233 353 155; www.klasterni-pivovar.cz ◷ tägl. 10–22 Uhr 🚋 Tram 22

Kolkovna/Olympia

Ein Mitglied der Kolkovna-Kette von Pilsner-Urquell-Bars und Restaurants. Die Bewertungen für das Essen fallen unterschiedlich aus, aber das Bier ist eines der besten in der Malá Strana. Bei dem reichhaltigen Platzangebot erhöhen sich die Chancen auf einen Tisch zum Mittag- oder Abendessen. Zu empfehlen sind die typisch tschechischen Gerichte.

✚ 197 E2 ✉ Vítězná 7 ☎ 251 511 080; www.kolkovna.cz ◷ tägl. 11–24 Uhr Ⓜ Malostranská

U Malého Glena

Man muss für die Bar in diesem populären Jazz- und Rockclub nicht extra bezahlen. Knallige, zusammengewürfelte Möbelstücke und eine große Holztheke schaffen eine gemütliche Atmosphäre.

✚ 197 D3 ✉ Karmelitská 23 ☎ 257 531 717; www.malyglen.cz ◷ Fr–Sa 10–3, So–Do 10–2 Uhr Ⓜ Malostranská 🚋 Tram 12, 22

U sedmi Švábů

Zu den sieben Schwaben mit offenem Kamin ist vor allem im Winter äußerst reizvoll. Das Ganze ist ein wenig kitschig, doch das herzhafte böhmische Essen, die Bedienung in Tracht und das Ambiente können sehr amüsant sein.

✚ 197 D3 ✉ Jánský vršek 14 ☎ 257 531 455; www.svabove.cz ◷ tägl. 11–23 Uhr 🚌 Tram 22

Zlatý klas

Postkartentauglicher tschechischer Pub in Smíchov, unweit des Einkaufszentrums Nový Smíchov in Anděl. Hier können Sie gut typisch tschechische Gerichte wie *gulaš* und »*vepřo, knedlo, zelo*« (Schweinebraten, Semmelknödel und Sauerkraut) probieren. Gutes Bier und eine schöne, etwas laute Atmosphäre.

✚ 200 B4 ✉ Plzeňská 9 ☎ 251 562 539; www.zlatyklas.cz ◷ Mo–Do, So 11–23, Fr 11–1, Sa 11.30–1 Uhr Ⓜ Anděl

Bohemia Bagel

Dieser informelle Sandwich- und Bagel-Shop liegt praktisch auf halber Strecke des Königswegs auf der Malá-Strana-Seite der Karlsbrücke und ist ideal für einen günstigen und schnellen Snack. Eines der wenigen Restaurants in Prag, die schon morgens zum Frühstück öffnen.

✚ 197 E3 ✉ Lázenská 19 ☎ 257 218 192; www.bohemiabagel.cz ◷ tägl. 7.30–19 Uhr Ⓜ Staromestská

Café de Paris

Eine Mischung aus französischem Café und klassischem Bistro in der Malá Strana. Hier bekommen Sie Espresso, Tees und traditionelle französische Gerichte, aber auch Salate und frische Meeresfrüchte zu hervorragenden Preisen für diese Gegend.

✚ 197 D3 ✉ Maltézské náměstí 4 ☎ 603 160 718; www.cafedeparis.cz ◷ tägl. 11–23 Uhr Ⓜ Malostranská

Malý Buddha

Man betritt ein höhlenähnliches Teehaus, das einfache chinesische und vietnamesische vegetarische Tempelgerichte serviert. Das berauschende Aroma, welches die vielen dampfenden Teekannen verströmen, schafft eine meditative Atmosphäre.

✚ 196 B3 ✉ Úvoz 46 ☎ 220 513 894; www.malybuddha.cz (nur auf tschechisch) ◷ Di–So 13–22.30 Uhr

Wohin zum...
Einkaufen?

Die besten Angebote gibt es in der unteren Malá Strana, wo die Karlsbrücke in die Mostecká-Straße mündet. Auch nördlich und südlich der Mostecká gibt es interessante Läden, die lokale Produkte und Kunsthandwerk anbieten. Auf dem Weg hinauf zur Burg ist die Nerudova die Hauptverbindung (▶ 102), während in der Burg nahezu alle Läden in das Goldene Gässchen (Zlatá ulička) gezwängt sind.

(▶ 102)

UNTERE KLEINSEITE

Besucher des Franz Kafka Museums (▶ 101) in der Nähe der Karlsbrücke können im Museumsshop mit seinem Angebot an Postern, Tassen, Kalendern, Postkarten usw. zum

(▶ 101)

Thema Kafka nach Ideen für ein Geschenk suchen. Tschechisches Glas erhalten Sie bei **Rott Regena Crystal** am Malé námesti (Tel. 224 229 529). Das **Capriccio** (Újezd 15, Tel. 257 320 165) bietet eine große Auswahl an Notenblättern für Jazz und klassische Musik an. Außerdem finden Sie einige Blocks weiter Richtung Fluss im Erdgeschoss des riesigen barocken Palasts am Maltézské náměstí zahlreiche Geschäfte.

Nur ein kurzes Stück vom Platz entfernt bietet **Antique Ahasver** (Prokopská 3, Tel. 257 531 404, Mo geschl.) eine Auswahl an alten Textilien und exzellente zeitgenössische Fotografien von Pavel Ahasver.

Biegt man von der Karmelitská in die Tržiště und folgt dieser bis zur Vlašská, trifft man bei Nr. 13 auf den kleinen Laden **Pavla & Olga** (Tel. 728 939 872), der vollgestopft ist mit ausgefallener Damenmode, darunter Unikaten, und Modeschmuck. **Signet** (Vlašská 15, Tel. 257 530 083) ist eine Fundgrube für seltene tschechische, deutsche und russische Bücher und Karten.

Schauen Sie sich die modernen Glaswaren im »**Material**« (Nr. 7, Tel. 257 530 046) und die handgeschnitzten Holzpuppen im »Marionet« nebenan an.

OBERE KLEINSEITE

Das **Antiques** am Loretanské náměstí 9 (Tel. 233 353 780) bietet von Münzen bis zu alten Modellautos alles an. Am Úvoz 1 sollten Sie sich im **Factory Shop** die handgemachten und -bemalten Porzellanhäuschen anschauen (Tel. 257 530 634).

Die Nerudova-Straße ist ideal für ein Foto und beherbergt reizende kleine Geschäfte wie das **Katrák** **Antiques** (Nr. 51), das alte Münzen, Briefmarken, Uhren, Porzellan und Schmuck verkauft (Tel. 257 532 200; www.antique-katrak.cz) und das **La Candela** (Nr. 7, Tel. 257 533 979), das farbenfrohe Kerzen herstellt.

Gehen Sie die steile Gasse ein paar Schritte weiter und unterbrechen Sie Ihren Einkaufsbummel bei **U Zeleného čaje** (Nr. 19, Tel. 257 530 027), wo Gourmet-Kaffee, 150 Teesorten, Süßes und hübsche tschechische Keramik angeboten werden.

Im **Antikvariát U Zlaté Číše** (Nr. 16, Tel. 257 530 027) kann man sich durch alte Bücher, Postkarten, Briefmarken und Drucke wühlen.

PRAGER BURG UND HRADSCHIN

Zum Glück haben die Burgverwalter nicht zugelassen, dass der Burgbezirk stark kommerzialisiert wurde.

Im **Museumsladen** (am Goldenen Gässchen, auch über eine Treppe von der Jiřská zu erreichen, Tel. 224 371 111) gibt es jede Menge Repliken, Bücher und Spielwaren, die von den Kunst- und historischen Sammlungen der Burg inspiriert werden.

Galerie Gambra (Černínská 5, Tel. 220 514 527; www.gambra.jex.cz) ist der Sammelplatz der surrealistischen Bewegung in Tschechien und gleichzeitig Verkaufsort für ausgefallene Kunst, Keramiken und Bücher des Trickfilmzeichners Jan Švankmajer und anderer Mitglieder der Gruppe.

Falls Sie an einer Auswahl von qualitativ hochwertiger tschechischer Kunst interessiert sind, sollten Sie sich die wechselnden Verkaufsausstellungen der **Galerie Miro** (Strahovské nádvoří 1/132, Tel. 233 354 066; www.galeriemiro.cz) auf dem Gelände des Klosters Strahov anschauen.

Geschäfte, die Glaswaren, Antiquitäten und Schmuck anbieten, finden Sie an den Treppenstraßen südlich der Prager Burg (Zámecké schody und Radnické schody).

Wohin zum...
Ausgehen?

Cross Club

Der zurzeit angesagteste unterirdische Rock- und Tanzclub. Ein schäbiger Flecken im aufstrebenden Holešovice. Wenn Sie diese Szene mögen, lohnt sich ein Besuch.

✛ nicht auf der Karte ✉ Plynarní 1092/23
☎ 736 535 053; www.crossclub.cz

Palais Liechtenstein (Lichtenštejnský palác)

Das Palais befindet sich gegenüber der Kleinseitner Nikolauskirche (► 96) und ist Sitz der Prager Musikakademie und -fakultät. Studenten treten regelmäßig auf. Es gibt auch klassische Konzerte.

✛ 197 D3
✉ Malostranské náměstí 13 ☎ 257 534 206 oder 603 296 327 (Reservierung)

Lobkowický Palac

Einstündige Kammermusikkonzerte finden täglich in der herrlich renovierten Konzerthalle dieses Barockpalasts aus dem 17. Jahrhundert im Bereich um die Prager Burg statt.

✛ 197 D4
✉ Jiřská 3
☎ 233 312 925; www.lobkowiczevents.cz
🕐 tägl. 1–14 Uhr
✋ teuer

Axa Arena (Sparta Stadium)

Hier ist Prags bestes Fußballteam zu Hause, Sparta Praha. Die Saison dauert von August bis Dezember und von Februar bis Mai. Eintrittskarten erhält man an der Kasse. Sparta Praha gewinnt regelmäßig die tschechischen Meisterschaften.

✛ 194 B1 ✉ Milady Horákové 98 ☎ 296 111 400; www.prague.net/stadion-sparta

T-Mobile Arena (Sportovní hala)

Die Heimat von Sparta Praha, einem der besten Eishockeyclubs von Prag. Gelegentlich finden hier auch große Rockkonzerte statt.

✛ 194 B2
✉ Za Electrárnou 419, Výstaviště
☎ 266 727 443

Výstaviště Fairgrounds

Dieser mehr als hundert Jahre alte Vergnügungspark hat eine Ausstellungshalle und einen kleinen Kirmesplatz. Zwei moderne Theater zeigen Musicals auf Tschechisch, und der Nachbau des Globe Theatre in London bringt im Sommer Shakespeare.

✛ 195 E3
✉ Výstaviště (am Ostende des Stromovka Park), Holešovice
🕐 tägl. 10–19 Uhr

Josephstadt (Josefov)

Erste Orientierung

Die Josephstadt (Josefov), das alte jüdische Viertel, ist überschaubar und leicht an einem Tag zu erkunden. Sie ist bis zu einem Grad erhalten geblieben, der den besonderen Anteil der jüdischen Bevölkerung am Leben der Stadt Prag erkennen lässt. Vor über 100 Jahren räumte die Stadt dieses Gebiet, das sich zum Slum entwickelt hatte. Dies geschah aus hygienischen, nicht aus antisemitischen Gründen. Übrig geblieben sind reiche und oft bewegende Erinnerungen an eine lebendige jüdische Gemeinde.

Mit flinken Füßen und abgewandten Blicken können Sie touristischen Souvenirläden und allzu pathetischen Andenken ausweichen und die Schönheit des Alten Jüdischen Friedhofs (Starý židovský hřbitov) und der Altneusynagoge (Staronová synagoga) auf sich wirken lassen.

Die alte Judenstadt schmiegt sich am rechten Flussufer in die Biegung der Moldau. Vom Altstädter Ring erstreckt sie sich in nordöstlicher Richtung bis zum Agneskloster (Anežský klášter) und in westlicher Richtung bis zum Rudolfinum. Die meisten Synagogen und der Friedhof drängen sich zu beiden Seiten der Maiselova. Die Spanische Synagoge liegt in östlicher Richtung in größerer Nähe zur zweiten Hauptstraße des Viertels, der Pařížská třida (Pariser Straße). Es gibt eine Fülle von Cafés und Restaurants, darunter auch einige koschere Gaststätten.

★ Nicht verpassen!

1 Pinkassynagoge
   (Pinkasova synagoga) ▶ 116
2 Alter Jüdischer Friedhof
   (Starý židovský hřbitov) ▶ 118
3 Altneusynagoge
   (Staronová synagoga) ▶ 121

EINTRITTSKARTEN FÜR DAS JÜDISCHE MUSEUM

Zum Jüdischen Museum gehören der Alte Jüdische Friedhof (Starý židovský hřbitov), der Zeremoniensaal (Obřadní síň) und vier der fünf Synagogen der Josephstadt (die Altneusynagoge ist mit einer separaten Eintrittskarte zugänglich). Sammeleintrittskarten erhält man in den Synagogen oder den Informationsbüros in der Maiselova. Um den Besucherstrom zu regulieren, ist auf den Eintrittskarten ein allerdings flexibler Zeitplan angegeben, nach dem ca. 20 Minuten für jede Sehenswürdigkeit gewährt werden.

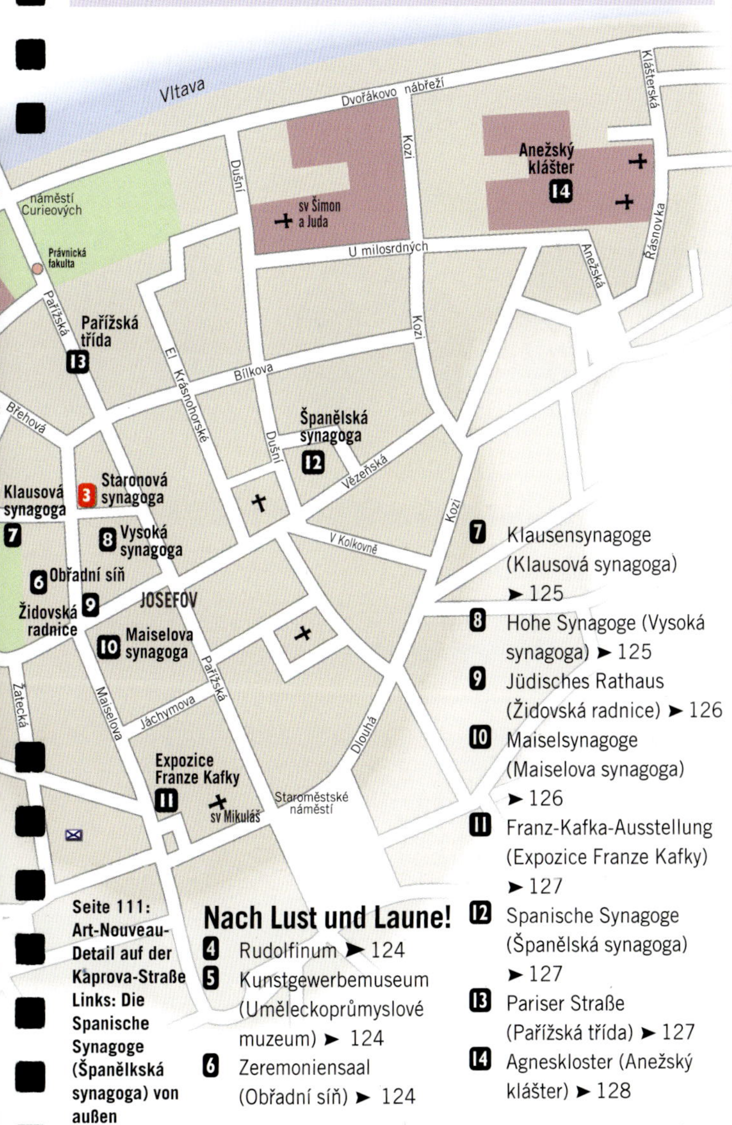

An einem Tag

Wenn Sie sich nicht sicher sind, wo Sie Ihre Reise beginnen möchten, empfiehlt diese Route einen praktischen eintägigen Besuch der Josephstadt mit den wichtigsten Sehenswürdigkeiten. Sie können dazu die Karte auf der vorangegangenen Seite verwenden. Weitere Informationen finden Sie unter den Haupteinträgen (➤ 116ff).

10 Uhr

Beginnen Sie Ihren Erkundungsgang im **4 Rudolfinum** (➤ 124) mit seinem Café im Stil der Jahrhundertwende. In der Galerie des Rudolfinums werden hervorragende Wechselausstellungen gezeigt.

11 Uhr

Auf dem Jan-Palach-Platz (Náměstí Jana Palacha) werfen Sie einen Blick auf das Dvořák-Denkmal, bevor Sie zum **5 Kunstgewerbemuseum** (➤ 124) aufbrechen. Um den Besucheransturm im Jüdischen Museum zu umgehen, nehmen Sie im Les Moules (➤ 129) oder im Shelanu Deli (➤ 130) ein frühes Mittagessen zu sich.

13 Uhr

Da der Besucherstrom im Jüdischen Museum zu dieser Tageszeit etwas nachlässt, können Sie geruhsam mit Ihrem Rundgang beginnen. Die **1 Pinkassynagoge** (Pinkasova synagoga, ➤ 116f) empfiehlt sich als Ausgangspunkt. Die Ausstellung ist interessant.

13.30 Uhr

Auf Ihrem Spaziergang über den **2 Alten Jüdischen Friedhof** (Starý židovský hřbitov, Detail rechts, ➤ 118ff) sollten Sie sich nicht beeilen.

14 Uhr

Der Besuch der Ausstellungen im **6 Zeremoniensaal** (Obřadní síň, ➤ 124) und in der **7 Klausensynagoge** (Klausová synagoga, ➤ 125) neben dem Friedhof dauert etwa eine halbe Stunde.

14.30 Uhr

Widmen Sie der **8 Altneusynagoge** (Staronová synagoga, Detailansicht links, ➤ 121) ausreichend Zeit. Sie ist neben dem Friedhof die bedeutendste Sehenswürdigkeit der Josephstadt. Vergleichen Sie die Uhren am Glockenturm des **9 Jüdischen Rathauses** (Židovská radnice, links ➤ 126)! Eine von ihnen hat ein hebräisches Zifferblatt, ihre Zeiger bewegen sich gegen den Uhrzeigersinn. Gehen Sie in südlicher Richtung zur **10 Maiselsynagoge** (Maiselova synagoga, ➤ 126).

15.30 Uhr

Wenden Sie sich auf der Maiselova nach Norden und auf der Široká nach Osten zur **12 Spanischen Synagoge** (Španělská synagoga, ➤ 127).

16 Uhr

Wenn Sie auf der Široká in westlicher Richtung zurückkehren, kommen Sie auf die **13 Pariser Straße** (Pařížská třída, ➤ 127).

18 Uhr

Gegen Abend kehren Sie noch einmal ins Herz der Josephstadt zurück, um auf ein Bier in das U Pivrnce, eine waschechte, altmodische Bierkneipe an der Maiselova 3 (➤ 130), einzukehren.

⓪ Pinkassynagoge
(Pinkasova synagoga)

Das Renaissancebauwerk, im 16. Jahrhundert als private Synagoge errichtet, ist eine nüchterne Gedenkstätte für die tschechischen Juden, die im Zweiten Weltkrieg ermordet wurden.

Die Synagoge wurde 1479 von Rabbi Pinkas gegründet und von seinem Großneffen Aaron Meshullam Horowitz erweitert. 1535 wurde sie von Žalman Horowitz in den Familienwohnsitz integriert, der direkt an die Südseite des Alten Jüdischen Friedhofs (➤ 118ff) grenzte. Das ursprünglich spätgotische Bauwerk erhielt ein Jahrhundert später seine gegenwärtige Gestalt im Renaissancestil. Im 17. Jahrhundert wurde es durch eine Frauengalerie, eine Vorhalle und einen Ratssaal ergänzt, wodurch ein ansprechender Innenhof als Eingangsbereich entstand. Im Laufe der Jahrhunderte wurde das Bauwerk noch viele Male umgestaltet.

Das Innere
Im Innern der Synagoge findet man einen interessanten Mischstil aus farbenfrohen Renaissancemotiven und einem aufwändigen gotischen Netzrippengewölbe. Im Gegensatz zur Altneusynagoge (➤ 121ff) verbinden sich die Rippen des Gewölbes in der Pinkassynagoge zu Kreuzen. Das schmiedeeiserne Gitter der zentralen Thorabühne ruht auf vergoldeten Spiralen; es blieb im ursprünglichen Rokokostil erhalten.

Memorial 77297 ist der Titel der Wandtafeln zum Gedenken an die tschechoslowakischen Juden, die in nationalsozialistischen Konzentrationslagern ermordet wurden. In den Jahren 1954–59 haben Václav Boštík und Jiří John die Wände der Synagoge mit den Namen, Geburts- und Sterbedaten aller 77 297 Todesopfer bedeckt. Sie sind in schlichten, schwarzen und roten Buchstaben geschrieben. Angeb-

Die Thorabühne mit Gitter in der Pinkassynagoge

Kinderbilder und Spielzeug aus dem Konzentrationslager Theresienstadt

lich wegen des baufälligen Zustandes des Gebäudes, schloss die kommunistische Regierung die Synagoge 1968, die Inschriften wurden entfernt. Tschechische Regimekritiker hielten diese Maßnahme für eine rein politische Entscheidung, die in der antizionistischen Atmosphäre nach dem Sechs-Tage-Krieg (1967) getroffen worden sei. In den 1990er-Jahren wurde die Synagoge restauriert und man stellte die Gedenktafeln wieder her. An der östlichen Wand sind die Namen der Konzentrationslager zu lesen, in denen die tschechoslowakischen Juden ums Leben kamen. Im Tabernakel wurden einst die Schriftrollen der Thora und die Bücher der Propheten verwahrt.

»Kinderzeichnungen aus Terezín (1942–1944)«

Eine Dauerausstellung ist hier Zeichnungen gewidmet, die von Kindern im Konzentrationslager Theresienstadt (► 170ff) angefertigt wurden. Das Jüdische Museum bewahrt in der Synagoge eine Sammlung von 4500 Zeichnungen auf, die von der Kunstlehrerin der Kinder, der Bauhausmalerin Friedl Dicker-Brandeisová, gerettet und versteckt worden waren. Die Kinder zeichneten überwiegend Bilder einer Phantasiewelt außerhalb des Lagers. Viele wurden, wie ihre Lehrerin, nach Auschwitz deportiert.

KLEINE PAUSE

Im Konzerthaus **Rudolfinum** (Alšovo nábřeží 12, ► 124) gibt es im ersten Stock ein schönes Café im Stil der Jahrhundertwende, in dem man von den vorangegangenen Eindrücken Abstand gewinnen kann. Ebenfalls empfehlenswert ist das von Starbucks inspirierte **Coffee Heaven**.

✚ 198 B4　✉ Široká 3

☎ Jüdisches Museum: 222 317 191

🕐 April–Okt. 9–18 Uhr; Nov.–März 9–16.30 Uhr; Sa und an jüdischen Feiertagen geschl.

Ⓜ Staroměstská　🚌 17, 18

✋ Sammelkarte Jüdisches Museum: teuer

PINKASSYNAGOGE: INSIDER-INFO

Top-Tipp: In den 1970er-Jahren fand man bei Ausgrabungen im Fundament der Synagoge ein **rituelles Bad** (*mikveh*) aus dem 15. Jahrhundert, das 100 Jahre vor dem Bau der eigentlichen Synagoge entstand.

2 Alter Jüdischer Friedhof

(Starý židovský hřbitov)

Die bizarre Schönheit des Friedhofs verleiht seinem hebräischen Namen eine besondere Bedeutung: Haus des Lebens (*beit hajim*). Die jüdische Bevölkerung Prags ist nahezu verschwunden. Der traditionelle Friedhof bewahrt die Erinnerung an die alte jüdische Gemeinde. Dicht aneinander gedrängt stehen die prächtigen Grabmale der Reichen und die schlichten Steine der Armen.

Der Alte Jüdische Friedhof wurde in der ersten Hälfte des 15. Jahrhunderts gegründet und im Jahr 1787 für neue Bestattungen geschlossen. Heute umfasst er etwa 12 000 sichtbare Grabstätten und Zehntausende weiterer Gräber in ungezählten tieferen Erdschichten. Senkungen im Erdreich, Erosion und Witterung vergangener Jahrhunderte haben eine hügelige Landschaft geschaffen. Das älteste Grab stammt aus dem Jahr 1439; einige ältere Steine wurden von anderen Friedhöfen entfernt und in eine Wand an der Klausensynagoge (► 125) eingesetzt. Im Museum des Zeremoniensaals (Obřadní síň, ► 124) sind hölzerne Grabtafeln ausgestellt.

Grabstile

Der Stil der Grabsteine gibt Hinweise auf das Alter. Die ersten schlichten Grabsteine aus dem 15. Jahrhundert waren flach und wurden aus Sandstein gefertigt. Abgerundete oder spitze Grabsteine aus rotem und weißem Marmor erschienen erstmals im 16. Jahrhundert; sie sind aufwändiger gestaltet und tragen hebräische Inschriften. Verse oder Passagen aus der Bibel rühmen die Tugenden der Toten und preisen Erfolg und Gelehrsamkeit. Im 17. Jahrhundert folgten viele wohlhabende Juden dem christlichen Vorbild und ließen monumentale barocke Grabstätten errichten, die als Miniaturkapellen gestaltet sind.

Jüdische Namen und Symbole

Das bekannteste Grab ist das des **Rabbi Jehuda Löw ben Bezalel** (gest. 1609), dem von seiner jüdischen Gemeinde am höchsten geachteten Schriftgelehrten. Das prachtvolle Doppelgrab (er ruht neben seiner Frau Perl) wurde im 18. Jahrhundert mit einem Löwen als Namenssymbol und Weintrauben als Sinnbild für sein reifes Alter von 96 Jahren ausgeschmückt. Besucher legen zum Zeichen ihres Respekts kleine Steine auf das Grab. In der Nähe

Das Grab von Hauptrabbiner Löw wurde im 18. Jahrhundert symbolisch umgestaltet

STEINE STATT BLUMEN

Nach jüdischem Brauch werden keine Blumen, sondern kleine Steine zum Zeichen des Respekts auf ein Grab gelegt. Der Brauch erinnert an den Auszug der Israeliten aus Ägypten, die ihre Gräber im Sand der Wüste mit Steinen beschwerten. Früher legten Besucher auch Münzen als Almosen auf die Gräber.

BILDLICHE SYMBOLE

Tier- oder andere Symbole wurden oft als sichtbarer Hinweis auf den hebräischen oder deutschen Namen oder den Beruf der Toten in Grabsteine gemeißelt. So steht ein Löwe z.B. für den Namen Jehuda, Löb oder Löw. Zwei segnende Hände deuten auf die Priesterfamilie Kohn hin, eine Kanne weist auf die rituelle Aufgabe der Leviten als Priesterdiener, somit auch auf den Familiennamen Levi, hin. Eine Violine verweist auf den Beruf eines Musikers, eine Schere symbolisiert den Beruf eines Schneiders.

ruht ein Weggefährte des Rabbi Löw, der Bankier **Mordechai Maisel** (gest. 1601). Er war Bürgermeister der alten Judenstadt und einer ihrer großzügigsten Förderer. **Franz Kafka** liegt auf dem Neuen Jüdischen Friedhof (➤ 155) begraben.

Das Grabmonument einer Frau, **Hendel Bashevi** (gest. 1628), ist in der von Männern dominierten Welt des orthodoxen Judentums eine seltene Erscheinung. Allein durch seine Größe und Pracht im Renaissancestil überstrahlt das Grabmal die benachbarten Gräber der Schriftgelehrten und Rabbiner. Die Frau des wohlhabenden Gemeindevorstehers Jacob Bashevi, deren Adelstitel ihr das Recht einräumte, zwei heraldische Löwen auf ihr Denkmal setzen zu lassen, war bekannt für ihre Arbeit mit der armen Bevölkerung von Josefov.

Die Tierfiguren auf vielen Grabsteinen stellen oft den Beruf oder den Namen des Verstorbenen dar

KLEINE PAUSE

Am nahe gelegenen Moldauufer (Alšovo nábžeží) können Sie sich in einem der zahlreichen **Cafés im Freien** entspannen, oder probieren Sie das **Café Franz Kafka** für einen Kaffee oder ein leichtes Essen in schöner Atmosphäre (➤ 131).

✚ 198 B4 ✉ Eingang an der Pinkassynagoge, Široká 3
☎ Jüdisches Museum: 221 711 511; Anmeldungen: 222 317 191 ◷ April–Okt. 9–18 Uhr; Nov.–März 9–16.30 Uhr; Sa und an jüdischen Feiertagen geschl.
Ⓜ Staroměstská 🚌 17, 18 ✋ Sammelkarte Jüdisches Museum: teuer

ALTER JÜDISCHER FRIEDHOF: INSIDER-INFO

Top-Tipps: Beim Rundgang durch das Jüdische Museum bildet die Pinkassynagoge (➤ 116f) in der Široká den Eingang zum Friedhof. Der Ausgang liegt an der Klausensynagoge (➤ 125) in der U Starého hřbitova.

■ Ein **Lageplan** des Friedhofs liegt der Broschüre des Museums bei; die bekanntesten Gräber sind eingezeichnet.

■ Männer **bedecken** beim Betreten des Friedhofs (wie auch beim Eintritt in eine Synagoge) **ihren Kopf**, da ein jüdischer Friedhof als heiliger Ort gilt.

■ Einigen orthodoxen Juden (*kohanim*) ist das Betreten des Friedhofs nach jüdischem Gesetz nicht gestattet. Es ist ihnen jedoch erlaubt, das Grabmonument des Rabbi Löw von einem Fenster zwischen dem Erdgeschoss und dem oberen Stockwerk der Klausensynagoge (➤ 125) zu betrachten.

3 Altneusynagoge
(Staronová synagoga)

In der ältesten Synagoge Europas – sie stammt aus dem Jahr 1275 – finden noch heute regelmäßig Gottesdienste statt. Sie ist nicht nur ein hoch geschätztes Gebetshaus für die schwindende jüdische Gemeinde von Prag, sondern vor allem ein architektonisch bedeutendes Denkmal, das zum einzigartigen Charakter der Stadt beiträgt.

Der Beruf des Architekten und Baumeisters war den Juden in damaliger Zeit verschlossen. Man vermutet, dass die Altneusynagoge von Zisterziensern geplant wurde, die auch das nahe gelegene Agnesklosters (Anežský kláster, ➤ 128) erbauten. Durch seine schlichte Form wirkt der Bau täuschend klein, das einzige hervorstechende Merkmal ist der mit Zinnen verzierte, steil aufragende Ziegelsteingiebel der Fassade. Man betritt das Hauptschiff durch ein gotisches Portal; die stilisierten Weinreben symbolisieren die zwölf Stämme Israels.

Am Sabbat und an Feiertagen lesen die versammelten Juden aus der Thora vor

Das Innere
Der lang gestreckte Hauptraum ist mit Fensterschlitzen ausgestattet. Frauen, die dem orthodoxen Judentum gemäß den

Hauptraum nicht betreten durften, verfolgten die Gottesdienste von der für sie errichteten Galerie. Der eigentliche Hauptraum wirkt unerwartet hoch, da der Fußboden unterhalb des heutigen Straßenniveaus liegt. Die gotischen Gewölbe weisen jeweils fünf statt vier tragende Rippen auf, die somit kein Kreuz bilden, da dies in jüdischen Gebetshäusern geboten war. Mächtige achtkantige Pfeiler, in deren Mitte die **Thorabühne** (*bima*) steht, gliedern den Raum in zwei Schiffe, eine seltene Erscheinung in der mittelalterlichen böhmischen Sakralarchitektur. Oberhalb des hohen schmiedeeisernen Gitters der Thorabühne ist die rote Fahne (1716) der jüdischen Gemeinde mit dem Davidstern und dem so genannten Schwedenhelm zu sehen, den die Juden in der Öffentlichkeit tragen mussten.

Der steile Giebel der Altneusynagoge ist eine der interessantesten Silhouetten der Stadt

Das Tabernakel

An der östlichen Wand wurde im 16. Jahrhundert das Tabernakel (*aron ha-kodesh*) errichtet; es birgt die Schriftrollen mit der Thora (die ersten fünf Bücher der Bibel) und den Büchern der Propheten (*haphtarah*). Am Sabbat werden die beiden Schriftrollen in einer Zeremonie zur Thorabühne getragen. Sieben Gemeindeglieder lesen abwechselnd ein Kapitel aus den Schriften vor.

ALTE UND NEUE SYNAGOGEN

Mit dem Namen der Altneusynagoge hat es eine Bewandtnis, die wie ein jüdischer Witz klingt. Zur Zeit ihrer Entstehung gab es bereits eine ältere Synagoge (jiddisch »Altschul«), sodass man dem neu entstehenden Gebetshaus den Namen »Neuschul«, Neusynagoge, gab. Im 16. Jahrhundert ließ die wohlhabende und einflussreiche Familie Wechsler eine weitere Synagoge errichten, die sie ebenfalls Neusynagoge taufte. »Aber«, so fragten die Rabbiner bei der Suche nach einem neuen Namen, »wir haben schon eine Altsynagoge. Was sollen wir tun?« Ein Unbekannter kam zu einem salomonischen Urteil: Altneusynagoge. Im Zuge der Assanierung der Armenviertel in der Judenstadt Ende des 19. Jahrhunderts (➤ 127) wurden die Altsynagoge und die Neusynagoge der Familie Wechsler zerstört. Zurück blieb die Altneusynagoge.

Fortbestand

Im Gegensatz zu vielen älteren Bauwerken der Josephstadt, die im Laufe der Jahrhunderte durch verheerende Brände beschädigt wurden und neu aufgebaut werden mussten, hat die Altneusynagoge die Jahrhunderte unbeschadet überdauert, was einige Gläubige auf die segensreiche Wirkung des Rabbi Löw zurückführen.

In der Altneusynagoge (wie auch in der Klausen- und Maiselsynagoge) werden wertvolle sakrale Gegenstände jüdischer Herkunft bewahrt, die aus allen Teilen Böhmens stammen. Dieser Umstand geht – so absurd es scheint – auf eine Entscheidung der Nationalsozialisten zurück, die in Prag ein »Museum einer vernichteten Rasse« errichten wollten.

KLEINE PAUSE

Wer die Besichtigung für eine Essenspause unterbrechen möchte, kann ins **Café Les Moules** hinübergehen (➤ 129), wo man frische Meeresfrüchte essen und Leute beobachten kann.

Detaillierte Steinarbeiten an der Altneusynagoge

✚ 198 B4 ✉ Červená 2
☎ Anmeldung: 224 800 812
🕐 April–Okt. So–Fr 9.30–18 Uhr; Nov.–März So–Fr 9.30–17 Uhr; an jüdischen Feiertagen geschl.
🚇 Staroměstská 🚌 17, 18 ✋ Sonderticket: teuer

ALTNEUSYNAGOGE: INSIDER-INFO

Top-Tipps: Von Besuchern wird erwartet, dass sie ein Gebetshaus in **angemessener Kleidung** betreten. Männer werden gebeten, eine Kopfbedeckung zu tragen (*kippahs* aus Papier sind an der Kasse oder am Eingang erhältlich).

■ Ein Besuch der Altneusynagoge ist **nicht** in der Sammeleintrittskarte für das Staatliche Jüdische Museum enthalten (➤ 113).

Geheimtipp: In dem auf nördlicher Seite der Synagoge angrenzenden kleinen Park steht die **Mosesstatue** (1905) des symbolistischen (und protestantischen) Bildhauers František Bílek. Zu Füßen des Moses liegen die Fragmente der zertrümmerten Gesetzestafeln. Über die symbolische Bedeutung lässt sich rätseln, am künstlerischen Wert der Skulptur besteht kein Zweifel.

Nach Lust und Laune!

4 Rudolfinum

Der imposante Neorenaissancebau aus dem 19. Jahrhundert ist das Stammhaus der Tschechischen Philharmonie und ein Veranstaltungsort bei den alljährlich stattfindenden, weltbekannten Musikfestivals »Prager Frühling« und »Prager Herbst«. Neben dem prachtvollen Dvořák-Saal, dem Konzertsaal der Philharmonie, beherbergt das Rudolfinum eine Kunstgalerie mit hervorragenden Wechselausstellungen. Im ersten Stock gibt es ein schönes Café.

In den Jahren 1918–38 tagte im Rudolfinum das erste tschechoslowakische Parlament. Im Zweiten Weltkrieg diente es der deutschen Wehrmacht als Hauptquartier. Auf dem angrenzenden Náměstí Jana Palacha (➤ 143) steht ein Dvořák-Denkmal.

✛ 198 A4 ✉ Alšovo nábřeží 12
☎ Konzerte: 227 059 227; Führungen: 12 444; www.czechphilharmonic.cz

✦ Café Di–So 10–19.30 Uhr ◉ Staroměstská
◻ 18 ✋ mittel

5 Kunstgewerbemuseum (Uměleckoprůmyslové muzeum)

Selbst den Tschechen erscheint der Name des Museums manchmal zu lang; sie plädieren für die Abkürzung UPM. Der Bau aus dem 19. Jahrhundert, der in großen Teilen gründlich restauriert wurde, birgt erstklassige Sammlungen, darunter Möbel und Kunstgegenstände aus Glas, Porzellan, Keramik und Metall aus Böhmen und anderen Gegenden Europas. Die Ausstellung umfasst das 16. bis 20. Jahrhundert. Ein besonderer Schwerpunkt liegt auf dem Jugendstil und dem tschechischen Kubismus. Doch nicht alle Sammlungen sind ständig zu sehen. Das Café Espresso UPM im Erdgeschoss ist einen Besuch wert.

✛ 198 B4 ✉ 17 listopadu 2
☎ 251 093 111; www.upm.cz
✦ Mi–So 10–18, Di 10–19 Uhr
◉ Staroměstská ◻ 17, 18 ✋ mittel

6 Zeremoniensaal (Obřadní síň)

Am Eingang des Alten Jüdischen Friedhofs steht ein neoromanisches Gebäude (1908) mit einem kleinen runden Eckturm, der einstige jüdische Zeremoniensaal. Bis in die 1920er-Jahre hinein wurden Verstorbene dort zum Begräbnis auf dem Neuen Jüdischen Friedhof (➤ 155) vorbereitet. Die Ausstellung erklärt traditionelle jüdische Begräbniszeremonien sowie Symbole und Inschriften der Grabsteine.

✛ 198 B4
✉ U Starého hřbitoba 3
☎ Jüdisches Museum: 222 317 191
✦ April–Okt. 9–18 Uhr; Nov.–März 9–16.30 Uhr; Sa und an jüdischen Feiertagen geschl. ◉ Staroměstská
◻ 17, 18 ✋ Jüdisches Museum: teuer

Fenster an der Treppe des Kunstgewerbemuseums

7 Klausensynagoge (Klausová synagoga)

Neben dem Jüdischen Friedhof steht die Klausensynagoge, die der Bürgermeister Mordechai Maisel im Jahr 1573 erbauen ließ. Ursprünglich befanden sich an ihrer Stelle drei kleinere Gebäude, die so genannten Klausen – ein Gebetshaus, ein rituelles Bad und eine Talmudschule. Nach deren Zerstörung durch einen Brand im Jahr 1689 wurde die jetzige Synagoge erbaut. Neben der Altneusynagoge (► 121ff) ist sie das bedeutendste sakrale Baudenkmal. Hier wurden einst die Begräbniszeremonien für die Toten des angrenzenden Friedhofs vollzogen, auf den man von den oben gelegenen Fenstern aus blickt. Das barocke Innere wurde kunstvoll restauriert und beherbergt eine Sammlung hebräischer Manuskripte und traditioneller Gebrauchsgegenstände des jüdischen Alltagslebens.

✝ 198 B4

✉ U Starého hřbitoba 4

☎ Jüdisches Museum: 222 317 191

🕐 April–Okt. 9–18 Uhr; Nov.–März 9–16.30 Uhr; Sa und an jüdischen Feiertagen geschl.

🚊 Staroměstská

🚌 17, 18

💰 Jüdisches Museum: teuer

In der Klausensynagoge fanden Trauergottesdienste für Juden statt, die auf dem Alten Friedhof begraben wurden

8 Hohe Synagoge (Vysoká synagoga)

Der schlichte graue Bau der Hohen Synagoge neben dem Jüdischen Rathaus (Židovská radnice) birgt im oberen Stockwerk einen reich geschmückten Gebetsraum (daher der Name der Synagoge). Der Dekor, durch ein Feuer im Jahr 1689 beschädigt, wurde restauriert. In der Synagoge werden nicht-orthodoxe jüdische Gottesdienste abgehalten; sie ist daher nur Gläubigen zugänglich.

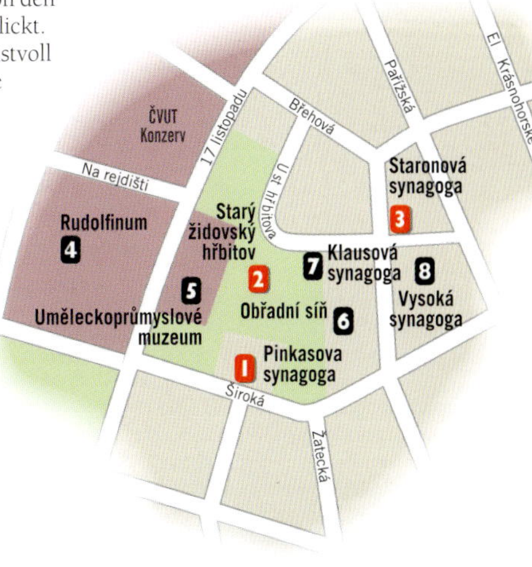

Mordechai Maisel, der größte Förderer der jüdischen Gemeinde, gab der Maiselsynagoge seinen Namen

✚ 198 B4 ✉ Červená 4 🕑 Fr–Sa (Sabbat) und an jüdischen Feiertagen 🚇 Staroměstská 🚌 17, 18

9 Jüdisches Rathaus (Židovská radnice)

Das barocke Gebäude mit Glockenturm wurde 1765 am Standort eines älteren Bauwerks (gegründet um 1560 von Mordechai Maisel) errichtet. Im Jüdischen Rathaus wurde die Verwaltung der Stadtbezirke Altstadt, Neustadt, Judenstadt und Kleinseite (Malá Strana) zusammengefasst. Der Glockenturm trägt neben den vier Zifferblättern mit römischen Zahlen ein **hebräisches Zifferblatt**, dessen Zeiger sich gegen den Uhrzeigersinn drehen. Oberhalb des Haupteingangs an der Maiselova sieht man das jüdische Stadtwappen mit Davidstern und Schwedenhelm. Der Gebrauch des Wappens wurde den Juden von Ferdinand III. zugestanden, nachdem sie 1648 während des Dreißigjährigen Krieges auf der Karlsbrücke gegen schwedische Truppen gekämpft hatten (➤ 52ff). Die

Versammlungsräume sind mit Ausnahme des koscheren Restaurants Shalom (Tel. 224 800 806, Mo–Sa 12–1.30 Uhr) für die Öffentlichkeit nicht zugänglich.

✚ 198 B4 ✉ Maiselova 18 🚇 Staroměstská 🚌 17, 18

10 Maiselsynagoge (Maiselova synagoga)

Vom Altstädter Ring (Staroměstské náměstí) kommend, gehen viele Besucher auf ihrem Museumsrundgang zuerst auf die Maiselsynagoge zu. Als der wohlhabende Bankier und Bürgermeister Mordechai Maisel die Synagoge 1592, gegen Ende seines Lebens, erbauen ließ, war sie das am reichsten verzierte Bauwerk der Prager Judenstadt. Der Gebetsraum und die Frauengalerie werden heute als Ausstellungsräume für Sammlungen schöner Gold- und Silberobjekte genutzt. Die rituellen Gegenstände – Weinkelche, Gewürzurnen, Thoraschilder und -kronen – wurden in der Zeit der Besatzung durch die Nationalsozialisten aus allen Teilen der damaligen Tschechoslowakei zusammengetragen. Sie sollten im »Museum einer vernichteten Rasse« ausgestellt werden (➤ 123).

✚ 198 B3
✉ Maiselova 10
☎ Jüdisches Museum: Büro 221 711 511; Anmeldungen: 222 317 191
🕐 April–Okt. 9–18 Uhr; Nov.–März 9–16.30 Uhr; Sa und an jüdischen Feiertagen geschl.
🚇 Staroměstská
🚌 17, 18
✋ Jüdisches Museum: teuer

⑪ Franz-Kafka-Ausstellung (Expozice Franze Kafky)

Direkt neben der Nikolauskirche stand Franz Kafkas Geburtshaus (U Radnice 5). Im Erdgeschoss des jetzigen Hauses wurde ein kleines Museum eingerichtet. Eine Bronzebüste Kafkas stammt aus den 1960er-Jahren, als sich die feindliche Einstellung des kommunistischen Regimes zu dem Schriftsteller (➤ 30f) lockerte. Heute ist Kafkas Name in Prag wieder allgegenwärtig; der kleine Platz vor dem Museum ist nach ihm benannt. Zu den Ausstellungsstücken gehören Fotografien seiner Familie und seiner zahlreichen Wohnungen in Prag sowie Kopien seiner Manuskripte und Zeichnungen.

✚ 198 B3 ✉ Náměstí Franze Kafky 5
☎ 222 321 675
🕐 Di–Fr 10–18 Uhr; Sa 10–17 Uhr
🚇 Staroměstská 🚌 17, 18
✋ preiswert

⑫ Spanische Synagoge (Španělská synagoga)

Nicht weit von der Altneusynagoge entfernt steht die Spanische Synagoge. Die jüngste Synagoge der Josephstadt ist die prunkvollste von allen. Sie wurde 1868 in maurischem Stil am Standort einer Synagoge byzantinischer Juden erbaut, die sich im 11. Jahrhundert in Prag niedergelassen hatten. Das Innere der Spanischen Synagoge ist in Anlehnung an die spanische Alhambra gestaltet und weist eine überbordende Fülle geometrischer und floraler Motive in allen Farbtönen auf. Eine Ausstellung dokumentiert die Geschichte der tschechischen Juden vom 19. Jahrhundert bis in die Gegenwart. In der Frauengalerie werden sehenswerte Fotografien präsentiert, die das jüdische Ghetto vor und nach seiner Zerstörung im Zuge der Assanierung zur Zeit der Jahrhundertwende zeigen. Draußen steht eine umstrittene Statue von Franz Kafka, die – ob Sie sie nun mögen oder nicht – ein toller Platz für ein Foto ist.

✚ 198 B4 ✉ Vězeňská 1
☎ Jüdisches Museum: 222 317 191
🕐 April–Okt. 9–18 Uhr; Nov.–März 9–16.30 Uhr; Sa und an jüdischen Feiertagen geschl.
🚇 Staroměstská 🚌 17, 18
✋ Jüdisches Museum: teuer; Einzelticket: preiswert

⑬ Pariser Straße (Pařížská třída)

Die urbane Pracht der Pařížská ist ein Ausdruck für den jähen Bruch mit der Vergangenheit der Josephstadt, wie er am Ende des 19. Jahrhunderts durch die radikale Sanierung der modrigen und übervölkerten Armenviertel vollzogen wurde. Heute strahlt die Pařížská im Glanz von Neobarock und Jugendstil, modischen Designerläden, Cafés und schicken Restaurants, die dem Namen der Prachtstraße Ehre machen.

Die Pařížská führt vom Altstädter Ring (Staroměstské náměstí) in gerader

Die spanische Synagoge symbolisiert das Prestige und den Reichtum der jüdischen Gemeinde von Prag im 19. Jahrhundert

Die detailreichen Fassaden an der Pařížská sind typisch für den aufwändigen Baustil des Boulevards

Linie zur Čechův-Brücke (Čechův most). In einem vierstöckigen Neobarockbau an der Pařížská nahe dem Altstädter Ring lebte die Familie Kafka in den Jahren 1907–13. Daneben (Pařížská 4) findet man das Theater Image, eine einfallsreiche Verbindung aus Pantomime, Tanz und Schwarzlichttheater (▶ 46). Die Hausnummern 7 und 9 gehören zu besonders schönen Gebäuden. Das neugotische Haus mit der Nr. 15 (an der Ecke zur Široká) ist reich verziert (nach einem Entwurf von Matej Blecha); werfen Sie einen Blick in das ovale Jugendstiltreppenhaus. Zwei weitere Juwelen des Jugendstils sind die Häuser Nr. 28 und 19, Letzteres nach einem Entwurf von Bedřich Bendelmayer gebaut, der auch das Grandhotel Evropa am Wenzelsplatz (Václavské náměstí, ▶ 141ff) entwarf.

An die Vergangenheit anknüpfend, wurde die Pařížská zunächst nach der nahe gelegenen Kirche am Altstädter Ring (▶ 66) Niklasstraße genannt. 1926 – die französische Metropole Paris war gerade in Mode – erhielt die Straße ihren jetzigen Namen, der zum Erscheinungsbild bestens passt.

In der Zeit des Zweiten Weltkriegs wurde die Pařížská von der nationalsozialistischen Besatzungsmacht vorübergehend in Nürnbergstraße umgetauft.

✚ 198 B4 🚇 Staroměstská
🚊 17, 18

🔟 Agneskloster (Anežský klášter)

Das Agneskloster aus dem 13. Jahrhundert nimmt einen Ehrenplatz in der Geschichte der alten Judenstadt ein, da die Zisterzienser, die das Kloster erbauten, auch für die nahe gelegene Altneusynagoge (▶ 121ff) verantwortlich zeichneten. Es wurde 1231 von Agnes, der Tochter von König Přemysl Otakar I, für den Klarissenorden gegründet. Das Kloster wurde 1782 geschlossen, aber nach seiner Restaurierung als Museum für **mittelalterliche Kunst in Böhmen und Mitteleuropa** wieder eröffnet. Die hochwertigen Ausstellungsstücke bestehen hauptsächlich aus Altarbildern, Holzstatuen und Steinskulpturen.

✚ 198 C4
✉ U Milosrdných 17
☎ 224 810 628; www.ngprague.cz
🕐 Di–So 10–18 Uhr
🚇 Náměstí Republiky
🚊 5, 8, 14 ♿ mittel

Wohin zum...
Essen und Trinken?

Preise
Die Preisangaben gelten pro Person für ein Essen inklusive Getränke, Steuer und Service:
€ unter 500 Kč   €€ 500 Kč–1000 Kč   €€€ über 1000 Kč

RESTAURANTS

Barock €€€

Die schicke Bar gehört zur selben Kette wie das Pravda (▶ 130). Die Bedienung ist freundlich und ebenso cool wie die Gäste und das Ambiente. Man kann Sushi und thailändischen Fisch probieren.
✚ 198 B4 ✉ Pařížská 24 ☎ 222 329 221; www.barockrestaurant.cz ◷ tägl. 10–1 Uhr
Ⓜ Staroměstská

Le Café Colonial €€

Internationale Standards wie Steaks, gegrillter Lachs und Hühnchen werden in diesen einladenden Räumlichkeiten serviert. Hier herrscht den ganzen Tag Hochbetrieb. Zahlreiche Gäste kommen auf einen Drink oder ein Essen vorbei – eine Statistik, auf die die meisten lokalen Restaurants neidisch sein können. Auch ideal für einen Kaffee oder ein Glas Wein.
✚ 198 B4 ✉ Široká 6 ☎ 224 818 322; www.lecafecolonial.cz ◷ tägl. 10–24 Uhr
Ⓜ Staroměstská

Casa Andina €€

Das einzige peruanische Restaurant Prags liegt ideal direkt gegenüber der Spanischen Synagoge. Die würzigen Gerichte sind beeinflusst von der spanischen, Inka- und chinesischen Küche (chinesische Arbeiter bauten im 19. Jahrhundert die peruanische Eisenbahn). Auf der saisonal wechselnden Karte stehen verlockende Rindfleisch-, Enten-, Hähnchen- und Fischgerichte. Am Wochenende sollten Sie einen Tisch reservieren, um die Live-Andenmusik im Restaurant und im angrenzenden Nachtclub zu genießen.
✚ 198 B4 ✉ Dušní 15 ☎ 224 815 996; www.casaandina.cz ◷ Mo–Sa 16–24 Uhr
Ⓜ Staroměststká

Chez Marcel €–€€

Echt französische Atmosphäre herrscht im Chez Marcel, dessen Personal und Stammgäste zum größten Teil Franzosen sind. Die Gäste dinieren und trinken mit Nonchalance und zu ortsüblichen Preisen. Jazzklänge und alte französische Werbeplakate tragen zur Bistroatmosphäre bei, entsprechende Speisen werden angeboten: Steak, *Poulet frites* oder *Croque Monsieur* (Toast mit Schinken und Käse). Auch die *Crème caramel* ist sehr zu empfehlen.
✚ 198 C4 ✉ Haštalské náměstí 12 ☎ 222 315 676; www.chezmarcel.cz ◷ Mo–Fr 8–1, Sa–So 9–1 Uhr
Ⓜ Staroměstská

King Solomon €€–€€€

Das behagliche Innere des Restaurants passt zum Namen und ist dem Tempel von Jerusalem nachempfunden. Wahlweise können Sie auch im verglasten Atrium des Hauses *gefilte fisch*, *blintzen* oder andere koschere Gerichte probieren. Auf Anfrage kann man sich ein Sabbat-Menü ins Hotel schicken lassen. Die First Lady der USA, Michelle Obama, war in 2009 hier zu Gast.
✚ 198 B4 ✉ Široká 8 ☎ 224 814 099; www.kosher.cz ◷ Mo–So 13–2 Uhr;
Fr mittags, Sa abends, nur mit Reservierung
Ⓜ Staroměstská

Les Moules €€

Spezialität in diesem Restaurant sind die Muscheln in Cocosmilch mit Chilli und frischem Koriander. Die ungewöhnlich hohen Fenster, die den Blick frei geben auf die Altneusynagoge und die Pariser Straße, lassen leicht die charmante

Inneneinrichtung mit der dunklen Holzvertäfelung und den gemütlichen Tischen übersehen.

✝ 198 B4 ✉ Pařížská 19/203 ☎ 222 315 022; www.lesmoules.cz ⏰ tägl. 11.30–24 Uhr Ⓜ Staroměstská

Pravda €€–€€€

Im Restaurant/Club »Wahrheit« fühlt man sich an die Mittelmeerküste versetzt. Zur Mittagszeit herrscht eine entspannte Stimmung; viele Gäste kommen von der nahe gelegenen Altneusynagoge auf einen Sprung herein. Bei den freundlichen und aufmerksamen Kellnern kann man auch einen einfachen Salat bestellen. Am Abend präsentiert sich die Küche international mit exotischen Gerichten wie vietnamesischen Frühlingsrollen, Hummersuppe oder Tacos.

✝ 198 B4 ✉ Pařížská 17 ☎ 222 326 203; www.pravdarestaurant.cz ⏰ tägl. 12–1 Uhr Ⓜ Staroměstská

Shelanu Deli €

Informelle Mittagstheke und kleines Restaurant, das koschere Sandwi-ches und Salate serviert. Ideal für Frühstück, Mittagessen oder einen kleinen Snack. Der gute Standort in der Nähe der bedeutendsten Sehenswürdigkeiten des ehemaligen Jüdischen Gettos macht es auch zum idealen Platz für ein schnelles Gericht zum Mitnehmen.

✝ 198 B4 ✉ Břehová 8 ☎ 221 665 141; www.shelanu.cz ⏰ So–Do 9–22, Fr 9–15.15 Uhr Ⓜ Staroměstská

La Veranda €€€

Eines der führenden Restaurants der Stadt, welches auch im Michelinführer 2009 empfohlen wurde. Entsprechend exquisit sind die Gerichte, die stets raffiniert gewürzt werden. Egal ob Sie die gebackene Entenbrust mit Thymian und karamelisierten Schalotten oder den Thunfisch *grillé cru* mit gebratenen Pilzen und Spinat wählen, Sie werden Ihr Essen genießen.

✝ 198 B4 ✉ Elišky Krásnohorské 2 ☎ 224 814 733; www.laveranda.cz ⏰ Mo–Sa 12–24 Uhr Ⓜ Staroměstská

Bugsy's

Viele sagen, dass das Bugsy's die beste Cocktailbar in Prag ist – nicht unbedingt wegen der Atmosphäre sondern wegen der guten Drinks. Hier nehmen die Barkeeper ihren Job ernst. Anziehungspunkt für eine Mischung betuchter Prager und Touristen.

✝ 198 B4 ✉ Pařížská 10 ☎ 840 284 797 ⏰ tägl. 19–2 Uhr Ⓜ Staroměstská

Molly Malone's

Prasselndes Feuer im offenen Kamin, irische Küche und Guinness vom Fass bietet dieses freundliche Pub, das auch bei den Einheimischen sehr beliebt ist. Besonders gemütlich sitzt man an den Tischen im Obergeschoss.

✝ 198 C4 ✉ U Obecního dvora 4 ☎ 224 818 851; www.mollymalones.cz ⏰ So–Do 11–1, Fr–Sa 11–2 Uhr Ⓜ Náměstí Republiky

Potrefená husa

Hier können Sie das restaurierte Interieur im kubistischen Stil bei einem Hausbier oder einem belgischen Flaschenbier genießen. Beim Speiseangebot zählt saftiges Rindersteak geschmort in dunklem Bier zu den Spezialitäten.

✝ 198 B4 ✉ Bílkova 5 ☎ 222 326 626; www.pivovary-staropramen.cz ⏰ tägl. 11–24 Uhr Ⓜ Staroměstská

U Pivrnce

Die alten Gewölbedecken dieses Lokals sind mit zeitgenössischen und ausgesprochen frechen Szenen des wohlbekannten Cartoonisten Urban geschmückt. Es gibt Rind-, Hühner- und Schweinefleischgerichte. Probieren Sie das »Schwert des Henkers Mydlář« (Rind- und Schweinefleisch am Spieß), eine Erinnerung an den berühmten Henker von Prag.

✝ 198 B3 ✉ Maiselova 3 ☎ 222 329 404; www.upivrnce.cz (nur auf tschechisch) ⏰ tägl. 11–24 Uhr Ⓜ Staroměstská

Zlatá Praha

Von der Dachterrasse des Hotels Intercontinental ist der Blick auf die Altstadt im Sommer unvergleichlich. Im Hotelrestaurant Zlatá Praha (Goldenes Prag)

werden neben der herrlichen Aussicht Getränke und leichte Speisen geboten.
✠ 198 B4 ✉ Pařížská 30 ☎ 296 631 111; www.icprague.com/dining ⊕ tägl. 12–15, 18–23.30; So Brunch 11–15 Uhr Ⓜ Staroměstská

CAFÉS

Au Gourmand

Dieses Delikatessengeschäft mit Bäckerei bietet eine Auswahl köstlicher Kuchen, Gebäcke oder Sandwiches sowie ein schön restauriertes Jugendstil-Interieur.
✠ 198 B3 ✉ Dlouhá 10 ☎ 222 329 060; www.augourmand.cz ⊕ Mo–Fr 8–19, Sa 8.30–19, So 9–19 Uhr Ⓜ Staroměstská

Café Franz Kafka

Zugegebenermaßen touristisch, aber schön, um sich in die Stimmung für eine Entdeckungstour durch das Jüdische Viertel zu bringen. Hier bekommen Sie hervorragende heiße Getränke und auf der kleinen Speisekarte stehen Salate und Sandwiches. Die bewegenden Bilder an den Wänden zeigen, wie das Viertel einst aussah.

✠ 198 B4 ✉ Široká 12 ☎ 222 318 945 ⊕ tägl. 10–21 Uhr Ⓜ Staroměstská

Café UPM

Das Café, das an das Museum für dekorative Künste (Uměleckoprůmyslové muzeum v Praze) angeschlossen ist, ist ein weiteres verborgenes Juwel. Praktisch, günstig und so gut wie unbekannt bei den Menschenmassen gleich um die Ecke im Jüdischen Museum. Sie müssen ins Museum hinein und dann durch die Tür auf der rechten Seite gehen.
✠ 198 B4 ✉ 17 listopadu 2 ☎ 251 093 111; www.upm.cz ⊕ Mo–Fr 10–19, Sa–So 10.30–19 Uhr Ⓜ Staroměstská

Kavárna Rudolfinum

Man findet jederzeit eine Sitzgelegenheit in dem prachtvollen Raum im Rudolfinum (▶ 124). Der Zugang liegt auf der Flussseite des Gebäudes. Sagen Sie dem Kassierer am Ticketschalter, dass Sie nur ins Café möchten.
✠ 198 A4 ✉ Alšovo nábřeží at Náměstí Jana Palacha, Staré Město ☎ 224 893 317 ⊕ nur bei Ausstellungen Di–So 10–18 Uhr Ⓜ Staroměstská

Wohin zum... Einkaufen?

Shopping konzentriert sich auf die zwei parallelen Hauptstraßen Pařížská und Maiselova. Die meisten exklusiven Modegeschäfte der Stadt sind hier angesiedelt. Außerdem gibt es einige Antiquitäten- und Kunsthändler. Nehmen Sie sich vor den Geschäften im direkten Umfeld des Jüdischen Museums in Acht. Diese haben sich in letzter Zeit zu einer Touristenfalle entwickelt, wo Sie mit Sicherheit zu viel zahlen.

Die Pařížská třída führt vom Altstädter Ring zur Cechův most (Brücke) über die Moldau. Es beginnt mit **Cartier** in der Pařížská 2 (Tel. 221 790 000) und setzt sich mit den bekannten internationalen Luxusmarken fort: **Louis Vuitton, Gucci, Christian Dior, Hugo Boss,** und **Hermes,** um nur einige zu nennen. Insbesondere bei den Ausverkäufen im Frühjahr und im Herbst gibt es günstige Angebote. Neben den großen Namen gibt es auch einige kleine Geschäfte von lokalem Interesse. Schauen Sie bei **Obchod mincemi** in der Pařížská 8 (Tel. 222 313 285; www.mince.cz) rein, wenn Sie sich für historische Münzen interessieren. Gleich daneben liegt an derselben Adresse das **Antikvariát** (Tel. 222 321 402) mit einer hervorragenden Auswahl an alten Büchern und Karten.

Abseits der Pařížská werden die Geschäfte seltener, ein Spaziergang hier lohnt sich aber trotzdem. Versuchen Sie es bei Bilková zwischen der Pařížská- und Kozí-Straße. Hier finden Sie eine interessante

Wohin zum... Ausgehen?

Seit alters ist Prag eine Stadt der Kunst. Zahlreiche Konzerte werden in Kirchen und Palästen veranstaltet, die auch bei den Pragern sehr beliebt sind. Manchmal ist der Besuch eines Konzerts die einzige Möglichkeit, eine für die Öffentlichkeit geschlossene Kirche zu besichtigen.

MUSIK

Rudolfinum

Der Dvořák-Saal ist das Juwel unter den Konzertsälen, die besten heimischen und internationalen Orchester und Solisten sind hier zu hören. Im Dvořák-Saal spielt die Tschechische Philharmonie – die international renommierte Institution verkörpert und pflegt die musikalische Tradition Mitteleuropas. Das hervorragende Philharmonische Kammerorchester von Prag und das Tschechische Sinfonieorchester geben regelmäßig Gastspiele im Dvořák-Saal. Kammerkonzerte finden im Suk-Saal statt.

✚ 198 A4
✉ Alšovo nábřeží at Náměstí Jana Palacha, Staré Město
☎ 227 059 227; www.rudolfinum.cz

Agneskloster (Anežský klášter)

Zum historischen Gebäudekomplex des Agnesklosters gehört heute ein moderner Konzertsaal, der in den 1980er-Jahren über den Ruinen einer frühgotischen Kirche gebaut wurde. Es ist einer der anspruchsvollsten Veranstaltungsorte für klassische Konzert, bei Pragern besonders beliebt.

✚ 198 C4
✉ U Milosrdných 17, Staré Město
☎ 224 810 628, 222 002 336 (Karten); www.fok.cz

St. Simon und Juda (Kostel sv. Šimona a Judy)

In der großen Barockkirche finden erstklassige Kammerkonzerte statt (Kartenvorverkauf beim FOK-Büro, U Obecního domu 2, Staré Město).

✚ 198 B4
✉ Dušní at U Milosrdných, Staré Město
☎ 222 002 336 (FOK), 222 002 336 (Karten); www.fok.cz

DAMPFERFAHRTEN

Eine der Anlegestellen liegt in Nähe des Hotels Intercontinental, an der Na Františku. Fahrkarten kann man auf dem Schiff lösen oder über den Anbieter EVD (an der Anlegestelle oder unter Tel. 224 810 030; www.evd.cz) reservieren lassen, der auch Stadtrundfahrten und Abendfahrten organisiert. Die Preise variieren je nach Tour.

Galerie für weibliche Kunst, die **Galerie La Femme** (Bilková 2, Tel. 224 812 656; www.glf.cz). Weiter die Straße entlang finden Sie **Design by Donlič** (Tel. 224 812 850; www.donlic.cz), einem von mehreren modernen Möbelgeschäften. Der überfüllte Geschenkeshop im Museum für dekorative Künste (➤ 124) bietet eine gute Auswahl an Postern, Büchern und Kalendern – Highlights der Art-Nouveau-, Kubismus- und Art-Deco-Ausstellungen.

JÜDISCHE ANDENKEN

Der kleine Geschenkladen an der **Maiselsynagoge** (Maiselova 10, ➤ 126) bietet eine anspruchsvolle Auswahl von Reproduktionen religiöser jüdischer Gegenstände.

Preiswerte Mitbringsel findet man im **Franz-Kafka-Ausstellung** (Náměsti Franze Kafky 5, Tel. 222 321 675, ➤ 127). Im **Antikvariát V Široké** (Široká 7, Tel. 222 318 876) werden neue und alte Bücher zum Judentum, antiquarische Drucke und moderne Kunst angeboten.

Neustadt
(Nové Město)

und Umgebung

Erste Orientierung

Obwohl der Name und die zahlreichen modernen Gebäude des Stadtteils es nicht vermuten lassen, reicht die Geschichte der Neustadt (Nové Město) weit in die Vergangenheit zurück. Ihre Baudenkmäler legen ein stolzes Zeugnis von der Entstehung der tschechischen Nation ab. Zahlreiche Gründungslegenden ranken sich um die Festungsanlage des Vyšehrad.

Eines der schönsten Jugendstilgebäude, das Repräsentationshaus (Gemeindehaus, Obecní dům), erhebt sich als Wahrzeichen an der südöstlichen Grenze zwischen Alt- und Neustadt. Die Neustadt wird im Norden von der Nationalstraße (Národní třida) und der Grabenstraße (Na příkopé) begrenzt, in westlicher Richtung grenzt sie an das Moldauufer und erstreckt sich bis zur Höhe des Vyšehrad-Felsens. In östlicher Richtung liegen das Wohnviertel Vinohrady und das Arbeiterviertel Žižkov.

Die Neustadt ist der lebhafteste Stadtteil des modernen Prag, mit Wenzelsplatz (Václavské náměstí), Nationaltheater (Národní divadlo) und dem Palast Lažanský mit dem Café Slavia, einst Lieblingsplatz der Regimekritiker und heute ein touristenfreundliches Café mit einem schönen Blick über den Fluss auf die Prager Burg.

Seite 133: Legen Sie im Café des Obecní dům eine Pause ein

Oben: Obecní dům, Art-Nouveau-Juwel und Symbol der tschechischen Nation

★ Nicht verpassen!

1 Repräsentationshaus
(Obecní dům) ➤ 138

2 Mucha-Museum ➤ 140

3 Wenzelsplatz
(Václavské náměstí) ➤ 141

4 Nationaltheater
(Národní divadlo) ➤ 145

5 Moldauufer ➤ 147

6 Festung Vyšehrad und
kubistische Bauwerke ➤ 149

Nach Lust und Laune!

7 Pulverturm (Prašná brána)
➤ 152

8 Grabenstraße (Na Příkopé)
➤ 152

9 Staatsoper (Státní opera)
➤ 152

10 Nationalmuseum ➤ 153

11 Wachsfigurenmuseum (Muzeum
voskových figurín) ➤ 153

12 Café Slavia ➤ 154

13 Karlsplatz (Karlovo náměstí)
➤ 154

14 Neuer Jüdischer Friedhof (Nový
židovský hřbitov) ➤ 155

15 Fernsehturm in Žižkov ➤ 156

16 Vítkov-Höhe ➤ 156

17 Museum der Stadt Prag
(Muzeum Hlavního města
Prahy) ➤ 156

An einem Tag

Wenn Sie sich nicht sicher sind, wo Sie Ihre Reise beginnen möchten, empfiehlt diese Route einen praktischen eintägigen Besuch der Neustadt mit den wichtigsten Sehenswürdigkeiten. Sie können dazu die Karte auf der vorangegangenen Seite verwenden. Weitere Informationen finden Sie unter den Haupteinträgen (➤ 138ff).

10 Uhr

Das ❶Repräsentationshaus (Obecní dům, ➤ 138) ist ein schöner Ausgangspunkt für Ihren Rundgang, den Sie vielleicht mit einem Besuch des stilvollen Cafés beginnen. An der Südseite des Gebäudes erhebt sich der ❼Pulverturm (Prašná brána, ➤ 152) mit herrlicher Aussicht.

11 Uhr

Schlendern Sie durch die ❽Grabenstraße (Na příkopé, ➤ 152), eine elegante Einkaufsstraße, und auf der Panská zum ❷Mucha-Museum (➤ 140).

12 Uhr

Von der Panská führt die Jindřišská zum ❸Wenzelsplatz (Václavské náměstí, ➤ 141ff). Auf der rechten Seite des Platzes liegt das Grandhotel Evropa. Im eleganten Café des Hotels sollten Sie sich einen Cocktail gönnen (➤ 142).

13 Uhr

Vom Wenzelsplatz führt die Vodičkova in Richtung Moldauufer. Nehmen Sie die Straßenbahn Nr. 9, die Richtung Norden zur Nationalstraße und zum **5 Moldauufer** (Abb. links, ► 147f) fährt. Am Masaryk-Kai (Masarykovo nábřeží) gehen Sie zur **Slawischen Insel** (Slovanské ostrov, ► 147f), wo Sie im Freien zu Mittag essen können. Als Alternative zur Mittagsruhe im Park können Sie ein Ruderboot mieten und die Moldau erkunden.

15 Uhr

Gehen Sie über den Masaryk-Kai zum **Mánes-Haus** (► 147), in dem Ausstellungen moderner Kunst gezeigt werden. Südlich davon steht das futuristische Bürohaus Rašín von Frank Gehry und Vladimír Miluniý, auch **»Ginger und Fred«**

(► 148) genannt. Fahren Sie dann mit der Straßenbahn Nr. 17 oder 21 zum Vyšehrad.

16 Uhr

Erkunden Sie den **6 Vyšehrad** (► 149) am späten Nachmittag. Auf dem Ehrenfriedhof liegen die Gräber von Dvořák (oben) und Smetana.
Die kubistischen Gebäude, etwa die **Villa Kovařovič** von Josef Chochol (► 151), sind einzigartig.

17.30 Uhr

Am Rašinovo-Ufer fahren Sie mit der Straßenbahn Nr. 17 oder 21 zurück zur Nationalstraße und dem **12 Café Slavia** (► 154).

19 Uhr

Zum krönenden Abschluss besuchen Sie eine Oper oder ein Ballett im **4 Nationaltheater** (Národní divadlo, ► 145ff).

❶ Repräsentationshaus
(Obecní dům)

Das Meisterwerk des Jugendstils gilt vielen Bewunderern als das großartigste Prager Bauwerk des 20. Jahrhunderts. Das Café und die Restaurants sowie der prachtvolle Konzertsaal wurden liebevoll restauriert und sind bei Pragern sehr beliebt.

Lange bevor der Ausdruck »multifunktional« Eingang in den Wortschatz der Stadtplaner fand, beauftragte die Gemeinde die bekanntesten Architekten der damaligen Zeit, eine Heimstätte für Kunstausstellungen, klassische Konzerte und ein traditionelles Kaffeehaus zu entwerfen, um der Stadt zu mehr kulturellem und repräsentativem Glanz zu verhelfen. Das Bauwerk sollte das wieder erwachende tschechische Nationalbewusstsein widerspiegeln und die habsburgische Vergangenheit überwinden. Das Repräsentationshaus ersetzte einen Palast der böhmischen Könige, der zuletzt als Militärakademie gedient hatte. Am 28. Oktober 1918 wurde im Repräsentationshaus die unabhängige Tschechoslowakische Republik ausgerufen.

Jugendstil in Vollendung

Der Platz
Die Architekten Osvald Polívka und Antonín Balšanek errichteten einen hoch aufragenden Rundbau mit zwei kühnen Seitenflügeln. Das allegorische Mosaik *Huldigung an Prag* im Rundbogen über dem Portal stammt von Karel Špillar.

Das Innere
Der Innendekor wirkt weniger pompös. In Eingangshallen, Aufzügen und Treppenhäusern findet man florale Motive und geometrische Muster, die für den Jugendstil bzw. die Sezession, wie der Stil in Böhmen heißt, charakteristisch sind. Bekannte Künstler waren an der Ausführung beteiligt, darunter Jan Preisler, Max Švabinský, Mikoláš Aleš und der Bildhauer Ladislav Šaloun. **Alfons Mucha** (▶ 140), der berühmteste Prager Künstler, der schließlich nach Paris auswanderte, gestaltete den imposanten **Bürgermeistersaal**, an Café und Restaurant waren

Gäste genießen einen Kaffee in dem prachtvollen Café des Obecní dům

auch Kollegen beteiligt. Werke der beteiligten Künstler werden im ersten Stock gezeigt.

Smetana-Saal (Smetanova sín)

Ebenfalls im ersten Stock befindet sich die größte Konzerthalle der Stadt. Der Saal mit seiner gewaltigen elliptischen Kuppel ist die Heimstätte des **Prager Sinfonieorchesters**. Die tschechische Philharmonie eröffnet das Musikfestival Prager Frühling (➤ 46) im Smetana-Saal traditionsgemäß in Anwesenheit des tschechischen Staatsoberhauptes mit Smetanas symphonischer Dichtung *Mein Vaterland (Má vlast)*. Zu beiden Seiten der Bühne sind Skulpturen von Šaloun zu sehen, Darstellungen von Smetanas *Vaterland* (links) und Dvořaks *Slawischen Tänzen* (rechts).

KLEINE PAUSE

Das Café des Repräsentationshauses lädt am Morgen oder Nachmittag zum Kaffeegenuss ein. Gute französische Küche kann man im eleganten Restaurant **Francouzská** (➤ 157) genießen. Abends sind die böhmischen Spezialitäten im **Plzeňská restaurace** (➤ 158) im Souterrain zu empfehlen.

✝ 199 D3   ✉ Náměstí Republiky 5   ☎ 222 002 101
Kasse/Informationsbüro 10–19 Uhr
Náměstí Republiky   🚌 5, 8, 14
frei; Führungen teuer

2 Mucha-Museum

In dem viel besuchten Museum werden Werke des Malers und Grafikers Alfons Mucha (1860–1939), eines Meisters des Jugendstils, gezeigt. Mit seiner dekorativen Plakatkunst wurde Mucha im Paris der Belle Époque berühmt und ist daher bei ausländischen Gästen bekannter als bei seinen Landsleuten. Das Museum wurde 1998 eröffnet.

Die Sammlungen von Gemälden, Lithografien, Zeichnungen, Skulpturen und persönlichen Gegenständen sind im barocken Kaunický palác nahe der Grabenstraße (Na příkopé) untergebracht. Am bekanntesten sind Muchas Theaterplakate, in denen Auftritte der berühmten Schauspielerin Sarah Bernhardt – *Gismonda*, *Médée*, *Lorenzaccio* und *La Samaritaine* – angekündigt wurden und die den wirtschaftlichen Erfolg des Künstlers in der Zeit um 1890 begründeten. Mucha versorgt die Pariser Gesellschaft auch mit Werbeplakaten für Babynahrung von Nestlé und Champagner von Moët et Chandon.

1910 kehrte er nach kurzen Aufenthalten in Chicago und New York nach Prag zurück, um sich erneut als tschechischer Maler zu etablieren. Für das Repräsentationshaus (► 138f) malte er nationale Allegorien, für den Veitsdom (► 89ff) schuf er große Farbfenster.

Muchas Litografie Prinzessin Hyazinthe auf einem Werbeposter

Slawisches Epos

Das Hauptwerk des Künstlers, *Slovaská epopej*, wird in einem Video vorgestellt. Es setzt sich aus 20 großformatigen Leinwänden zusammen, an denen Mucha 18 Jahre lang arbeitete.

KLEINE PAUSE

Französischen Kaffee bekommt man im Café **Paris-Praha** an der Jindřišská.

✚ 199 D2 ✉ Panská 7 ☎ 221 451 333; www.mucha.cz
🕐 tägl. 10–18 Uhr
Ⓜ Můstek 🚊 3, 9, 14, 24
✋ mittel

MUCHA-MUSEUM: INSIDER-INFO

Top-Tipp: In einer Sammlung **persönlicher Fotografien** sind Modelle und berühmte Freunde von Alfons Mucha zu sehen, darunter sein Malerkollege Paul Gauguin mit Harmonium.

3 Wenzelsplatz
(Václavské náměstí)

Der Wenzelsplatz ist bei Tag und Nacht unbestrittener Mittelpunkt des modernen Prag. Tschechen und ausländische Touristen tummeln sich hier gleichermaßen, angezogen von den Kinos, Restaurants, Kasinos und Einkaufsarkaden. In der Vergangenheit war der Platz häufig Zeuge bewegender historischer Ereignisse, wenn sich Tausende hier versammelten.

Eigentlich ist der Wenzelsplatz eine lang gestreckte, leicht abschüssige Promenade. Karl IV. ließ ihn 1348 als Rossmarkt für die Pferdehändler der Neustadt anlegen. Er erstreckt sich vom Nationalmuseum (Národní muzeum, ➤ 153) bis zur U-Bahn-Station Můstek an der Grabenstraße (Na příkopé, ➤ 152).

Denkmal des hl. Wenzel
Das Reiterstandbild des Schutzheiligen Wenzel (Václav) ist umgeben von vier Landesheiligen: Ludmila (Großmutter Wenzels), Vojték, Prokop und Anežska (Agnes). Der Bildhauer Josef Václav Myslbek benötigte 25 Jahre bis zur Vollendung des Reiterdenkmals im Jahr 1912. Wenzel der Heilige, Herzog von Böhmen, leitete die Christianisierung der Tschechen ein. In den nachfolgenden Jahrhunderten wurde der Platz zu einem Versammlungsort für leidenschaftliche politische Kundgebungen.

Der Wenzelsplatz erstreckt sich vom Denkmal des hl. Wenzel bis zur Grabenstraße

Bauwerke am Wenzelsplatz
Die Verbindung moderner Architekturelemente wie Stahl und Glas mit formenreichen Jugendstilfassaden ist ein Zeugnis für die frühzeitige Begeisterung, mit der die Moderne im 20. Jahrhundert von den Pragern aufgenommen wurde.

Das Café Evropa im Grandhotel ist einen Besuch wert

Die 1920er- und 1930er-Jahre waren Gründerjahre für große Geschäfte und Kinos. Der Wenzelsplatz, der von den Bombardierungen des Zweiten Weltkrieges verschont blieb, spiegelt die gesamte Baugeschichte des 20. Jahrhunderts wider.

Das **Hotel Jalta** (Nr. 45) auf der rechten Seite des Platzes ist ein klassisches Beispiel für den Stil der 1950er-Jahre. Auf der linken Seite, an der Ecke zur Stepanská, erhebt sich der imposante Rundbau der alten **Mährischen Bank** (1916). Nebenan (Nr. 36) steht das historische **Melantrich-Verlagshaus**, auf dessen Balkon sich Václav Havel an die Seite von Alexander Dubček stellte, der 20 Jahre zuvor versucht hatte, dem Sozialismus »ein menschliches Antlitz« zu geben.

Direkt gegenüber erhebt sich das **Grandhotel Evropa**, 1906 nach einem Entwurf von Bendřich Bendelmayer und Alois Dryák als Inbegriff der Jugendstilarchitektur fertig gestellt. Nicht nur die prachtvollen doppelten Erkerfenster der Fassade sind sehenswert, auch das Innere ist ein eindrucksvoller Anblick. Beachten Sie das Treppenhaus mit seiner ovalen Galerie, wenn Sie die detailreich ausgestatteten Räume des Cafés oder der Restaurants besuchen. Das Eckhaus mit der Nr. 19 an der Jindřišská wurde im Neobarockstil von

Osvald Polívka entworfen. Das Gebäude war ehemals Sitz der **Assicurazione Generali**, für die Franz Kafka arbeitete.

Am Wenzelsplatz Nr. 12 steht ein weiteres Juwel des Jugendstils, das **Peterka-Haus**, nach einem schlichten Entwurf des Architekten Jan Kotěra, eines Schülers von Otto Wagner, dem Wiener Meister der Sezession. Im Haus Nr. 6 werden Schuhe der berühmten Firma **Bat'a** verkauft, im Haus Nr. 4 gibt es Schokoladen von **Lindt**. Tomás Bata, Schuhfabrikant und Förderer der tschechischen Kunst, emigrierte vor dem Zweiten Weltkrieg; seine Fabriken und Geschäfte wurden 1948 von den Kommunisten enteignet. Seit 1989 ist das Unternehmen wieder im Besitz der Familie.

FREUDE UND LEID AUF DEM WENZELSPLATZ

1848 Am Vorabend der nationaltschechischen Revolution, des Prager »Pfingstaufstandes«, versammeln sich die Aufständischen zu einer Messe. Die Revolution wird von den österreichischen Streitkräften niedergeschlagen. Der Rossmarkt wird in Wenzelsplatz umbenannt.

1918 Tausende von Menschen feiern am Denkmal des hl. Wenzel die Proklamation der Tschechoslowakischen Republik.

1939 Bei einer Demonstration gegen die deutsche Besatzung wird der Medizinstudent Jan Opletal tödlich verletzt.

1948 Bewaffnete Fabrikarbeiter unterstützen im Februar den Staatsstreich der Kommunistischen Partei mit einem Aufmarsch.

1968 Die Reformbewegung des Prager Frühlings wird durch den Einmarsch von Truppen des Warschauer Paktes gewaltsam unterdrückt. (Angeblich wurde das Nationalmuseum beschossen, weil man es mit dem tschechoslowakischen Parlament oder der Radiostation verwechselt hatte.) 1969 verbrennt sich der Student Jan Palach am Denkmal aus Protest gegen die Passivität und Apathie der Bevölkerung. Ein Denkmal erinnert an die Tat.

1989 Hunderttausende von Menschen leiten die Samtene Revolution ein, die die kommunistische Herrschaft beendet. Václav Havel wird Staatspräsident.

Friedliche Proteste zum ersten Jahrestag der sowjetischen Invasion im August 1969

Zwei mythologische Figuren tragen ein Erkerfenster

Gegenüber ragt der **Palác Koruna** empor. Die Krone (*koruna*) des majestätischen Turmes ist bei Nacht beleuchtet. Der Architekt Ladislav Macho entwarf ein kubistisches Kino im Souterrain, ein Schnellrestaurant (das erste in Europa) im Erdgeschoss und für sich selbst ein Apartment in der Turmspitze.

KLEINE PAUSE

Eine neue Erscheinung in Prag sind die Teehäuser. Eines davon ist das **Dobřá čajovna** neben dem Peterka-Haus.

✚ 198 C2　✉ Václavské náměstí
Ⓜ Muzeum, Můstek　🚌 3, 9, 14, 24

WENZELSPLATZ: INSIDER-INFO

Top-Tipp: Am frühen Abend ist das **untere Ende** des Platzes besonders bei jungen Leuten beliebt. Von den Autos abgesehen, die an den großen Hotels vorfahren, ist der Wenzelsplatz eine Fußgängerzone.

■ Der Platz ist besonders beliebt für Junggesell(innen)abschiede.

■ Achten Sie auf Ihre Habseligkeiten: Taschendiebe sind hier häufig unterwegs.

4 Nationaltheater
(Národní divadlo)

Wie ein königlicher Palast dominiert das aus privaten Spenden erbaute Nationaltheater die Silhouette des Moldauufers. Das massive Bauwerk mit der lang gestreckten Kuppel ist ein Wahrzeichen der Neustadt, in dem man nicht nur die festliche Atmosphäre einer Vorstellung genießen, sondern sich auch an der Innenausstattung erfreuen kann.

Die Schönheit des Nationaltheaters im NeoRenaissanceStil spiegelt sich in moderner Architektur

Das imposante Bauwerk im Neorenaissancestil wurde von Josef Zítek, dem Architekten des Rudolfinums (► 124), entworfen. Die Statuen auf dem Eingangsvorbau stellen Apollo und die neun Musen dar; es sind Werke von Bohuslav Schnirch.

Das Innere

Den prunkvollen Dekor schufen namhafte Künstler, die man später zusammenfassend die »Generation des Nationaltheaters« nannte. Die Eingangshalle ist mit 14 Szenen aus der symphonischen Dichtung *Mein Vaterland* von Smetana geschmückt. Die Malereien stammen von Mikoláš Aleš und František Ženišek. Viele der Skulpturen sind Werke von Josef Václav Myslbek, der das Denkmal des hl. Wenzel (► 141) schuf. Vojtěch Hynais malte das allegorische Bild des eisernen Vorhangs. An der Front des Bauwerks steht der Wahlspruch des Nationaltheaters: *Národ sobě* (Die Nation für sich selbst).

Das Theater der Tschechen

Im 19. Jahrhundert erreichte die tschechische Nationalbewegung ihren Zenit. Zu dieser Zeit wurde das Nationaltheater als Gegenstück zum deutschsprachigen Ständetheater (Stavovské divadlo, ➤ 63) erbaut. Die Tschechen wünschten sich eine Bühne, auf der Opern und Dramen in tschechischer Sprache aufgeführt werden sollten. Unter österreichischem Druck verweigerte das Parlament die Finanzierung des Bauwerks, die schließlich durch öffentliche Spenden zustande kam. Zum Baubeginn (1868) trugen mehr als 50 000 Menschen eigenhändig Steine zur Baustelle. Auch aus Chicago schickten tschechoslowakische Emigranten Baumaterial nach Prag. Das Nationaltheater wurde im Juni 1881 fertig gestellt, aber im August desselben Jahres durch einen Brand zerstört. Nun unterstützte auch Kaiser Franz Joseph den Bau. 1883 wurde das neue Nationaltheater mit Smetanas Oper *Libuše* eröffnet.

KLEINE PAUSE

Im historischen **Café Slavia** auf der anderen Strassenseite entspannt man sich in stilvoller Umgebung.

✚ 198 A2

✉ Národní třída 2 ☎ 224 901 448; www.narodni-divadlo.cz

🕐 Karten tägl. 10–18 Uhr; außerdem geöffnet 45 Minuten vor den Vorstellungen

Ⓜ Národní třída

🚌 6, 9, 17, 18, 22

✋ Oper: mittel–teuer

Das Publikum des Nationaltheaters genießt die ausgezeichnete Akustik

---

NATIONALTHEATER: INSIDER-INFO

Top-Tipp: Probieren Sie in der Pause an der Theaterbar einmal den wirklich guten **tschechischen Champagner** (Böhmischer Sekt).

Muss nicht sein! Besucher, denen der Baustil des Nationaltheaters allzu pompös erscheint, werden den Anblick des angrenzenden hypermodernen Kastens aus Aluminium und Glas vielleicht noch schockierender finden. Die **Neue Szene** (Nová scéna) beherbergt eine Bühne für modernes tschechisches Drama. Sie wurde 1983 von Karel Prager im Zuge der Restaurierung des Nationaltheaters entworfen.

5 Moldauufer

Auf einem Spaziergang entlang dem Moldauufer kommen Sie an den schönsten Bauwerken der Neustadt vorüber. Nach einem Abstecher auf die Slawische Insel mit Ballhaus, Café und Biergarten können Sie ältere Baustile mit dem modernen Bürohaus »Ginger und Fred« vergleichen, das wie ein tanzendes Paar am Flussufer dahinzuschweben scheint.

Das Tanzende Haus erhielt seinen Namen wegen der zwei Türme, die an ein tanzendes Paar erinnern

Der **Masaryk-Kai** (Masarykovo nábřeží) erstreckt sich südlich des Nationaltheaters (➤ 145f) und ist von Bauwerken aus dem frühen 20. Jahrhundert gesäumt. An der Ecke zur Straße Na struze ist im Haus Nr. 32 das Goethe-Institut untergebracht. In dem ansprechenden Gebäude, dessen Jugendstilverzierungen von Ladislav Šaloun stammen, befand sich ehemals die Botschaft der DDR. Das Haus Nr. 16 beherbergt den Konzertsaal (1906) des traditionsreichen **Gesangvereins Hlahol**, der maßgeblich zur tschechischen nationalen Erneuerung beitrug. Im Giebel ist ein allegorisches Mosaik zum Thema Musik sowie eine Inschrift zu sehen: *Zpěvem k srdci – srdcm k vlasti* (Lasst das Lied ins Herz eingehen, lasst das Herz ins Vaterland eingehen).

Mánes-Haus

Die Galerie für moderne Kunst ist in einem funktionalistischen Gebäude aus Beton und Glas untergebracht, das Otakar Novotný in den 1920er-Jahren entwarf. Das Gebäude bildet einen starken Kontrast zu dem schwarzen Zwiebelturm der Šítek-Wassermühle, die sich einstmals dort befand. Die Galerie wurde vom Josef-Mánes-Kunstverein gegründet und zeigt bedeutende moderne Werke – im Gegensatz zu der volkstümlichen Genremalerei des 19. Jahrhunderts, die man allgemein mit dem Namen Josef Mánes verbindet.

Slawische Insel

Auf der Insel befindet sich ein viel besuchter Konzert- und Ballsaal – der Sophiensaal ist nach der Mutter von Kaiser Franz Joseph benannt. Der ursprüngliche Name der Insel, Žofín, geht ebenfalls auf Sophie zurück. Bereits seit 200 Jahren ist die Insel, die aus einer Sandbank und Aufschüttungen besteht, ein beliebter Vergnügungsort. In den Monaten Mai bis Oktober kann man **Ruderboote** mieten; es gibt Cafés und Restaurants, Konzerte und Tanzveranstaltungen im Park.

DAS PALACKÝ-DENKMAL

Das Denkmal an der Nordspitze der Insel ist dem Historiker und Politiker František Palacký (1798–1876) gewidmet. Der »Vater der Nation« (*Otec národy*) war ein geistiges Haupt der tschechischen Nationalbewegung und Autor der fünfbändigen *Geschichte der tschechischen Nation*. Das Werk entstand zu einer Zeit, als Böhmen von der Donaumonarchie als eigenständiges Staatsgebiet nahezu ausgelöscht wurde. Auf der Slawischen Insel fand 1848 der von Palacký eingeleitete Slawenkongress statt.

Ginger und Fred

Südlich der Jiráskův-Brücke steht am Jirásek-Platz ein phantasievolles modernes Gebäude, dessen zwei Teile sich in einer tänzerischen Umarmung gegeneinander neigen: das Bürohaus Rašín. 1996 wurde es von dem amerikanischen Architekten Frank Gehry und seinem tschechischen Kollegen Vladimír Milunič entworfen. Das Bauwerk ist auch unter den Namen »Tanzendes Haus« (*tančící dům*) und »Ginger und Fred« (nach Ginger Rogers und Fred Astaire) bekannt.

Das angrenzende unscheinbare Apartmenthaus stammt aus der Zeit um 1900. Václav Havel, der Großvater des tschechischen Staatspräsidenten, ließ es erbauen und wohnte selbst mit seiner ersten Frau Olga im obersten Stock.

KLEINE PAUSE

Im **Mánes-Haus** und auf der **Slawischen Insel** gibt es ein Café und Restaurant. In der Nähe gibt es auch das Traditionslokal U Fleků (➤ 158).

Detail der Steinarbeiten an der Most-Legií-Brücke (nahe der Kunstgalerie Mánes)

✚ 198 A1

✉ Mánes-Haus: Masarykovo nábřeží 250; Palác Žofín: Slovanský ostrov 226

☎ Mánes-Haus 224 930 754; www.galeriemanes.cz; Palác Žofín 224 934 880; www.zofin.cz

🕐 Manes Di–So 10–18 Uhr; Garten im Palác Žofín tägl. 11–19 Uhr; Abendkasse 12–16.30 Uhr

🚌 17, 21

✋ Mánes-Haus: preiswert; Garten: preiswert; Konzerte: mittel bis teuer

Top-Tipp: An Wochenenden wird das Mánes-Haus zu einem Treffpunkt von Freunden **lateinamerikanischer Tänze**.

6 Festung Vyšehrad und kubistische Bauwerke

Der Vyšehrad erhebt sich am südlichen Rand der Neustadt. Mythen, die einiges über die kulturelle Bedeutung aussagen, ranken sich um den Felsen. Im 11. Jahrhundert entstand eine erste Festung auf dem Vyšehrad (wörtlich »Burg auf der Höhe«). Ein barocker Festungswall aus Ziegelsteinen umschließt die Überreste der alten Festung und den Ehrenfriedhof, auf dem berühmte Tschechen bestattet liegen.

Die Festung

Die St.-Martins-Rotunde dient als Begräbniskapelle

Von der U-Bahn-Station Vyšehrad führt die Straße V pevnosti zum südöstlichen Eingang der Festung, dem **Leopoldstor** (Leopoldova brána). Auf der rechten Seite befindet sich die **St.-Martins-Rotunde**, das älteste erhaltene Bauwerk auf

dem Vyšehrad. Die Kapelle stammt aus dem 11. Jahrhundert, wurde 1878 restauriert und dient heute für Trauergottesdienste. Es ist das älteste romanische Bauwerk von Prag. Die benachbarte Kirche **St. Peter und Paul** (Kostel sv. Petra a Pavla) wurde auf den Fundamenten der romanischen **Basilika des hl. Lorenz** (Vavřince) errichtet und erhielt ihre jetzige Gestalt 1885–1903.

Im Park weisen Statuen aus dem 19. Jahrhundert von Josef Myslbek auf die sagenhaften Anfänge der Festung Vyšehrad hin. Sie stellen mythische Paare dar: die sagenumwobene Gründerin des Reiches, *Libuše*, und ihren Gemahl *Přemysl*. Die Kriegerin *Šárka* ist mit ihrem Liebhaber *Ctirad* zu sehen.

Der Ehrenfriedhof

An die Kirche St. Peter und Paul schließt sich in nordöstlicher Richtung der mittelalterliche Ehrenfriedhof an, der 1869 zu einer nationalen Gedenkstätte wurde. Bedeutende tschechische Künstler, Literaten und Wissenschaftler fanden hier ihre letzte Ruhe. Ihre Gräber liegen an dem von Antonín Wiehl im Neorenaissancestil gestalteten Säulengang. Am Eingang neben der Kirche ist ein Lageplan der Gräber erhältlich.

Das Grabmal von **Antonín Dvořák** wurde von Ladislav Šaloun entworfen und ist von einem gusseisernen Gitter umgeben. Die bescheidenere Grabstätte von **Bedřich Smetana** liegt nahe der Ehrengruft **Slavín**. Die Gruft stammt ebenfalls von Wiehl; die Säule und der Sarkophag kennzeichnen die gemeinsame Ruhestätte von 50 Künstlern, darunter der Maler Alfons Mucha und die Bildhauer Šaloun und Myslbek.

Gräber am Säulengang des Ehrenfriedhofs

Die Festung

Am nördlichen Eingang zur Festung, dem **Ziegeltor** (Cihelná brána), beginnt eine Führung in die Tiefe der Festungsanlage zu den Verliesen und zum Gorlice-Saal mit originalen barocken Statuen der Karlsbrücke.

Mythos

Eine mittelalterliche Legende berichtet, dass die Prinzessin und Reichsgründerin Libuše (Heldin der gleichnamigen Oper von Smetana) mit ihrem Gemahl Přemysl einst am Moldauufer stand, über den Fluss blickte und prophezeite: »Ich sehe eine große Stadt, deren Ruhm bis zu den Sternen hinaufreichen wird.« Sie eilten zur Furt hinüber und sahen einen alten Mann, der bereits an einer Schwelle (tschechisch *práh*) baute, von der die Stadt ihren Namen Praha erhielt. In der Eingangshalle des Altstädter Rathauses (► 57) befindet sich ein Mosaik von Mikuláš Aleš, in dem der Mythos dargestellt ist.

Wirklichkeit

Auf dem Vyšehrad entstanden im 10. Jahrhundert, 70 Jahre nach der Gründung der Prager Burg auf dem Hradschin (Ende des 9. Jahrhunderts), eine Kirche und ein befestigter Handelsplatz. Vratislav II., ein Fürst aus der Dynastie der Přemysliden, ließ im Jahr 1085 eine Burg auf dem Vyšehrad errichten. Seine Nachkommen verließen sie in der Mitte des 12. Jahrhunderts und verlegten ihre Residenz endgültig auf den Hradschin. 1306 wurde der letzte Nachfahre der Přemysliden ermordet; Karl IV. bestieg den Thron und ließ die Befestigungsanlagen erneuern. In der Zeit der Hussitenkriege (1420–31) wurde die Burg erneut zerstört, ihre jetzige Gestalt erhielt sie im 17. Jahrhundert.

Kubismus am Vyšehrad

In Prag findet man für Europa einmalige Beispiele kubistischer Stilelemente in der Architektur. Neben dem **Haus zur Schwarzen Muttergottes** (Celetná, Altstadt, ➤ 69) gehören die Villen und das Apartmenthaus von Josef Chochol zu den schönsten Häusern dieser expressionistischen Stilrichtung. Sie entstanden in den Jahren 1912–14 in der Umgebung des Vyšehrad.

An der Neklanova steht das **Hodek-Apartmenthaus**. Der kubistische Stil zeigt sich in den kubischen Formen der Balkone und Fenster, die unterhalb der vorkragenden Gesimse ein kompliziertes Spiel von Licht und Schatten entstehen lassen. Bei der Gestaltung der **Villa Kovařovič**, rückwärtig in einem Park am Rašínovo-Ufer gelegen, setzte Chochol die kubischen Elemente zurückhaltender ein. Das **Dreifamilienhaus** (*Rodinný trojdům*) ist ein lang gestrecktes Wohngebäude mit schönen Fensterrahmen und kubistischen Giebeln in den oberen Stockwerken.

Ein Beispiel für die kubistischen Gebäude und Gärten in der Nähe von Vyšehrad

KLEINE PAUSE

Wer kein Picknick im Park machen möchte, kann in die Weinstube **Na Vyšehrad** nahe der Kirche St. Peter und Paul gehen, wo köstliche kleine Gerichte serviert werden.

Festung Vyšehrad
☎ 201 E2
✉ V Pevnosti 159/5
☎ 241 410 348; www.praha-vysehrad.cz
🕐 Gelände: Sonnenaufgang bis -untergang;
Ausstellungen: April–Okt. tägl. 9.30–18 Uhr;
Nov.–März tägl. 9.30–17 Uhr
🚇 Vyšehrad 🚌 7, 8, 24 bis Albertov
✋ Verliese: preiswert

Kubistische Gebäude
☎ 201 E2
✉ Hodek-Haus: Neklanova 30;
Villa Kovařovič: Libušina 3 (Rückseite);
Dreifamilienhaus: Rašínovo nábřeží 6–10
🚌 3, 6, 14, 18, 21, 22

FESTUNG VYŠEHRAD: INSIDER-INFO

Top-Tipp: Von der nördlichen Seite des Festungswalles hat man die schönste **Aussicht** über die Alt- und Neustadt sowie das Moldautal und die Prager Burg.

Muss nicht sein! In der südwestlich gelegenen Bastion wird eine nichtssagende Sammlung **historischer Zeichnungen** ausgestellt.

Nach Lust und Laune!

7 Pulverturm (Prašná brána)

Am Rand des Náměstí Republiky mit seiner etwas grell wirkenden Modernität ragt der Turm aus dem 15. Jahrhundert düster und archaisch empor. Einst diente er als Ausgangspunkt für die Krönungszeremonie, deren Prozession auf dem so genannten Königsweg (*králova cesta*) zur Burg führte. Nachdem die Habsburger mit dieser Tradition gebrochen hatten, wurde Schießpulver im Turm gelagert. Während der preußischen Belagerung Prags (1757) explodierte das Schießpulver; im späten 19. Jahrhundert wurde der Turm wieder aufgebaut.

✚ 199 D3 ✉ Na příkopé
🕐 April–Okt. tägl. 10–18 Uhr
🚇 Náměstí Republiky
🚌 5, 8, 14
✋ preiswert

8 Grabenstraße (Na příkopé)

Die Grabenstraße folgt der Linie des alten Stadtgrabens, der Alt- und Neustadt bis zum 18. Jahrhundert trennte. Heute ist sie eine elegante Einkaufs- und Fußgängerzone. Vor 150 Jahren war sie bereits eine beliebte Flaniermeile der deutschen Bevölkerung von Prag, der sie unter dem Namen »Auf dem Graben« (tschechisch *Na příkopé*) bekannt war. Den deutschen Einwohnern bedeutete sie so viel wie den Tschechen ihre Nationalstraße (Národní třida).

Der prächtige **Barockpalast** mit der Hausnummer 10, das ehemalige Deutsche Kasino, ist ein Werk des Baumeisters Kilian Ignaz Dientzenhofer, Sohn des aus Bayern stammenden Christoph Dientzenhofer, eines berühmten Architekten des Spätbarock. Das Bauwerk stammt aus dem Jahr 1743 und dient heute wieder als Kasino und als Museum über den Kommunismus. Die benachbarten Bankhäuser (Nr. 18 und 20) sind ebenso bemerkenswert; sie wurden von Osvald Polívka in einer Mischung aus Elementen des Jugendstils und der Neorenaissance entworfen.

✚ 198 C3 🚇 Můstek

9 Staatsoper (Státní opera)

Als Neues Deutsches Theater wurde das Haus 1888 eröffnet. Das imposante neoklassizistische Gebäude entstand nach einem Entwurf der Wiener Architekten Ferdinand Fellner und Hermann Helmer. Nach Meinung vieler Musikliebhaber ist die Akustik des Hauses sogar besser als die des Nationaltheaters

Der Pulverturm (Prašná brána) wurde in alter Pracht wiederhergestellt

Bekannte Persönlichkeiten im Wachsfiguren-museum: Havel, Klaus und Dubček

(Národní divadlo, ➤ 145f) oder des Ständetheaters (Stavovské divadlo, ➤ 63).
✠ 199 D2 ✉ Wilsonova 4 ☎ 224 227 266; www.opera.cz Ⓜ Muzeum

⑩ Nationalmuseum (Národní muzeum)

Am oberen Ende des Wenzelsplatzes (Václavské náměstí) erhebt sich der kolossale Bau des Nationalmuseums. Wie sein Pendant, das Nationaltheater, sollte das Bauwerk ein Ausdruck des im 19. Jahrhundert neu erwachten tschechischen Nationalbewusstseins sein. Der Neorenaissancebau wurde von Josef Schulz entworfen und 1890 eröffnet. Die umfangreichen naturwissenschaftlichen Sammlungen des Museums umfassen Exponate aus dem Tier-, Pflanzen- und Mineralreich sowie aus der Frühgeschichte des Menschen. Die prachtvolle Eingangshalle, die Treppenhäuser und die Kuppel sind mit Gemälden geschmückt. Unter der gewaltigen Glaskuppel sind die Büsten berühmter Tschechen (und einiger Tschechinnen) zu sehen.
✠ 199 D1 ✉ Václavské náměstí 68
☎ 224 497 111; www.nm.cz
🕐 Mo–Fr tägl. 10–18, Sa 10–19, So 11–19 Uhr. Am 1. Di im Monat geschl.
Ⓜ Muzeum 🚌 11 ✋ mittel

⑪ Wachsfigurenmuseum (Muzeum voskových figurín)

In der Nähe des Wenzelsplatzes findet man dieses beliebte Museum, dessen Ausstellung eine gewisse Kenntnis der tschechischen Geschichte erfordert, um die dargestellten Szenen und das Amüsement der tschechischen Besucher verstehen zu können. Am einfachsten sind Persönlichkeiten des 20. Jahrhunderts wieder zu erkennen.
✠ 198 B3
✉ Melantrichova 5
☎ 224 229 852; www.waxmuseumprague.cz
🕐 tägl. 9–20 Uhr
Ⓜ Můstek
✋ mittel

Franz Kafkas Grabstein auf dem Neuen Jüdischen Friedhof

🔟 Café Slavia

Eine Institution an der Nationalstraße ist das Café Slavia (im Palast Lažanský gegenüber dem Nationaltheater). Von den 1920er-Jahren bis in die Zeit der Samtenen Revolution 1989 (➤ 13) war das Café ein Treffpunkt der Künstler, Schriftsteller und Dissidenten.

In den 1920er-Jahren traf sich hier die avantgardistische Künstlergruppe Devtsil um Karel Teige. Zu den Gästen gehörten der Lyriker und Literaturnobelpreisträger Jaroslav Seifert, der kubistische Architekt Josef Chochol, Rainer Maria Rilke, der Journalist Egon Erwin Kisch und Milena Jesenská, Freundin und Übersetzerin von Franz Kafka. In der heutigen, politisch ruhigeren Zeit klagen die Intellektuellen gern über die moderne Ausstattung des Cafés, welche die alte Atmosphäre zerstört habe; die kosmopolitische Mischung aus Kaffee, Apfelstrudel und ausländischen Zeitungen aber ist geblieben.

✚ 198 A2 ✉ Smetanovo nábřeží 2
☎ 224 218 493; www.cafeslavia.cz
🕐 tägl. 8–24 Uhr 🚇 Národní třída
🚌 6, 9, 18, 21, 22

🔢 Karlsplatz (Karlovo náměstí)

Die ausgedehnten Grünanlagen lassen den größten Platz Prags eher wie einen öffentlichen Park wirken. Karl IV. ließ den Platz im Zuge seiner regen Bautätigkeit, aus der 1348 die Neustadt hervorging, als Viehmarkt anlegen. Der Rossmarkt am heutigen Wenzelsplatz (➤ 141ff) und ein Heumarkt (Senovážné náměstí) entstanden um dieselbe Zeit.

An der nordöstlichen Seite beherrscht das gotische Gebäude des **Neustädter Rathauses** den Platz. Die jetzige Gestalt des Bauwerks

entspricht nach einer sorgfältigen Restaurierung wieder seiner Erscheinung im 16. Jahrhundert. Es war Schauplatz des Ersten Prager Fenstersturzes (➤ 22f). An der Ostseite steht die Kirche **St. Ignatius** (Kostel sv. Ignác) aus dem 17. Jahrhundert, Teil des benachbarten ehemaligen Jesuitenkollegs (Nr. 36, heute ein Krankenhaus). Das Portal ist mit einer Statue des hl. Ignatius geschmückt. Das Innere ist üppig verziert. Am Südwestrand des Karlsplatzes steht ein Bauwerk der Spätrenaissance, das im 18. Jahrhundert im Barockstil verändert wurde: das **Fausthaus** (Faustův dům). Der Name bezieht sich auf Alchemisten, darunter der Engländer Edward Kelley (➤ 7f), die hier angeblich tätig waren.

✠ 201 E5
✉ Karlovo náměstí
🚌 4, 6, 10, 22

⒕ Neuer Jüdischer Friedhof (Nový židovský hřbitov)

Die Grabsteine auf dem Neuen Jüdischen Friedhof erzählen von der letzten Zeit der jüdischen Gemeinde. 1890 wurde der Friedhof eingeweiht; nicht nur das (ausgeschilderte) Grab von **Franz Kafka**, auch die Grab- und Gedenkstätten, die eine Inschrift *1944 v Osviétimí* (1944 in Auschwitz) tragen, machen den Friedhof zu einem Ort der Erinnerung.

Auf Kafkas Grab erinnert eine Tafel an seine drei Schwestern, die in Konzentrationslagern ums Leben kamen. Eine Inschrift preist Kafkas Freund und Förderer, **Max Brod**: »Geboren in Prag, Dichter und Denker, der die tschechische Kultur in die Fremde trug.« Auch Jaroslav Hašek, Autor des *Braven Soldaten Schwejk*, und der Komponist Leoš Janáček liegen hier begraben.

✠ 202 bei C2 ✉ Izraeleská

MONUMENTALE ARCHITEKTUR

Ein Denkmal unter den klassischen Hotels von Prag ist das **Hotel Paříž** (Tel. 222 195 195), das neben dem Repräsentationshaus (Obecní dům, ➤ 138f) an der U Obecního domů 1 steht. Das palastartige Bauwerk, mit Café, Bar und Restaurant (Abb. unten) wurde in einem Mischstil aus Neugotik und Jugendstil mit viel Liebe zum Detail errichtet. Der **Prager Hauptbahnhof** (Praha hlavní nádraží) wurde 1909 nach einem Entwurf von Josef Fanta vollendet. Seine Geschichte begann er als Franz-Joseph-Bahnhof – ein Prager Abgesang auf die Habsburger Monarchie. Als Anerkennung für die Unterstützung, die der amerikanische Präsident der tschechischen Unabhängigkeitsbewegung gewährte, wurde er neun Jahre später in Woodrow-Wilson-Bahnhof umbenannt. Unter diesem Namen (Wilsonovo nádraží) ist er heute noch bekannt. Bei einer unsensiblen Restaurierung in den 1980er Jahren wurde viel vom Charakter des Bahnhofs zerstört. Er braucht dringend eine Instandsetzung, die nun geplant wird.

Der Fernsehturm, eine Hinterlassenschaft des kommunistischen Regimes

🕐 April–Sept. tägl. 9–16.30 Uhr; Okt.–März So–Fr 9–15.30 Uhr Ⓜ Želivského 🚌 10, 11, 16 ✋ preiswert

15 Fernsehturm in Žižkov (Žižkovská televizní věž)

Der 260 Meter hohe Fernsehturm wurde in den frühen 1990er-Jahren fertig gestellt. Von der Aussichtsplattform in 100 Metern Höhe blickt man bei klarem Wetter bis zu 100 Kilometer weit über das Land. Beachten Sie die bronzenen Babys, die seitlich den Turm erklimmen. Sie sind ein Werk des lokalen Bildhauers David Černy. Im fünften Stockwerk (63 m Höhe) gibt es ein Restaurant.

✚ 202 B2 ✉ Mahlerovy sady 1 ☎ 267 005 778; www.tower.cz 🕐 tägl. 10–23 Uhr Ⓜ Jiřího z Poděbrad ✋ preiswert

16 Vítkov-Höhe

Im Norden des Stadtteils Žižkov steht auf der Vítkov-Höhe das bronzene Reiterstandbild des Feldherrn Jan Žižka. Hier fand im Jahr 1420 zu Beginn der Hussitenkriege eine Schlacht zwischen päpstlichen Truppen und den Hussiten unter ihrem einäugigen Feldherrn Žižka statt, bei der die Hussiten den Sieg davontrugen. Das hoch aufragende **Bronzestandbild** (1950) ist ein Werk von Bohumil Kafka (nicht verwandt). Dieses Denkmal wurde ursprünglich als Erinnerung an den tschechoslowakischen Kampf gegen die Habsburger erbaut und diente als Mausoleum für die kommunistischen tschechischen Machthaber. Dazu zählte u. a. Klement Gottwald, der wie Lenin in Moskau einbalsamiert wurde. Allerdings war die Ausführung weniger professionell, sodass seine sterblichen Überreste verwesten und schließlich verbrannt werden mussten.

Die Zeremonienhalle beherbergt eine faszinierende Ausstellung zur tschechischen und slowakischen Geschichte des 20. Jahrhunderts. Sie zeigt seltene Archivfilme und Nachrichtenmaterialien zu entscheidenden Wendepunkten: Gründung der Republik, Besatzung durch die Nazis, Machtergreifung der Kommunisten, Invasion durch die Sowjetunion und »Prager Frühling« sowie »Samtene Revolution«.

✚ 202 A4 ✉ U Památníku 2, Žižkov ☎ 222 781 678 🕐 Ausstellung: Di–Do, Sa 10–18, Fr 10–20 Uhr ✋ Ausstellung: preiswert (jeden 1. Mi frei) 🚌 133 nach Husitská

17 Museum der Stadt Prag (Muzeum Hlavního města Prahy)

Abseits der touristischen Pfade liegt das sehenswerte Museum, das die Geschichte der Stadt Prag von der Frühzeit bis zur Gegenwart dokumentiert. Zu den ansprechend präsentierten Exponaten gehören Werke der Bildhauerei und Malerei aus der Gotik, der Renaissance und dem Barock. Von besonderem Interesse ist das maßstabgetreue Modell der Stadt Prag zur Zeit des 19. Jahrhunderts mit Modellen bedeutender Bauwerke, die es heute nicht mehr gibt.

✚ 199 E4 ✉ Na poříčí 52, Karlin ☎ 224 816 773 🕐 Di–So 9–18 Uhr 🚌 8, 25 Ⓜ Florenc ✋ mittel

Wohin zum ...
Essen und Trinken?

Preise
Die Preisangaben gelten pro Person für ein Essen inklusive Getränke, Steuer und Service:
€ unter 500 Kč   €€ 500 Kč – 1000 Kč   €€€ über 1000 Kč

RESTAURANTS

Aromi €€
Einladendes italienisches Restaurant mit netter Bedienung und ansprechendem Interieur. Probieren sollte man den Wolfsbarsch in Weißweinsauce mit Oliven und Kartoffeln, die Ravioli mit Trüffel oder *Tris di pasta*, vom Chef persönlich zusammengestellt.
✚ 199 E1 ✉ Mánesova 78 ☎ 222 713 222; www.aromi.cz ⊕ Mo–Sa 12–23, So 12–22 Uhr Ⓜ Jiřího z Poděbrad

Céleste €€€
Dieses Restaurant ist ein willkommener Neuzugang in der kulinarischen Szene von Prag und bietet eine herrliche Lage auf dem Dach des berühmten »Dancing House«. Schon die Aussicht ist verlockend, aber das Céleste bietet auch kreative internationale Gerichte mit einem Schwerpunkt auf Wild und Meeresfrüchten. Und wenn Ihnen der Sinn danach ist, gehört auch eine hervorragende Weinkarte zum Angebot.
✚ 201 D5 ✉ Rašinovo nábřeží 80 ☎ 221 984 160; www.celesterestaurant.cz ⊕ Mo–Sa 12–14.30, 18.30–22.30 Uhr Ⓜ Karlovo náměstí

Francouzská Restaurace €€€
Durch Messing und viel Holz zeichnet sich das noble Interieur des weitläufigen Restaurants im Erdgeschoss des Repräsentationshauses (Obecni dům, ► 138f) aus. Auf der Speisekarte findet man französische Gerichte, aber auch Ente nach böhmischer Art.
✚ 199 D3 ✉ Náměstí Republiky 5 ☎ 222 002 770; www.obecnidum.cz ⊕ tägl. 11.30–16, 18–23 Uhr Ⓜ Náměstí Republiky

Grosseto €
Es gibt drei Gründe, hier her zu kommen – gute, günstige Pizza, die Lage in Vinohrady und der abgeschlossene Garten hinter dem Haus, vielleicht das beste Al fresco-Angebot der Stadt. Gute italienische Vorspeisen und leckere Desserts.
✚ 199 bei E1 ✉ Francouzská 2 ☎ 224 252 778; www.grosseto.cz ⊕ tägl. 11.30–23 Uhr Ⓜ Náměstí Miru

Jiná Krajina €
Dieses kleine Restaurant wird nicht nur vegetarischen Nichtrauchern (der Hauptzielgruppe) gefallen, sondern jedem, der auf der Suche ist nach einer leckeren Mahlzeit zu angemessenen Preisen. Das sanfte Licht der Kürbislampen sorgt für eine freundliche Atmosphäre, in der Sie ein Gericht von der erfrischend abenteuerlichen Karte genießen können: Karottencremesuppe mit Ingwer und gerösteten Kürbissamen oder vegetarisches rotes Curry mit Auberginenmoussaka. Auch Fischgerichte sind erhältlich.
✚ 198 C1 ✉ Řeznická 4 ☎ 222 231 148; www.jinakrajina.cz ⊕ tägl. 11–23 Uhr Ⓜ Můstek 🚊 Tram 5

Mozaika €€
Eines von mehreren neuen Restaurants der mittleren Preisklasse, die gute Qualität bieten. Es liegt im Außenbereich von Vinohrady, aber mit der Metro sind Sie in wenigen Minuten dort. Die Küche bietet Fusion-Food und lokale Gerichte mit internationaler Note an. Im schicken Innenraum herrscht am Abend eine gedämpfte Atmosphäre. Im Voraus reservieren.
✚ 202 B1 ✉ Nitranská 13 ☎ 224 253 011; www.restaurantmozaika.cz ⊕ Mo–Fr 11.30–24, Sa 14–24, So 16–24 Uhr Ⓜ Jiřího z Poděbrad

Oliva €€
Obwohl das Oliva etwas abgelegen ist, ist es eine gute Adresse nach

einem Besuch der Festung Vyšehrad. Das Angebot ist günstig und bei den Einheimischen beliebt. Thema ist die mediterrane Küche. Sie werden sich wohlfühlen bei Kerzenlicht am Abend und äußerst professionellem Personal. Im Voraus reservieren.

✚ 201 E3 ✉ Plavecká 4 ☎ 222 520 288; www.olivarestaurant.cz ⊕ Mo–Sa 11.30–15, 18–24 Uhr Ⓜ Karlovo Náměstí

Passepartout €€

Dieses charmante französische Bistro im Herzen von Vinohrady ist das ideale kleine Restaurant für ein Candlelight-Dinner à deux, das auch das Budget nicht sprengt. Zum Angebot zählt auch eine gute Weinkarte mit angemessenen Preisen und – was für Prag ungewöhnlich ist – der Service entspricht der Qualität des Essens. Hervorragendes Preis-Leistungsverhältnis.

✚ Nahe 199 F1 ✉ Americká 20 ☎ 222 513 340; www.passepartout.cz ⊕ tägl. 12–23 Uhr Ⓜ Náměstí mírů

Universal €

Das Restaurant bietet preiswerte franzö-sische und mediterrrane Gerichte sowie große Portionen von Salat und überba-ckenen Kartoffeln und hat eine zumeist junge Stammkundschaft.

✚ 198 B1 ✉ V Jirchářích 6 ☎ 224 934 416; www.universalrestaurant.cz ⊕ tägl. 12–23 Uhr Ⓜ Národní třida

Pivovarský dům

Der Inhaber des Bierlokals, ein tschechischer Emigrant aus Amerika, betreibt eine eigene Brauerei. Vor den Augen der Gäste entstehen Biere nach böhmischer Rezeptur, aber auch ein hausgemachtes Bananenbier. Daneben werden tschechische Liköre und medovina (Met) angeboten.

✚ 201 F4 ✉ Lipová 15 ☎ 296 216 666; www.gastroinfo.cz/pivodum ⊕ tägl. 11–23.30 Uhr Ⓜ Karlovo náměstí

Plzeňská Restaurace

Das Pilsener Restaurant im Souterrain des Repräsentationshauses stellt ein vollendetes Stück Jugendstilarchitektur dar. Traditionelle Speisen werden ange-boten, darunter Gulasch und *svíčková na smetaně* (dünn geschnittenes Lendenfilet in Sahnesauce mit Semmelknödeln).

✚ 199 D3 ✉ Náměsti Republiky 5 ☎ 222 002 780; www.plzenskarestaurace.cz ⊕ tägl. 11.30–23 Uhr Ⓜ Náměstí Republiky

U Fleků

In dem traditionsreichen Bierlokal wird seit 1499 ein süffiges dunkles Bier gebraut. Das touristische Brauhaus von Prag empfängt seine Gäste in zwei weitläufigen Sälen und einem schönen Innenhof. Spezialität des Hauses sind Enten-, Schweinefleisch und Würste.

✚ 198 B1 ✉ Křemencova 11 ☎ 224 934 019; www.ufleku.cz ⊕ So–Mi 10–23, Do–Sa 10–24 Uhr

Café Imperial

Früher eine etwas heruntergekommene Einrichtung, wo Sie für ein paar Kronen eine Schüssel Donuts kaufen und eine Donutschlacht veranstalten konnten. Aber die Eigentümer renovierten das wunderschöne Art-Nouveau-Café. Heute ist es eine würdige Konkurrenz zum Obecní dům. Zu den hübschen Details der Epoche zählen die kunstvollen Mosa-iken und Fliesen an den Wänden.

✚ 199 D4 ✉ Na Poříčí 15 ☎ 246 011 440; www.cafeimperial.cz ⊕ tägl. 7–23 Uhr Ⓜ Florenc

Café Louvre

Im klassischen Lesecafé in alter Pracht kann man tschechische Speisen, Salate und hausgemachtes Eis genießen oder Bil-lard spielen. Täglich wird auch Frühstück serviert. Außerdem gibt es, eine Seltenheit in Prag, einen Nichtraucher-Bereich.

✚ 198 B2 ✉ Národní třída 22 ☎ 224 930 949; www.cafelouvre.cz ⊕ Mo–Fr 8–23.30, Sa–So 9–23.30 Ⓜ Národní třidá

Dobřá Čajovna

Der tschechische Beitrag zur hohen Kunst der Entspannung wurde in den frühen 1990er-Jahren eröffnet. Im »guten Tee-haus« werden Teesorten aus aller Welt mit zeremonieller Hingabe zubereitet. Handys und Zigaretten sind nicht erwünscht.

✚ 198 C2 ✉ Václavské náměstí 14 ☎ 224 231 480; www.tea.cz ⊕ Mo–Fr 8–23.30, Sa–So 9–23.30 Ⓜ Můstek

Wohin zum ...
Einkaufen?

Große Kaufhäuser, bekannte Markennamen und das geschäftige Gewimmel einer Großstadt – ein Einkaufsbummel durch die Neustadt ist in jedem Fall etwas Besonderes und unterscheidet sich stark vom Einkaufsbummel in den historischen Stadtteilen.

Der Wenzelsplatz (Václavsté náměstí) ist das Herz des Viertels und – mit seinen preiswerten Kaufhäusern, Geschäften und Märkten – der einzige Ort der Stadt, der nie menschenleer ist. Am unteren Ende des Wenzelsplatzes verläuft die lebhafte Fußgängerzone der Grabenstraße (Na príkopé), die über die Straße 28. Rijna zur zweiten großen Einkaufsmeile, der Nationalstraße (Národní třída), führt.

WENZELSPLATZ

Zwischen Kitsch und Kommerz sind vie-

le Schätze zu entdecken: Schauen Sie im **Original Souvenir** (Peterkůy dům, Václavské náměstí 12) nach den traditionell bemalten Ostereiern. In der verschachtelten Einkaufspassage **Lucerna** (Václavské náměstí 38, zwischen Vodičkova und Štěpánská) sind besonders die folgenden Geschäfte einen Besuch wert: **Galerie Módy** (Tel. 242 211 514, im oberen Stockwerk gegenüber dem Kino) mit Mode und Accessoires von tschechischen Designern; ein großes Angebot an tschechischen und importierten Weinen und Spirituosen gibt es im **Cellarius** (Tel. 603 251 163, So geschl.)

RUND UM DEN WENZELSPLATZ

Der Wenzelsplatz ist zu beiden Seiten von Bürohäusern, Ministerien und Geschäften gesäumt. Besonders dicht drängen sich die Läden an der Vodičkova.

Am nördlichen Ende des Platzes befindet sich auf der rechten Seite **Bontonland Megastore** (Václavské náměstí 1, Tel. 224 473 080) mit einer riesigen Auswahl an CDs aller Musikrichtungen. Im **Mucha-Shop** im Mucha-Museum (Panská 7, Tel. 221 451 333; ► 140) werden Postkarten, Kalender u. ä. mit Motiven des Künstlers verkauft. Im **Dům Porcelánu Praha** (Jugoslávská 8, Vinohrady, nahe der U-Bahn-Station I. P. Pavlova, Tel. 221 505 320; www.dumporcelanu.cz) wird auf zwei Etagen tschechisches Porzellan der bekanntesten Hersteller angeboten.

GRABENSTRASSE (NA PRÍKOPI)

Interessant und preiswert ist das **Art Décoratif** (U Obecního domu, Tel. 222 002 350) mit schönem Glas und Schmuck im Jugendstil. Näher am Wenzelsplatz liegt ein Geschäft, für das sich ein Umweg lohnt: die **Karlsbader Glasmanufaktur Moser** (Na příkopé 12, in der Shoppingarkade, Tel. 224 211 293), deren zeitlos schöne Gläser

seit 1925 in einem luxuriösen Salon zum Verkauf stehen.

Außerdem liegen auf dieser Straße eine Filiale des Bekleidungsgeschäfts **Zara** (Tel. 224 239 870), die Kräuterapotheke **Korres** (www.korres.cz) mit einem Angebot an Feuchtigkeitspflegen für das Gesicht, ein Mobiltelefongeschäft mit Internet rund um die Uhr (Tel. 214 414 900) sowie ganze drei Einkaufsarkaden.

RUND UM DIE NATIONALSTRASSE

Eines der größten Geschäfte für Musikinstrumente ist **Hudebni nástroje Kliment** (Jungmannovo náměstí 17, Tel. 224 222 500). Im Erdgeschoss des nahegelegenen Palá Adria liegt das schöne **antikvariát »Můstek«** (Tel. 224 217 189). Exklusive Damenmode und Schuhe werden in einer Reihe von Geschäften im Platýz-Hof (Národní třida 37) angeboten. Zum Abschluss und für Notfälle sei der Supermarkt Tesco (Národní třida/ Spálená, Tel. 222 003 111) genannt.

Wohin zum ...
Ausgehen?

THEATER

Archa

Die Prager Allzweckbühne für Drama, Musik, Tanz und Film der Avantgarde ist sehenswert. Eintrittskarten sind schwer zu bekommen.

✚ 199 E4
✉ Na Poříčí 26
☎ 221 716 333;
www.archatheatre.cz

Laterna Magika

Die berühmteste Bühne für Schwarzlichttheater zeigt auch Multimediales. Einige der erfolgreichen Aufführungen sind Adaptionen von klassischen Stücken.

✚ 198 B2
✉ Národní třída 4
☎ 224 931 482;
www.laterna.cz

MUSIK

Lucerna Music Bar

Hier treten verschiedene Bands auf, und Samstagnacht legt ein DJ auf.

✚ 198 C2
✉ Vodičkova 36
☎ 224 217 108; www.musicbar.cz
🚇 Můstek

Nationaltheater (Národní divadlo)

Das Nationaltheater zeichnet sich durch ein hohes künstlerisches Niveau aus. Gute Plätze kann man an der Kasse für etwa 250 Kč bekommen. Karten für das Nationaltheater und das Ständetheater (Stavovské divadlo, ▶ 63) können drei Monate im Voraus per Post, E-Mail und im Internet reserviert werden.

✚ 198 A2 ✉ Národní třída 2

☎ 224 668 901, 224 291 448 (Karten);
www.narodni-divadlo.cz

Palác Akropolis

Tschechischer Underground-Rock, Weltmusik, Jazz und alternative Klänge von bekannten und weniger bekannten Musikern machen diesen Club zu einem beliebten Treffpunkt.

✚ 202 C3
✉ Kubelikova 27
☎ 296 330 911; www.palacakropolis.cz

Radost FX

Schicke Nachtschwärmer kommen in Scharen zum Tanzen hierher. Das vegetarische Café ist bis fünf Uhr früh geöffnet.

✚ 199 bei E1
✉ Belehradská 120
☎ 603 181 500; www.radostfx.cz

Reduta

Im ältesten Musikclub der Stadt wird Jazz gespielt.

✚ 198 B2 ✉ Národní třída 20
☎ 224 933 487; www.redutajazzclub.cz
🚇 Národní trída

Smetana-Saal (Smetanova síň)

Der Smetana-Saal, die Heimstätte des Prager Sinfonieorchesters, ist selbst ein Kunstwerk.

✚ 199 D3 ✉ Náměstí Republiky 5
☎ 222 002 101, 222 002 336 (Karten);
www.fok.cz

Staatsoper (Státní opera Praha)

Zum regelmäßigen Repertoire des neoklassizistischen Hauses gehören Verdi-Opern und Ballett, aber auch experimentelle Werke des Musiktheaters.

✚ 199 D2 ✉ Wilsonova 4
☎ 224 227 266, 296 117 111; www.opera.cz

FILM

Die meisten Kinos findet man am Wenzelsplatz oder in der Grabenstraße. Im **Slovanský dům** (Na příkopě 22) werden Hollywood-Produktionen gezeigt. Das aktuelle Programm finden Sie auch in der *Prague Post*.

Ausflüge

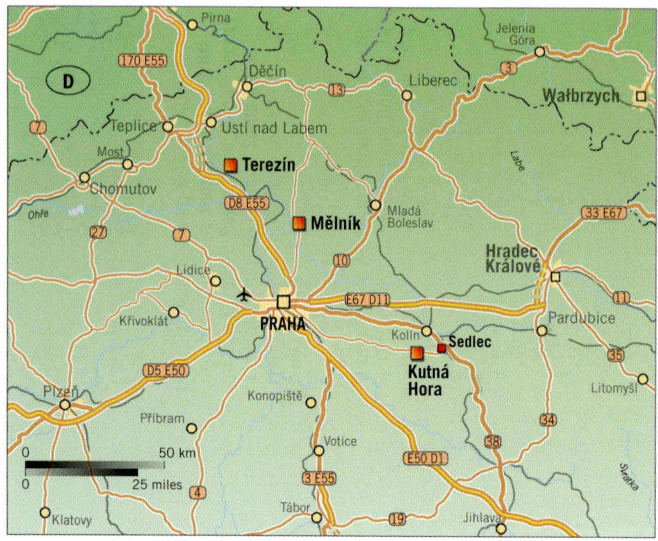

Kuttenberg (Kutná Hora)

Die Silberminen machten Kutná Hora zur zweitwichtigsten Stadt im mittelalterlichen Böhmen und zum wirtschaftlichen, politischen und kulturellen Rivalen Prags. Das Silber ist weg, aber die einzigartige Schönheit der großen Kirche St. Barbara, in der die Bergleute ihre eigene Kapelle hatten, ist erhalten geblieben.

Erfahren Sie mehr über das Leben eines Silberbergmanns auf der Burg (Hrádek), bevor Sie mit Helm und weißem Kittel die stillgelegten Schächte und Stollen erkunden. Im Italienischen Hof ist es dann Zeit, beim Schmied etwas über Münzprägung zu lernen. Und auf keinen Fall sollten Sie Kutná Hora verlassen, ohne den schaurigen Nervenkitzel der Zisterzienser Friedhofskapelle von Sedlec mit ihrem barocken Dekor aus menschlichen Knochen zu erleben.

Bergbau und Münzprägung

Seit mehr als vier Jahrhunderten ist das Geschick von Kutná Hora untrennbar mit dem Silberbergbau für die Münzprägung verknüpft. Es waren die Zisterzienser-Mönche in Sedlec, die die Stadt auf den Weg zu Ruhm und Reichtum führten, als sie im Jahr 1260 deutsche Bergleute auf ihren Gütern anstellten. Vierzig Jahre später erließ Václav II. von Böhmen Vorschriften für die aufkeimende Industrie, ein Zeichen ihrer Bedeutung für die Volkswirtschaft. Im 15. Jahrhundert waren die Silbergroschen von Kutná Hora in ganz Mitteleuropa im Umlauf und die Stadt profitierte von zahlreichen königlichen Privilegien, woraufhin ein ehrgeiziges Bauprogramm gestartet wurde. Dann, im Jahr 1546,

Seite 161: Detail des bunten Glasfensters in der St-Barbara-Kirche

die Katastrophe: Die wertvollste Mine wurde irreparabel überflutet. Der Niedergang setzte ein und ein Feuer im Jahr 1770 war dann das endgültige Aus für die Stadt. Das prächtige architektonische Erbe von Kutná Hora wurde von der Unesco im Jahr 1995 anerkannt, die die Stadt zum Weltkulturerbe erklärte.

Kirche St. Barbara (Chrám sv Barbora)

Dieses bemerkenswerte Gebäude, das der Schutzpatronin der Bergleute geweiht ist, ist einer der großen Schätze der tschechischen Nation. Seine dramatische, zeltartige Silhouette ist ohne Parallele in der gotischen Architektur und erinnert an das Münchner Olympiastadion, das 1972 für die Spiele errichtet wurde.

Die Bergbaubruderschaft lud die Architekten ein, die am Prager St.-Veits-Dom (➤ 89ff) arbeiteten. Darunter war auch Jan Parleř, der Sohn von Peter Parleř, der im Jahr 1380 hier den Bau überwachte. Ihre endgültige Gestaltung erhielt die Kirche aber erst nach der Intervention von Benedikt Ried (Erbauer des Wladislawsaals in der Prager Burg), als die Arbeiten nach den Hussitenkriegen wieder aufgenommen wurden. Es war Rieds erhabenes Rippen-Gewölbe, für das der faszinierende Baldachin aus Zapfen geschaffen wurde. Ein Großteil der Dekoration der mittelalterlichen Kirche hat überlebt und Sie können die gotischen Statuen, Altäre und Fresken bewundern. Auch die Darstellungen der Münzpräger und Silberbergmänner in ihren jeweiligen Kapellen (Minicířská kaple und Hašplířská kaple) sollten Sie nicht verpassen.

Die Bergbaumagnaten bezahlten die Kirche St. Barbara aus eigener Tasche

Friedhofskapelle (Kaple Božího těla)

Auf dem Gelände von St. Barbara liegt auch die wieder aufgebaute »Friedhofskapelle« aus dem 14. Jahrhundert, die ursprünglich als Beinhaus (Knochenkapelle) genutzt wurde – in bewusster Konkurrenz zu ihrer berühmteren Entsprechung bei Sedlec (➤ 164). Von der Terrasse hat man eine herrliche Aussicht auf das bewaldete Tal der Stadt.

Sedlec

Die Hauptattraktion des ehemaligen Klosters von Sedlec – Panna Maria (Marienkirche) – ist das unheimliche Beinhaus (Karner), wo einst die Gebeine der Toten gelagert wurden. Im Laufe von 600 Jahren sammelten sich in der unterirdischen »Knochenkapelle« 40 000 Skelette an. Im Jahr 1870 wurde der Holzschnitzer František Rint damit beauftragt, die Knochen zu Glocken, einem Kronleuchter, Kelchen und anderem bizarren Dekor zu verarbeiten.

Jesuitenkolleg (Jezuitská kolej)

Die barocke Fassade des ehemaligen Jesuitenkollegs wurde 1667 durch die Stoßtrupps der Gegenreformation fertiggestellt. Zurzeit wird sie restauriert und soll für Kunstausstellungen im Jahr 2011 wiedereröffnen. Bis dahin sollten Sie sich auf die Heiligenstatuen von František Baugut aus dem 18. Jahrhundert konzentrieren, die die angrenzende Brüstung schmücken. Sie wurden, wie Sie wahrscheinlich erraten können, von den Skulpturen auf der Prager Karlův most (Karlsbrücke, ➤ 52ff) inspiriert. Baugut schnitzte auch die Morov sloup (Pestsäule), die vor dem Kolleg steht und auf das Jahr 1715 zurückgeht. Sie war ein Dankopfer nach einer Epidemie, der 6000 Stadtbewohner zum Opfer gefallen waren.

Schloss (Hrádek)

Die alte Festung von Kutná Hora war einst eine Silberhütte. Heute beherbergt sie ein Bergbaumuseum, das auf geführten Touren besichtigt werden kann. Es steht direkt über den mittelalterlichen Schächten und Stollen, die Sie sich unbedingt ansehen sollten, sofern Sie einigermaßen fit sind (➤ Insider-Info). Sie werden nur einen kleinen Ausschnitt der Bergwerke besuchen, die einst eine Fläche von mehr als 40 km² hatten. Wenn Sie einmal in die Tiefe von 70 m herabgestiegen sind und die feuchten, kalten, dunklen und engen, labyrinthartigen Stollen erlebt haben, werden Sie einschätzen können, wie das Leben für die mittelalterlichen Bergmänner war, die ohne Schutzhelm und nur mit ein paar Hämmern und einer winzigen Öllampe ausgerüstet, hier arbeiteten. Sie waren völlig isoliert und hätten zwei oder drei Stunden gebraucht, um an die Oberfläche zu gelangen. Wenn sie nicht durch Brände, Explosionen und andere Unfälle getötet wurden, erlagen sie meist Atemwegserkrankungen – die durchschnittliche Lebenserwartung lag bei 35 Jahren.

Statue eines Bergmanns im Welschen Hof (Vlašský dvůr) von Kuttenberg

Italienischer Hof (Vlašský dvůr)

In diesem eleganten Gebäude, das im 19. Jahrhundert vorsichtig renoviert wurde, wurden die

Die »Knochen-kapelle« in der Kirche St. Barbara

Groschen und *Thaler* von Kutná Hora geprägt, ursprünglich unter der Leitung florentinischer Meister – daher der Name »italienischer Hof«. Verständlicherweise war Sicherheit hier die Parole. Nicht nur war der Ort mit Gräben und Wällen stark befestigt, die Münzprä-ger hatten sogar ihre eigenen Toiletten im gleichen Raum, sodass sie ihre Arbeit nie unbewacht verlassen mussten. Die Führung be-ginnt an der königlichen Schatzkammer, mit ihrer Warnung über der Tür »Noli me tangere« (Berühre mich nicht). Anschließend sehen sie eine herrliche Reihe königlicher Porträts (schließlich war der Hof eine königliche Residenz), eine Werkstattreplik, den herrlichen Rytíšký sal (Rittersaal) und die Königliche Kapelle. Diese wurde im Jugendstil umgestaltet, aber die ursprünglichen mittelal-terlichen Altarbilder sind erhalten geblieben. Auf der Rückseite des Vlašsk dvůr, erstrecken sich die Gärten den Hang hinunter bis zum Fluss Vrchlice. Von hier haben Sie einen spektakulären Blick über die Hügel in Richtung St. Barbara.

Plätze der Stadt

Die zwei wichtigsten Plätze der Stadt sind von Patrizierhäusern aus dem 15. bis 17. Jahrhundert gesäumt. Ein Haus, an dem Sie bestimmt irgendwann Ihr Weg vorbei führen wird, ist das Sankturinovský dům auf der Ostseite des Palackého náměstí, der barocke Wiederaufbau eines der ältesten Häuser der Stadt und heute Touristeninformation und Alchemiemuseum (Letzteres trägt den eher zweifelhaften Beina-men »Weltneuheit«). Achten Sie auf der gegenüberliegenden Seite des Platzes auf eine Nische mit einer schönen Jungfrauen-Statue umgeben von Engeln und auf die Buchhandlung U Stříbného große mit dem

Markenzeichen des Groschen an der Außenwand. Auf dem Rejskovo náměstí steht der Kamenná kašna, ein hübsch geschnitzter, polygonaler Steinbrunnen von Matyáš Rejsek aus dem Jahr 1495.

KLEINE PAUSE

Im **Piazza Navona** (Palackého náměstí 90, Tel. 327 512 588) bekommen Sie echte italienische Pizzen. Eine Alternative ist das **U Hrnčiře** auf der Barborská (Tel. 327 512 113), ein Hotelrestaurant mit Dorfkneipen-Atmosphäre und im Sommer mit einem Biergarten.

Kutná Hora Touristeninformation

✉ Palackého náměstí 377 ☎ 327 512 378; www.kutnahora.cz
🕓 April–Sept. tägl. 9–18; Okt.–März Mo–Fr 9–17, Sa–So 10–16 Uhr

Sedlec Touristeninformation

✉ Zámecká 279 ☎ 739 319 835 🕓 Jan.–Juni, Sept.–Dez. Mo–Fr 9–11.30, 12.30–16; Juli–Aug. Mo–Fr 9–12, 12.30–16, Sa–So 10–12, 12.30–17 Uhr

Vlašsky dvůr (Welscher Hof)

☎ 327 512 873
🕓 April–Sept. tägl. 9–18; März, Okt. 10–17; Nov.–Feb. 10–16 Uhr ✋ mittel

Knappenmuseum in der Festung Hrádek

☎ 327 512 159 🕓 Juli–Aug. Di–So 10–18; Mai–Juni, Sept. Di–So 9–18; April, Okt. Di–So 9–17 Uhr. Geschlossen Nov.–März ✋ mittel/teuer

Ossuaium (Kostnice) Sedlec

☎ 728 125 488 🕓 April–Sept. tägl. 8–18; Okt. 9–12, 13–17; Nov.–März 9–12, 13–16 Uhr ✋ preiswert

KUTTENBERG: INSIDER-INFO

Top-Tipps: Es gibt so viel zu sehen, dass auch ein ganzer Tag kaum ausreicht. Rechnen Sie mit drei Stunden für die Hin- und Rückfahrt, 90 Minuten für die Mine und einer Stunde für den Italienischen Hof.

- Zwar fahren auch Züge nach Kutná Hora, der Bahnhof ist aber in Sedlec nahe der »Knochenkapelle«. Von dort sind es zu Fuß 45 Minuten bis zum Stadtzentrum.
- Kinder unter 7 Jahren oder Personen, die unter Klaustrophobie, Adipositas, Herzkrankheiten oder Sehbehinderungen leiden, können an der Minentour nicht teilnehmen.
- Beim Italienischen Hof können Sie Zeit sparen, indem Sie an einer tschechischsprachigen Tour teilnehmen. Sie erhalten eine gedruckte Zusammenfassung in englischer Sprache und die meisten der tschechischen Führer sprechen zumindest ein paar Worte Englisch.

Anreise **Mit dem Auto:** Kutná Hora ist 80 km von Prag entfernt. Nehmen Sie hinter dem Národní Muzeum (▶ 153) die Vinohradská-Straße nach Osten, die im weiteren Verlauf Černokostelecká und dann Autobahn 2 heißt. Diese führt Sie über Kostelec nad Černými Lesy direkt in die Stadt. Kutná Hora ist ausgeschildert.
Mit dem Bus: Busse fahren vom Busbahnhof Florenc (Dauer ca. 1 Stunde und 40 Minuten. Bis zur Innenstadt ist es dann ein 15-minütiger Spaziergang. Geführte Touren nach Kutná Hora werden von Martin Tour (Tel. 224 212 473, www.martintour.cz) und Gray Line Tours (Tel. 224 826 262, www.grayline.com) angeboten.
Sedlec: Diesen Vorort erreichen Sie mit dem Auto oder Taxi. Die ca. 3 km lange Strecke führt Sie zur ehemaligen Klosterkirche Panna Maria (Marienkirche). Biegen Sie links ab in die Zámecká bis zum Beinhaus. Parkplätze sind in der Nähe zu finden.

Mělník

Die historische Stadt bietet die seltene Gelegenheit, einheimische tschechische Weine in der romantischen Umgebung eines schön restaurierten Renaissance-Schlosses zu verkosten. Hinzu kommt die herrliche Aussicht über die Weinberge bis zum Zusammenfluss von Moldau und Elbe – die perfekten Zutaten für einen schönen Halbtagesausflug.

Schloss Mělník (Zámek Mělník)

Das ursprünglich gotische Schloss wurde im 16. und 17. Jahrhundert einer umfangreichen Verjüngungskur unterzogen und zu einem anmutigen Renaissance-Schloss umgebaut. Dieses wurde von der Familie Lobkowicz im Jahr 1753 erworben und 1992, nach dem Sturz des Kommunismus, zurückgegeben. Nehmen Sie den Text an der Kasse mit, und begeben Sie sich auf eine eigenständige Tour durch die geschmackvoll eingerichteten Zimmer mit dem Großen Saal und der exquisiten Barockkapelle. Diese wurde ursprünglich von der Frau Karls IV., die eine Zeit lang hier lebte, in Auftrag gegeben. Auf Ihrem Weg nach draußen sollten Sie noch einen genaueren Blick auf den Arkadenhof und die schönen *sgraffiti* an den Fassaden werfen.

Die Weinkeller

Die Burg Mělník thront stolz über den terrassenförmigen Weinbergen entlang der Elbe

Eine separate Broschüre wird Ihnen helfen, sich in den Kellern zurechtzufinden, die bis ins 14. Jahrhundert zurückreichen. Diese labyrinthartigen Gewölbe und Gänge auf einer Fläche von 1500 m² sind mit einer Reihe von Tunneln verbunden, die unter dem Hauptplatz von Mělník entlang führen. Das Etikett der Familie Lobkowicz zeigt Fürstin Ludmila, die Großmutter des Guten Königs Wenzelaus, die hier lebte bevor 500 Jahre später Karl IV. die ersten Weinstöcke aus Burgund hierher brachte. Ludmila Weiß ist eine

Mischung aus zwei unterschiedlichen deutschen Trauben – Müller-Thurgau und Riesling. Das Ergebnis ist ein fruchtiger, hellgelber Wein, der leicht am Gaumen ist. Ludmila Rot ist eine Mischung aus drei Trauben – Blauer Portugieser, St. Laurent und Zweigeltrebe – diese sorgen zusammen für eine tiefe rubinrote Farbe und ein Bouquet von Erdbeeren. Außerdem wächst in den Weinbergen ein Rosé und ein Schaumwein im Champagner-Stil: Château Mělník (www.lobkowiczmelnik cz.). Weinproben sind hier möglich, aber Sie müssen sich einer tschechischen Gruppenführung anschließen (30–45 Min.). Wenn dies nicht nach Ihrem Geschmack ist, können Sie die Weine auch im Burgrestaurant probieren.

Die Stadt Mělník verdankt Kaiser Karl IV. die Begründung ihrer Weinindustrie im 14. Jahrhundert

Kirche St. Peter und Paul (Chrám sv Petra a Pavla)
Die Pfarrkirche ist ein weiteres wichtiges Wahrzeichen von Mělník. Achten Sie auf die Seitentür, die zum Beinhaus führt. Hier können Sie eine makabre Sammlung von bis zu 15 000 menschlichen Knochen bewundern – die knöchernen Überreste mittelalterlicher Pestopfer, von einem lokalen Professor im frühen 20. Jahrhundert fantasievoll angeordnet. Anschließend können Sie die 177 Stufen bis zur Spitze des Glockenturms mit Zwiebelkuppel (separater Eingang und Eintritt) erklimmen, von wo aus Sie einen herrlichen Panoramablick haben und an klaren Tagen sogar bis Prag schauen können.

Prager Turm (Pražská brána)
Der letzte Rest der mittelalterlichen Stadtmauern und Bastionen wurde im Jahr 1500 wieder aufgebaut. Heute ist darin eine Kunstgalerie untergebracht.

Feste
Zweimal im Jahr zeigt Mělník sich von seiner schönsten Seite. Das letzte Wochenende im September markiert die Traubenernte mit

MĚLNÍK: INSIDER-INFO

Top-Tipps: Das Schlossrestaurant ist gelegentlich mit Reisegruppen überlaufen. Eine ruhigere Alternative ist möglicherweise das hervorragende Hotel U Rytířů gleich um die Ecke (Svato Václavská 9, Tel. 315 621 440; www.urytiru.cz). Auf der Speisekarte des Restaurants stehen Wildschwein, Hirsch und anderes Wild sowie Süßwasserfisch. Die Preise sind immer günstig.
■ Wenn das Beinhaus während der Öffnungszeiten verschlossen ist, können Sie den Ticket-Verkäufer im Kirchturm nach dem Schlüssel fragen.

Anreise Mělník ist 33 km von Prag entfernt.
Mit dem Auto: Fahren Sie hinter dem Národní-Museum auf der Wilsonova-Autobahn durch den Bezirk Wilsonova Holešovice Richtung Norden und dann auf die Schnellstraße E55. Nehmen Sie von dort die Ausfahrt Mělník auf die Autobahn 9.
Mit dem Bus: Es gibt eine regelmäßige Verbindung vom Busbahnhof Holešovice (neben dem Bahnhof). Tickets erhalten Sie an Bord (Fahrzeit 40 Minuten). Wenn Sie ankommen, folgen Sie der grünen Beschilderung zum Schloss (Zámek).

einer abwechslungsreichen Kirmes – vom Feuer- und Schwertschlucker bis zu Volksmusik und -tanz. Kontaktieren Sie die Touristeninformation für weitere Details. Im Juni richtet die Burg das einwöchige Jiří Lobkowicz International Music Festival (Informationen unter Tel. 315 622 121, www.imusicfest.com oder beim Tourismusverband) mit Theateraufführungen und klassischen Konzerten aus. Lobkowicz's Partner ist Zdenka Belas, eine angesehene Opernsängerin.

KLEINE PAUSE

Das **Zámecká restaurace** (Schlossrestaurant) im Erdgeschoss ist der beste Ort, um die lokalen Weine zu probieren, wenn Sie nicht an einer Führung teilnehmen möchten. Reservierungen können Sie vornehmen unter Tel. 315 622 121. Montag ist Ruhetag.

Mělník Touristeninformation
✉ Náměstí Míru 11 ☎ 315 627 503; www.melnik.info 🕐 tägl. 9–17 Uhr

Schloss Mělník (Zámek Mělník)
☎ 315 622 108; www.lobkowicz-melnik.cz 🕐 Weinkeller 10–18 Uhr (Letzte Führung 17 Uhr) ✋ Schlossrundgang: mittel; Rundgang mit Weinprobe: mittel bis teuer

Kirche St. Peter and Paul (Ossuary, Chrám sv Petra a Pavla)
☎ 315 622 337 🕐 Ossuary: Di–So 10–12.30, 13.15–16 Uhr. Turm: Di–Sa 9–13, 13.30–17, So 11–13, 13.30–17 Uhr ✋ preiswert

WENN SIE MEHR ZEIT HABEN

Wenn Sie einen ganzen Tag Zeit haben, können Sie eine Bootsfahrt auf der Elbe bis zum hübschen Dorf Roudnice nad Labem machen. Von Juni bis September vormittags und nachmittags. Weitere Details erhalten Sie bei der Touristeninformation oder unter Tel. 604 262 038.
Wenn Sie nur etwa eine Stunde Zeit haben, sollten Sie das Landesmuseum mit abwechslungsreichen Ausstellungsstücken zu Weinbau, Dorfleben und – was eher ungewöhnlich ist – Kinderwagen besuchen. Okresní muzeum Mělník, Náměstí Míru 54, Tel. 315 630 936, geöffnet Di–So 9–12 und 13–17 Uhr, preiswert.

Theresienstadt
(Terezín)

Von allen Konzentrationslagern der Nazis war Theresienstadt einzigartig. Wie der Propagandafilm im Ghetto-Museum deutlich macht, war es ein »Schaufenster«, das die Außenwelt (einschließlich der Inspektoren des Internationalen Roten Kreuzes) davon überzeugen sollte, dass die Gerüchte über die Vernichtung der Juden falsch waren.

Die Wirklichkeit sah anders aus. Theresienstadt war nicht die »Freie Jüdische Stadt« der NS-Propaganda, sondern ein Durchgangslager, in dem die Häftlinge unter unbeschreiblich erbärmlichen Bedingungen lebten, bis sie nach Auschwitz in den Tod geschickt wurden. Die kreativen Werke seiner Insassen und dabei nicht zuletzt die Kinderzeichnungen, die in den Museen ausgestellt sind, zeugen aber auch von der Unzerstörbarkeit des menschlichen Geistes.

Hintergrund

Der Habsburger Kaiser Joseph II. gründete Theresienstadt im Jahr 1782 als Garnisonsstadt und benannte sie nach seiner Mutter, Maria Theresia. Im Oktober 1941 verwandelte Reinhard Heydrich, Reichsprotektor der von den Deutschen besetzten tschechischen Gebiete, sie in ein jüdisches Ghetto. Hierhin wurden unter anderem deutsch-jüdische Kriegsveteranen aus dem 1. Weltkrieg und die Familien prominenter Juden – Künstler, Musiker, Schriftsteller – deportiert, deren Internierung anderswo vielleicht internationale Proteste ausgelöst hätte. Das Leben war so »normal« wie möglich, mit Theater, Oper, Jazz, Puppentheater und Malunterricht für die Kinder – es gab sogar eine Fußballmannschaft.

Von den 140 000 Juden, die in diesem Lager inhaftiert waren, kamen 34 000 ums Leben

Ghetto-Museum (Muzeum Ghetta)

Zur Zeit des Ghettos war das Hauptgebäude des Museums ein Heim für 10- bis 15-jährige Jungen, die zwei Jahre lang heimlich im Dachgeschoss die Zeitung *Vedem* (Wir führen) druckten. Einige der dort produzierten Kunstwerke können Sie in einem Raum im Erdgeschoss bewundern. Die Hauptausstellung zeigt die Kriegsgeschichte von Theresienstadt in anschaulichen Details, aber ohne Pathos. Trotzdem ist man bewegt von den weggeworfenen Kämmen und Rasierpinseln, den Uniformen mit dem gelben Davidstern auf den Taschen oder den Stoffpuppen, die die weiblichen Gefangenen für ihre Kinder nähten.

Magdeburg-Kaserne (Magdeburská kasarná)

Von 1941 bis 1944 war dies der Sitz der jüdischen Verwaltung, der »Selbstverwaltung«, die das Lager unter Aufsicht der SS betrieb. Die Ausstellung ist den kreativen Werken der kulturellen Elite von Theresienstadt gewidmet und umfasst Bühnenbilder, Partituren, Aquarelle, Gedichte und Zeitschriften, die alle von den Nazis als Beweis für die »Normalität« im Lager präsentiert wurden. Außerdem zeigt das Museum einen rekonstruierten Frauenschlafsaal mit dreistöckigen Pritschen und einige persönliche Gegenstände der Gefangenen.

Platz der tschechoslowakischen Armee (Náměstí Československé armády)

Wenn Sie das Ghetto-Museum verlassen, gelangen Sie durch den Park zu dem Eckgebäude, in dem sich einst das SS-Hauptquartier befand. Richtung Süden, hinter der Kirche, lag das Haus, wo kleine Kinder die Bilder malten, die heute in der Pinkasova synagoga gezeigt werden (▶ 116f). An der südöstlichen Ecke des Platzes wurden in einem Geschäft gebrauchte Kleider wiederverkauft, die zuvor aus den Koffern der Häftlinge beschlagnahmt worden waren.

Kleine Festung und Friedhof (Malá pevnost a hřbitov)

Die zweite Festung von Theresienstadt liegt auf der anderen Seite des Flusses. Die Straße führt links am jüdischen Friedhof (Židovsk hřbitov) vorbei, dessen 2300 Gräber von einem riesigen Kreuz und einem kleineren Davidstern dominiert werden. Jenseits des Friedhofs liegt die alte Garnison Malá pevnost (kleine Festung), die die SS als Konzentrationslager für 32 000 politische Gefangene, vor allem Kommunisten, nutzte. Heute beherbergt die ehemalige SS-Kaserne eine Ausstellung zur Geschichte des Gefängnisses. Außerdem befinden sich auf dem Gelände das Krankenhaus, die Isolationszellen, das Kommandantenhaus und der Exekutionsplatz.

WENN SIE MEHR ZEIT HABEN

Bohušovice-Tor und Kolumbarium Drei Fensterflügel in den Wänden der Hauptfestung (Bohušovice-Tor) wurden für die Aufbahrung von Leichnamen und die Ausrichtung von Trauerfeiern für diejenigen genutzt, die im Lager gestorben waren. Zunächst wurden die Toten in Einzelgräbern auf dem Friedhof begraben, später in Massengräbern. Schon 1942 aber war die Sterblichkeitsrate so hoch, dass ein Krematorium eröffnet und die Asche in Urnen im Kolumbarium aufbewahrt wurde. In den letzten Monaten des Krieges befahlen die fliehenden SS-Wachen dann, aus Angst ihre Verbrechen würden von den vorrückenden sowjetischen Truppen entdeckt, die Asche im Fluss Eger zu zerstreuen.

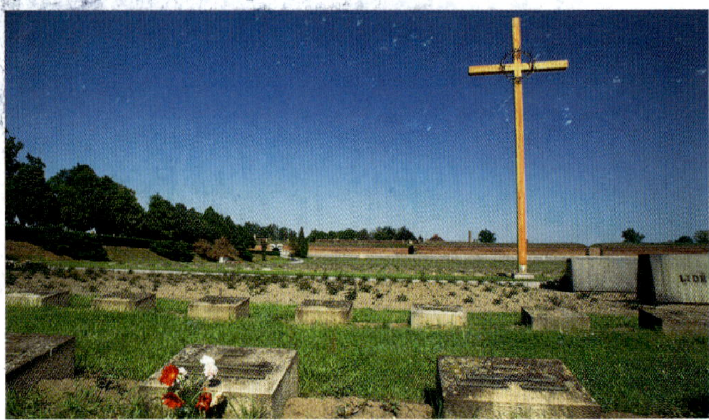

KLEINE PAUSE

Die Optionen sind begrenzt. Es gibt ein Restaurant im restaurierten **Hotel Memorial** am náměstí Československé armády 180 (auf der anderen Seite des Kasernenhofs, gegenüber dem Ghetto-Museum), Tel. 416 783 082; www.hotel-memorial.cz

Pamatnik Terezín ist ein Denkmal für Tausende jüdischer Bürger, die hier zwischen 1941 und 1945 getötet oder abtransportiert wurden

Information Office Památnik Terezín (Gedenkstätte Theresienstadt)
✉ Principova alej 304, Terezín ☎ 416 782 225; www.pamatnik-terezin.cz
🕐 Kleine Festung, Ghetto-Museum, Magdeburger Kaserne, Krematorium ganzjährig geöffnet. Öffnungszeiten variieren von 8–18 Uhr ✋ teuer

THERESIENSTADT: INSIDER-INFO

Top-Tipps: Bei Ihrer Ankunft am Ghetto-Museum erhalten Sie zu Ihrem Ticket auch eine Karte. Diese sorgt eher für Verwirrung als Orientierung!
- Fragen Sie bei Ihrer Ankunft, wann die nächste Vorführung des Dokumentarfilms (siehe unten) stattfindet. Das Theater befindet sich im Untergeschoss, wo auch alkoholfreie Getränke und eine sehr begrenzte Auswahl an Snacks verkauft werden.
- Im Untergeschoss des Ghetto-Museums und auf dem Parkplatz in der Nähe der Kleinen Festung gibt es Toiletten (gegen eine geringe Gebühr).

Nicht verpassen

Der 20-minütige Dokumentarfilm im Ghetto-Museum enthält Aufnahmen aus *Der Führer schenkt den Juden eine Stadt*, ein Propagandafilm von 1944, der unter Zwang von Kurt Gerron, einem jüdischen Häftling und Schauspieler, produziert wurde.

Anreise

Zwar ist die Gedenkstätte nur 33 km von Prag entfernt, aber planen Sie einen Tag ein, da Sie mindestens vier Stunden benötigen, um alles zu sehen.

Mit dem Auto: Fahren Sie in Prag hinter dem Národní-Museum in Richtung Norden auf die Autobahn Wilsonova. Hinter Holešovice geht es über die Schnellstraße E55 und dann über die Ausfahrt Roudnice auf die Autobahn 8. Folgen Sie hinter Roudnice der Beschilderung nach Theresienstadt.

Mit dem Bus: Busse fahren vom Busbahnhof Holešovice (Fahrzeit 45 Minuten, Tickets an Bord). Die Busse zurück nach Prag fahren von der blauen Bushaltestelle (Zastávka 1) auf dem Hauptplatz ab. Geführte Touren bieten Martin Tour (Tel. 224 212 473; www.martintour.cz) oder Gray Line (Tel. 224 826 262 www.citytours.cz).

Spaziergänge

1 RUND UM DEN KÖNIGSWEG

Spaziergang

LÄNGE: 1,7 km **DAUER:** 2 Stunden
START: U-Bahn-Station Náměstí Republiky ✚ 199 D3
ZIEL: Novotného lávka beim Smetana-Kai (Smetanovo nábřeží) ✚ 197 F3

Am **Pulverturm**, wo einst die Krönungs-prozessionen ihren Anfang nahmen, folgen Sie zunächst den Spuren der böhmischen Monarchen auf dem »**Königsweg**« (Královská cesta). Verlassen Sie den »Königsweg« dann, um, ohne die Hauptsehenswürdigkeiten aus den Augen zu verlieren, bis ins mittelalterliche Herz der Altstadt vorzudringen. Der Spaziergang ist beson-ders bei Nacht ein eindrucksvolles Erlebnis.

1–2

An der U-Bahn-Station Náměstí Republiky überqueren Sie den Platz und gehen auf das **Repräsentationshaus** (Obecní dům, ➤ 138f) und den **Pulverturm** (Prašná brána, ➤ 152) zu. Er ist der letzte Überrest eines der 13 mittelal-terlichen Stadttore. Spätgotische Verzierungen und eine Galerie aus dem 19. Jahrhundert schmücken den düsteren Turm, in dem einst Schießpulver gelagert wurde.

2–3

Beginnen Sie Ihren Spaziergang in westlicher Richtung entlang der **Zeltnergasse** (Celetná ulice, ➤ 67ff). Die moderne Einkaufs- und Fußgängerzone ist zugleich eine der ältesten Gassen Prags. Bereits im 10. Jahrhundert war sie von Kaufleuten und Handwerkern bewohnt. Trotz der barocken Fassaden erkennt man die romanischen und gotischen Ursprünge der Gebäude. In den Passagen und Durchhäusern lauerten während der Krönungsprozessionen einst Taschendiebe auf leichte Beute.

Falls das Haus mit der Nr. 27 geöffnet ist, gehen Sie durch die Passage, um einen Blick auf die alte Templova-Gasse zu werfen. An der Ecke Celetná ulice/Ovocný trh (dem ehemali-gen Obstmarkt) steht das kubistische **Haus Zur schwarzen Muttergottes** (Dům U Černé Matky Boží, Nr. 34).

Der Altstädter Ring ist der perfekte Ort für eine Pause

3–4

Am entfernten Ende des Ovocný trh liegt der Hintereingang zum **Stavovské divadlo** (Ständetheater, ➤ 63), berühmt als Premierenort von Mozarts *Don Giovanni*. Noch heute laufen hier Opernsänger in Tuniken aus dem 18. Jahrhundert über einem Paar Jeans herum. Wenn Sie um das Ständetheater herum- und an der **Galluskirche** (Kostel St. Havla) vorbeigehen, gelangen Sie zur Havelská-Gasse (➤ 45) mit ihrem farbenprächtigen **Markt**. Der größte Teil des Marktes wurde inzwischen den Souvenirständen überlassen, Sie finden aber immer noch Obst oder kleine Snacks für Ihren Spaziergang. Kehren Sie zur Galluskirche (der hl. Gallus, ein irischer Mönch, lebte im 6. Jahrhundert), zum Ständetheater und dem benachbarten

Karolinum (➤ 69) zurück. Als aufrührerischer Rektor wirkte Jan Hus an der Karlsuniversität, zu den Studenten gehörte Franz Kafka. Gehen Sie durch die enge Kamzíkova-Gasse und einen der beiden Durchgänge auf die Zeltnergasse zurück.

4–5

Überqueren Sie die Zeltnergasse, und biegen Sie hinter der **Chrám Matky**

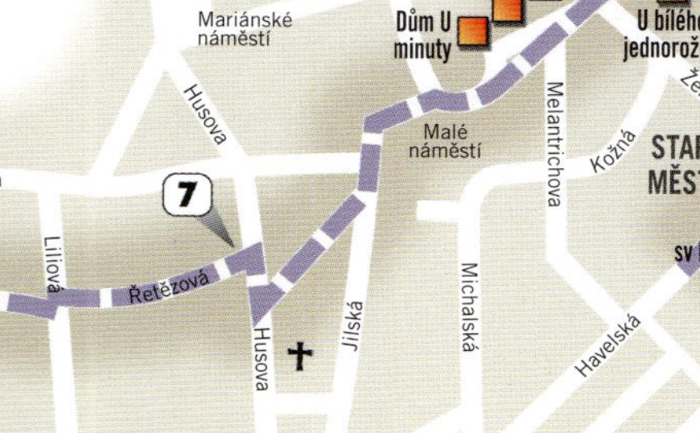

Boží před Týnem (➤ 60ff) rechts in die Štupartská ein, vorbei am reizenden Hotel Ungelt. An der Malá Štupartská führt ein Durchgang nach links in den **Teynhof** (Ungelt, ➤ 61). Rechts sieht man das barocke Portal der gotischen Kirche **St. Jakob** (Kostel sv. Jakub, ➤ 67).

5–6

Von der Malá Štupartská gehen Sie links in die Týnská, in der zwei ursprünglich gotische Häuser besondere Aufmerksamkeit verdienen. Das Haus **Zum goldenen Ring** (Dům U Zlatého prstenu, Nr. 6, ➤ 67) wurde im Renaissancestil sorgfältig neu gestaltet. Gegenüber steht ein ebenso schönes Barockhaus (Nr. 7). An der Teynkirche geht die Týnská in die enge Týnská ulička über, die am Haus Zur steinernen Glocke und an der alten Teynschule vorbei zum **Altstädter Ring** (Staroměstské náměstí, ➤ 56ff) führt.

6–7

Wenden Sie sich nach links und durchqueren Sie den gotischen Bogengang der Teynschule. An der südlichen Seite des Altstädter Rings befindet sich das Verlagshaus Storch, das durch einen Treppengiebel und ein schön gestaltetes Sgraffito von Mikuláš Aléš auffällt. Es zeigt den hl. Wenzel zu Pferde. Nebenan steht das Haus

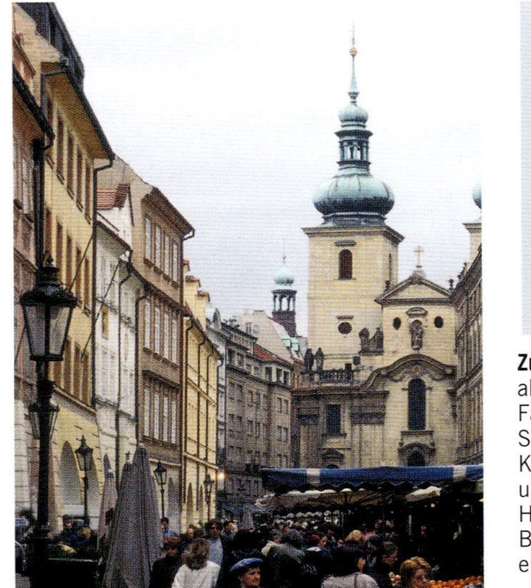

Zutaten für ein Picknick bekommen Sie auf dem Havelská-Markt

KLEINE PAUSE

Der Teynhof ist ein Ort der Ruhe inmitten der belebten Altstadt. Man findet einige schöne Geschäfte und eines der besten und teuersten Fischrestaurants der Stadt, das **Rybí trh** (➤ 72). Im **Smetana-Museum** (Muzeum Bedřicha Smetany, ➤ 64) gibt es ein Café mit wunderschönem Blick auf die Moldau und die Karlsbrücke. Im **Café Slavia** (➤ 74), dem sehenswerten Jugenstilcafé, ist der Blick ebenso schön, dazu werden tschechische Spezialitäten serviert.

Zum weißen Einhorn (U Bílého jednorožce), das als literarischer Salon berühmt wurde. Berta Fanta versammelte berühmte Literaten der Stadt wie Franz Werfel, Max Brod und Franz Kafka um sich und hatte auch Albert Einstein und Rudolf Steiner zu Gast. Der Name des Hauses rührt von einer Verzierung neben dem Balkon im zweiten Stock her, die eigentlich einen Widderkopf mit nur einem Horn darstellt.

Verweilen Sie einen Augenblick vor der prächtigen Fassade des **Hauses Zur Minute** (Dům U Minuty). Überqueren Sie die Malé náměstí, folgen Sie der Jalovcová, überqueren Sie die Husova, und gehen Sie weiter in die Kettengasse (Řetězová).

7–8

Auf kopfsteingepflasterten Gassen gelangen Sie in das mittelalterliche Labyrinth der Altstadt. Der Kunstat-Palast (▶ 68) an der Řetězová 3 ist eines der ältesten Bauwerke Prags. Hier wohnte der spätere Hussitenkönig, bevor er als letzter böhmischer Herrscher 1458 den Thron bestieg. Das romanische Kellergewölbe ist besonders sehenswert. Ursprünglich bildete der Keller das Erdgeschoss des Palais. Aufschüttungen sollten vor den häufigen Überflutungen durch die Moldau schützen. Dadurch blieben zahlreiche Kellergewölbe aus der Romanik erhalten. Gehen Sie in westlicher Richtung weiter auf der Kettengasse und ihrer Verlängerung, der Anenská. Biegen Sie vor dem Ufer links in die Anenské náměstí ein, wo sich das **Theater am Geländer** (Divadlo na zábradlí) befindet, an welchem Havel in den 1960er-Jahren als Dramaturg wirkte. Es ist in einem ehemaligen Warenhaus untergebracht und erlebt derzeit ein Come-back.

8–9

Kehren Sie auf die Anenská zurück, die in den Smetana-Kai (Smetanovo nábřeží) einmündet. Die Brücke Novotného lávka führt zum Wasserwerk, das heute das **Smetana-Museum** (Muzeum Bedřicha Smetany, ▶ 64) beherbergt.

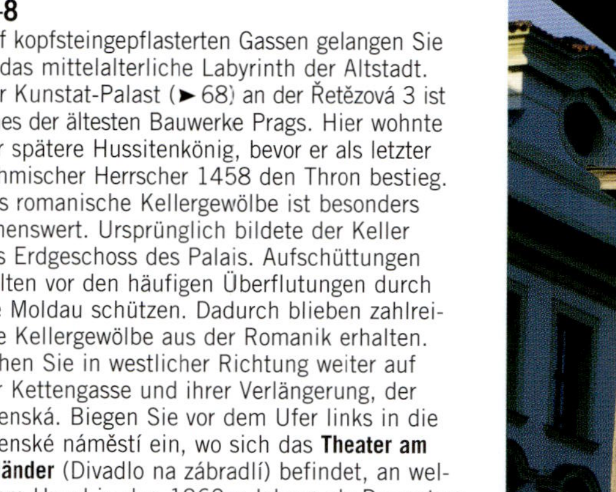

Sgraffiti schmücken die Fassade des *Hauses Zur Minute*

2 DER BURGBERG

Spaziergang

LÄNGE: 3 km **DAUER:** 3 Stunden
START: Straßenbahn-Haltestelle am Schloss Belvedere (Královský Letohrádek) ✚ 197 D5
ZIEL: Kleinseitner Brückentürme an der Karlsbrücke ✚ 197 E3

Hier wandeln Sie auf den Spuren der böhmischen Könige – von der königlichen Residenz, der Prager Burg, durch den Burggarten und die Adelspaläste auf dem Hradschiner Platz zu den verbliebenen mittelalterlichen Häusern des Stadtteils Hradschin. Von der Burgstadt wandern Sie in die unterhalb gelegene Kleinseite hinunter, wo barocke Paläste und Gärten zu entdecken sind, und kommen zum Mittelpunkt des Viertels, dem Kleinseitner Ring, von dem die Mostecká zur Karlsbrücke führt.

1–2

Der Eingang zu den von uralten Bäumen bestandenen **Königlichen Gärten** (Královská zahrada, ➤ 92ff) liegt auf der südlichen Seite der viel befahrenen Mariánské hradby. Betrachten Sie die schöne Fassade des Renaissanceschlosses **Belvedere** aus dem 16. Jahrhundert. Ferdinand I.

ließ die Sommerresidenz für seine Frau Anna erbauen, die aber die Vollendung des Schlosses nicht mehr erlebte. Lauschen Sie der Musik der *Singenden Fontäne* (falls in Betrieb) auf der im Stil eines italienischen *giardinetto* gestalteten Gartenterrasse. Von den Gärten genießt man einen überwältigenden **Blick** auf die Burg und den alles überragenden Veitsdom (➤ 89ff).

2–3

Vom Lustschloss Belvedere spazieren Sie in westlicher Richtung, an der lang gestreckten Orangerie

vorüber, zur **Míčovna**, wo die Habsburger einst einer königlichen Variante des Tennissports

Oben: In den Königlichen Gärten kann man einen ganzen Tag lang verweilen

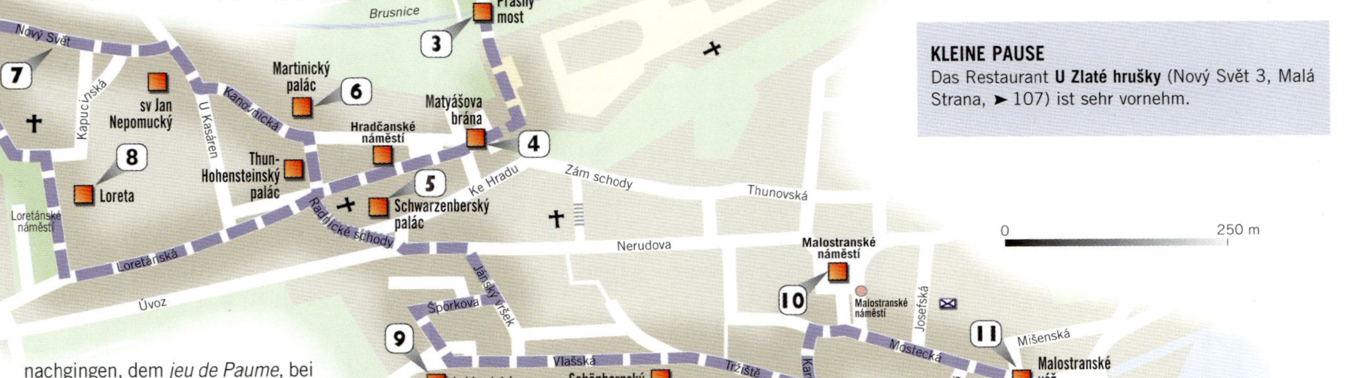

nachgingen, dem *jeu de Paume*, bei dem man den Ball mit der Handfläche schlug. Zwischen Mandelbäumen hindurch gehen Sie am Restaurant **Lví dvůr** (Löwenhof, ► 94) vorüber und auf die **U Prašného mostu**, die über die Jelení příkop führt.

3–4

Auf der U Prašného mostu gelangen Sie zum nördlichen Tor des zweiten Burghofs (Eintritt frei). Durchqueren Sie den Innenhof, und wenden Sie sich nach rechts zum Ausgang, der in den ersten Burghof führt. Zur Mittagszeit ist hier **Wachwechsel** (► 82).

4–5

Der erste Burghof führt zum **Hradschiner Platz** (Hradčanské náměstí). Eine atemberaubende Sicht über die Kleinseite und die Moldau bis hin zur Altstadt eröffnet sich in südlicher Richtung. Der benachbarte **Palais Schwarzenberg** (Nr. 2) mit Stufengiebel und kunstvollen sgraffiti-Verzierungen beherbergte lange Jahre das Museum für

Militärgeschichte, nach einer umfangreichen Renovierung wurde dann das Museum für Barockkunst hier untergebracht.

Das benachbarte Palais ist für Gäste des Präsidenten reserviert. Die barocke Mariensäule in der Mitte des Platzes, ein Werk von Ferdinand Brokoff aus dem Jahr 1726, erinnert an das Ende der Pestepidemie von 1679.

5–6

An der Westseite des Platzes steht das **Toskanische Palais**, das sich ab 1718 im Besitz der Herzöge der Toskana befand. Verlassen Sie den Hradschiner Platz in nordwestlicher Richtung, indem Sie am **Martinic-Palais** aus dem 16. Jahrhundert vorbeigehen. Das Palais bestand ursprünglich aus drei gotischen Häusern, die im Renaissancestil umgestaltet wurden.

6–7

Die Kanovnická führt Sie an der schönen Barockkirche **St. Johannes von Nepomuk** (Kostel sv. Jan Nepomucký) vorüber. Die reich geschmückte Kirche war eines der ersten Werke des Baumeisters Kilian Ignaz Dientzenhofer. Folgen Sie der Kanovnická weiter, und biegen Sie links in die **Nový Svět** (Neue Welt) ein. Die farbenfroh gestrichenen Häuschen und die verwinkelten Gassen gehören zu den verbliebenen Überresten des mittelalterlichen Stadtteils Hradschin. Elegante Weinstuben und Restaurants haben sich heute im Viertel angesiedelt.

7–8

Wenden Sie sich nach links in die Černínská, die in den Loreto-Platz (Loretánské náměstí) einmündet. An der rechten Seite des Platzes erhebt sich das monumentale **Palais Černín**, das heute Sitz des Außenministeriums ist. Das Palais Černín war Schauplatz des dritten Prager Fenstersturzes. Im Jahr 1948 stürzte der damalige Außenminister Jan Masaryk aus dem Fenster seines Büros zu Tode (▶ 23). Die gegenüber gelegene **Wallfahrtsstätte Loreto** mit

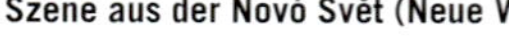

Eine Szene aus der Nový Svět (Neue Welt Straße)

der Casa Santa ist eines der schönsten Baudenkmäler des Barock (▶ 103).

8–9

Am Südrand des Loreto-Platzes führt die Loretánská in östlicher Richtung zum Hradschiner Platz. Sie kommen an der südlichen Fassade des Toskanischen Palais vorüber, wenden sich nach rechts und gehen die Treppe Radnické schody hinunter. Am Fuß der Treppe führt linker Hand die kopfsteingepflasterte Ke Hradu zum Hradschiner Platz zurück. Rechter Hand gelangen Sie in die Nerudova. Gehen Sie an der alten Apotheke Dittrich von 1821 (Nerudova 32) vorbei, die Treppe Jánský vršek auf der rechten Seite hinab und in die Šporkova; Sie kommen auf das **Palais Lobkowitz** (▶ 100), den Sitz der Deutschen Botschaft, zu. Vom Balkon des Palais sicherte der damalige Außenminister Genscher im Herbst 1989 den in die Botschaft geflüchteten DDR-Bürgern ihre Ausreise in die Bundesrepublik

zu. Die zum Garten (Lobkovická zahrada, ▶ 102) hin gelegene Seite des Palais Lobkowitz ist der schönste Anblick des Bauwerks, den Sie vom Petřín-Park aus genießen können.

9–10

Kehren Sie auf die Vlašská zurück, die in die Tržiště übergeht. An der Tržiště 15 steht das **Palais Schönborn**, heute Sitz der US-amerikanischen Botschaft. 1917 bewohnte Franz Kafka ein Zimmer im zweiten Stock des Palais. Folgen Sie der Tržiště weiter bis zur Karmelitergasse (Karmelitská), wo Sie sich nach links wenden; Sie tauchen in das geschäftige Gedränge des **Kleinseitner Rings** (Malostranské náměstí, ▶ 95f) ein. Die zahlreichen Lokale und Cafés des Platzes verlocken zu einem Imbiss.

10–11

Zum Abschluss des Spazierganges können Sie an der südöstlichen Seite des Kleinseitner Rings in die Mostecká einbiegen, die Sie direkt zu den **Kleinseitner Brückentürmen** (▶ 100f) am Eingang der **Karlsbrücke** (Karlův most, ▶ 52ff) führt – besonders am Abend ein schöner Spazierweg.

Links: Straßenbahnen überqueren den Mostranské náměstí
Rechts: Blick von der Prager Burg auf die Kleinseite

3 DIE KLEINSEITE

Spaziergang

LÄNGE: 3 km **DAUER:** 2–3 Stunden (einschließlich Fahrt mit der Standseilbahn)
START: Kloster Strahov (Straßenbahn-Haltestelle Pohořelek) ✠ 196 A3
ZIEL: U-Bahn-Station Malostranská ✠ 197 E4

Die Kleinseite am linken Ufer der Moldau ist eine grüne Insel im Häusermeer der Stadt. Vom Kloster Strahov (Strahovský Kláśter) wandern Sie durch den Petřín-Park zum Aussichtsturm, fahren mit der Standseilbahn zum Moldauufer hinunter und besichtigen die Adelspaläste. Eine Welt für sich ist die ruhevolle Halbinsel Kampa. Der Spaziergang endet an den kürzlich wieder eröffneten Barockgärten der Adelsfamilien Kolowrat, Ledebour und Pálffy.

1–2

Die Straßenbahn-Haltestelle Pohořelec befindet sich auf dem Platz gleichen Namens, von dem aus Sie in südlicher Richtung auf das **Kloster Strahov** (Strahovský kláśter, ► 97f) zugehen. Besonders sehenswert sind die Bibliothekssäle. Der Ausgang an der östlichen Seite führt zu den Gärten des Klosters (Strahovská zahrada).

In südlicher Richtung schließt sich der **Laurenziberg** (Petřín, ► 104) mit dem Petřín-Park an.

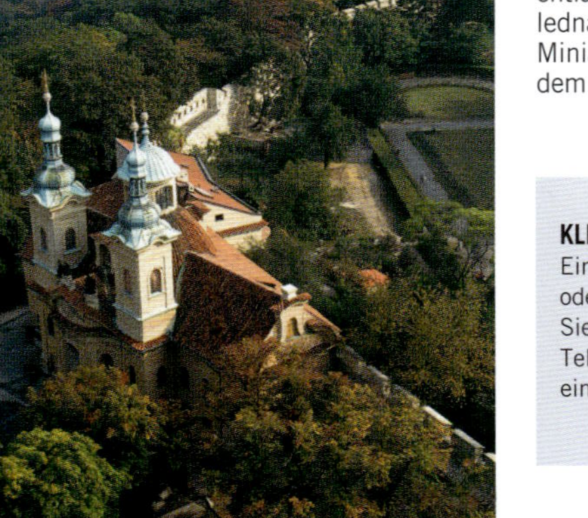

Kunstvolle Türme zieren die St-Lawrence-Kirche im üppig grünen Kinskeho zahrada

Der Park bietet nicht nur einen herrlichen Blick über die Stadt, sondern auch einige Attraktionen. Wandern Sie am östlichen Begrenzungswall des Parks, der »Hungermauer« (Hladová zed), entlang; der **Petřín-Aussichtsturm** (Petřínská Rozhledna) ist nicht zu verfehlen. Der 60 Meter hohe Miniatur-Eiffelturm wurde 1891, zwei Jahre nach dem Bau seines Vorbildes in Paris, errichtet.

KLEINE PAUSE

Einen Snack oder ein Mittagessen (guter Hirsch oder anderes Wild während der Saison) können Sie auf der Terrasse des **Nebozízek** (► 106, Tel. 257 315 329) hoch über der Kleinseite bei einem Stopp mit der Seilbahn einnehmen.

2–3

Eine unwiderstehliche Anziehungskraft übt das **Spiegellabyrinth** (Bludíště) aus. Es verbirgt sich in einer imitierten gotischen Burg. In südlicher Richtung schmiegt sich die Kirche **St. Laurentius** (sv. Vavřinec) an die Hungermauer. Die gotische Kirche, die dem Laurenziberg seinen Namen gab, erhielt ihre jetzige barocke Gestalt um 1770. _Auf der südlichen Seite der Hungermauer dehnt sich der **Rosengarten** (Růžový sad, ➤ 104) aus.

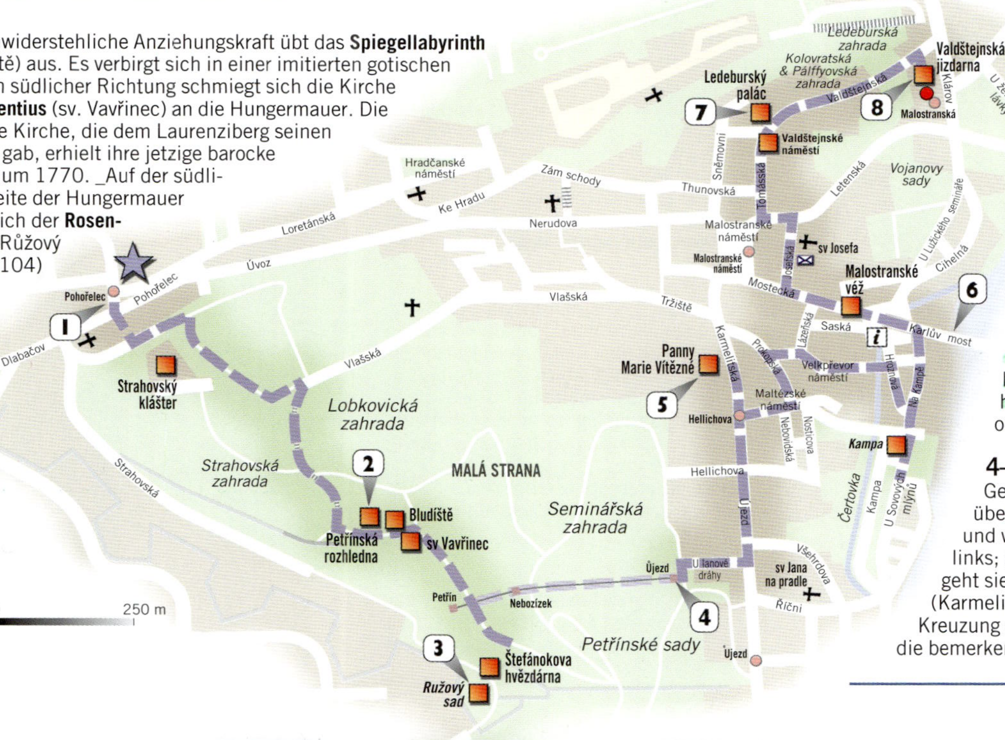

3–4

Wandern Sie auf der südlichen Seite der Hungermauer an der Bergstation der Standseilbahn vorbei zur **Sternwarte** (Štefánikova hvězdárna), die bei Dunkelheit erst richtig zur Geltung kommt. Kehren Sie zur Standseilbahn zurück, und fahren Sie zur Talstation an der Újezd. Auf halber Strecke können Sie die herrliche Aussicht genießen oder im Restaurant essen.

4–5

Gehen Sie von der Seilbahn über die Treppe zur Újezd, und wenden Sie sich dort nach links; auf der Höhe der Hellichova geht sie in die Karmelitergasse (Karmelitská) über. Unweit der Kreuzung steht auf der linken Seite die bemerkenswerte Kirche **St. Maria de**

Victoria (Panny Marie Vítězné, ➤ 101); sie ist vor allem wegen des »Prager Jesuleins« (Pražské Jezulátko) ein Anziehungspunkt für Wallfahrer aus ganz Europa.

5–6

Auf der östlichen Seite der Karmelitergasse führt die Harantova zum **Malteserplatz** (Maltézské náměstí, ➤ 101). Vom angrenzenden Großprioriatsplatz (Velkopřevorské náměstí) führt eine Brücke zur **Halbinsel Kampa** (➤ 101) hinüber. Der hinter dem Liechtenstein-Palais (Lichtenštejnský palác) gelegene Park erstreckt sich bis zum Ufer. Vom romantischen Platz Na Kampé führt eine Treppe auf nördlicher Seite direkt auf die **Karlsbrücke** (Karlův most, ➤ 52ff).

6–7

Sie sollten die Barockgärten nicht versäumen. Gehen Sie nach links zur Mostecká weiter. Von dort führen die Straßen Josefská, Letenská und Tomášská zur Valdštejnská, an der die Hauptfassade des ausgedehnten Palais Waldstein liegt. Vom **Valdštejnské náměstí** führt ein Durchgang im Haus Nr. 3, dem Ledebour-Palais, zu den drei

Der Turm der Kirche St. Maria de Victoria, der 1640 wieder errichtet wurde. Seite 185: Eine Straßenbahn am Malostranke Náměsti

miteinander verbundenen Barockgärten der Familien **Kolowrat**, **Ledebour** und **Pálffy** (➤ 84). Die unterhalb der Prager Burg gelegenen Gärten sind von April bis Oktober geöffnet.

7–8

Die Valdštejnská führt zu der schönsten U-Bahn-Station Prags, der Malostranská. Sie befindet sich direkt neben den zum Palais Waldstein gehörenden Barockbauten der einstigen **Reitschule** (Valdštejnská jízdárna). Heute ist darin eine Kunstgalerie untergebracht.

Der Platz Na Kampé mit schmucken Häusern auf der idyllischen Insel Kampa

Praktisches

REISEVORBEREITUNG

WICHTIGE PAPIERE

- ● Erforderlich
- ○ Empfohlen
- ▲ Nicht erforderlich
- △ Nicht gültig

	Deutschland	Österreich	Schweiz
Pass/Personalausweis	●	●	●
Visum	▲	▲	▲
Weiter- oder Rückflugticket	▲	▲	▲
Impfungen (Tetanus und Polio)	▲	▲	▲
Krankenversicherung	●	●	●
Reiseversicherung	○	○	○
Führerschein (national)	●	●	●
Kfz-Haftpflichtversicherung	●	●	●
Fahrzeugschein	●	●	●

REISEZEIT

Prag

Hauptsaison   Nebensaison

	JAN	FEB	MÄRZ	APRIL	MAI	JUNI	JULI	AUG	SEPT	OKT	NOV	DEZ
	0°C	1°C	7°C	12°C	18°C	21°C	23°C	22°C	18°C	12°C	5°C	1°C

☀ Sonnig   ☁ Bedeckt   🌧 Regnerisch   ⛅ Wechselhaft

Die angegebenen Temperaturen entsprechen den **durchschnittlichen Tageshöchstwerten** des jeweiligen Monats.

Prag hat ein temperamentvolles Klima. Manchmal sind die Sommer sonnig und warm, dann wieder regnerisch und kalt. Die Winter sind in der Regel kalt und schneereich, in letzter Zeit aber auch häufig relativ mild und regnerisch. Zur Ferienzeit im Juli/August ist Prag von Touristen überlaufen. **Ruhiger** geht es im März/April (mit der Ausnahme von Ostern) und September/Oktober zu. Folgt man dem Grundsatz, dass es kein schlechtes Wetter, sondern nur ungeeignete Kleidung gibt, können auch Spätherbst und Winter eine schöne Reisezeit sein. Die verschneiten Dächer von Prag üben einen ganz eigenen Reiz aus. Darüber hinaus ist der Winter die Hochsaison für Konzerte und Opern.

INFORMATION VORAB

Websites
- ● PIS (Prager Informationsservice): www.pis.cz
- ● Prager Monitor: www.praguemonitor.com

In Prag
PIS
Staroměstská radnice (Altstädter Rathaus)
Staré Město
☎ 224 373 162, 224 372 423

ANREISE

Mit dem Flugzeug: Der Flughafen Prag-Ruzyně wird von zahlreichen Fluggesellschaften angeflogen, z. B. Czech Airlines (ČSA), Austrian Airlines, British Airways und Lufthansa. Der Flughafen liegt etwa 20 Kilometer nordwestlich vom Stadtzentrum entfernt. Die Flughafenbusse der ČSA fahren vom Flughafen bis zum Platz der Republik (Náměstí Republiky), von wo man mit der U-Bahn weiterfahren kann. Außerdem verkehren Linienbusse (Bus 100 und 119) zwischen Flughafen und verschiedenen U-Bahn-Stationen (eine Busfahrt dauert etwa 30 Minuten).
Die CEDAZ-Vans sind weiße Kleinbusse, in denen man auch direkt zum Hotel oder zur Pension fahren kann. Außerdem pendelt die Linie A der CEDAZ-Vans zwischen dem Flughafen und der U-Bahn-Station Dejvická, die Linie B zwischen dem Flughafen und der U-Bahn-Station Náměstí Republiky.

Mit dem Zug: Prag ist über Bahnstrecken mit vielen europäischen Großstädten verbunden, so z. B. Budapest, Dresden, Hamburg oder Wien.

Mit dem Bus: In Deutschland bieten verschiedene Reiseveranstalter Busreisen nach Prag an. Von Wien und München verkehren auch Linienbusse; die Endstation in Prag ist die Bushaltestelle und U-Bahn-Station Florenc.

Mit dem Schiff: Informationen zu mehrtägigen Schiffsfahrten über die Elbe und die Moldau nach Prag findet man im Internet (www.kreuzfahrten-pool.de).

ZEIT

 Es gibt keine Differenz zur mitteleuropäischen Zeit (MEZ). Die Sommerzeit gilt normalerweise zwischen April und Ende Oktober.

WÄHRUNG

Landeswährung ist die tschechische **Krone** (*koruna Česká*, Kč). Im Umlauf sind Münzen zu 1, 2, 5, 10, 20 und 50 Kronen und Banknoten zu 50, 100, 200, 500, 1000, 2000 und 5000 Kronen. Die tschechischen Pläne zum Beitritt zur Eurozone wurden auf 2012 verschoben.
Reiseschecks sind ein sicheres Zahlungsmittel. Von den meisten Geschäften und Hotels werden sie aber nicht angenommen, sodass Sie sie zunächst bei der Bank einlösen müssen. Bei Vorlage eines Personalausweises ist dies in der Regel bei fast jeder Bankfiliale möglich.
Kreditkarten werden von praktisch allen Banken, Hotels, Restaurants und Geschäften in den wichtigsten touristischen Zentren akzeptiert. Mit einer Scheck- (Master-/Eurocard und Visa) oder Kreditkarte kann man an überall vorhandenen **Geldautomaten** tschechische Kronen abheben.

Tschechische Zentrale für Tourismus

Deutschland
Wilhelmstr. 44
10117 Berlin
☎ 030/2 04 47 70
info1-de@czechtourism.com

Österreich
Herrengasse 17
1010 Wien
☎ 01/53 32 19 33
info-at@czechtourism.com

Schweiz
Wildenstr. 9
8049 Zürich
☎ 044/2 87 33 44
info-ch@czechtourism.com

DAS WICHTIGSTE VOR ORT

FEIERTAGE

1. Januar	Neujahr
März/April	Ostermontag
1. Mai	Tag der Arbeit
8. Mai	Tag der Befreiung
5. Juli	Tag der Slawenapostel Cyrill und Methodius
6. Juli	Jan-Hus-Tag
28. September	St.-Wenzel-Tag
28. Oktober	Gründung der Tschechoslowakischen Republik
17. November	Tag des Kampfes für Freiheit und Demokratie
25./26. Dezember	Weihnachten

ELEKTRIZITÄT

Die Netzspannung beträgt 220 Volt. Adapter werden nicht benötigt.

ÖFFNUNGSZEITEN

○ Geschäfte
● Büros
● Banken
● Postämter
● Museen/Denkmäler
● Apotheken

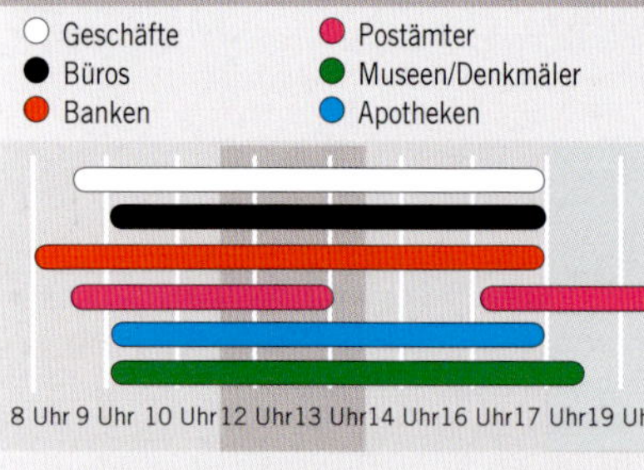

Geschäfte: Mo–Fr 9–17 Uhr, Sa 9–14 Uhr. Supermärkte und touristisch orientierte Geschäfte sind länger geöffnet.
Büros: Mo–Fr 9–17 Uhr
Banken: Mo–Fr 8–17 Uhr
Postämter: Mo–Fr 8–18 Uhr. Manchmal erhalten Sie Briefmarken auch an Hotelrezeptionen und bei Postkartenverkäufern.
Museen und Galerien: Di–So 9–17 oder 10–18 Uhr
Apotheken: in der Regel Mo–Fr 8–18 Uhr.

TRINKGELD

Ein Trinkgeld wird im Allgemeinen erwartet. In der Regel rundet man auf den vollen Betrag auf. In Hotels und Restaurants sind zehn Prozent des Rechnungsbetrages üblich.

Weiterhin gilt:

Stadtführer	nach eigenem Ermessen
Taxis	Gebühr auf volle 10 KČ aufrunden
Gepäckträger	100 KČ bei schwerem Gepäck
Zimmermädchen	50 bzw. 100 KČ pro Nacht

GESETZLICHE BESTIMMUNGEN

Das Verschmutzen der Straßen mit Abfall (Zigarettenstummel, Kaugummi usw.) wird mit Bußgeldern von bis zu 30 000 Kč bestraft. Diese müssen sofort bezahlt werden. Das Trinken von Alkohol in der Öffentlichkeit ist verboten. An Bus- und Tram-Haltestellen darf nicht geraucht werden.

ZEITUNTERSCHIED

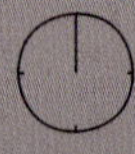
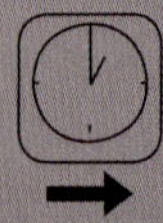
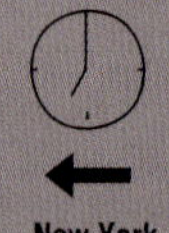
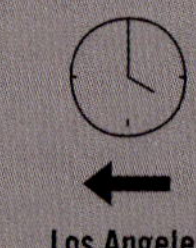
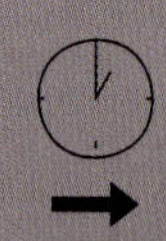
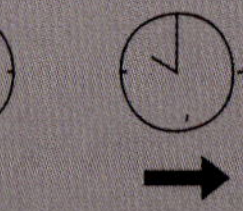

London	Prag	New York	Los Angeles	Berlin	Sydney
12 Uhr	13 Uhr	7 Uhr	4 Uhr	13 Uhr	22 Uhr

IN KONTAKT BLEIBEN

Post Die Hauptpost in der Jindřišská 14 (nahe dem Wenzelsplatz) ist rund um die Uhr geöffnet (Tel. 221 131 111). Überall in der Stadt gibt es orange Briefkästen.

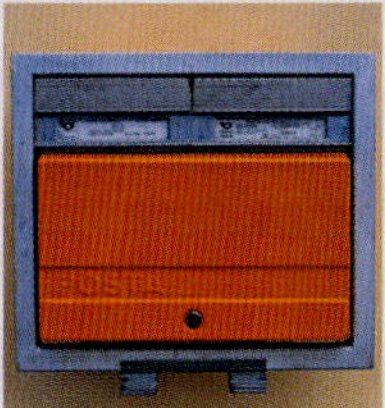

Telefonieren In den öffentlichen Telefonzellen kann man mit Münzen und meistens auch mit Telefonkarten telefonieren. Telefonkarten bekommt man in Postämtern, Tabakläden und Kiosken. Beachten Sie, dass es in der tschechischen Republik keine Vorwahlen gibt. Um innerhalb des Landes zu telefonieren, ist die 9-stellige Telefonnummer ausreichend. Um aus dem Ausland anzurufen, müssen Sie die Landesvorwahl +420 gefolgt von der 9-stelligen Nummer wählen.

Internationale Vorwahlen:

Deutschland	**00 49**
Österreich	**00 43**
Schweiz	**00 41**

Mobilfunkanbieter und -dienste Eurotel, O2, T-Mobile und Vodafone sind die Hauptanbieter. Es ist praktisch unmöglich, kompatible tschechische SIM-Karten vor Ort zu kaufen. Die Nutzung eines Mobiltelefons in einem Call Shop ist weitaus günstiger – Sie zahlen ca. 2 Kč pro Minute für ein Auslandsgespräch in die USA und EU.

WLAN und Internet Breitbandverbindungen mit mittlerer bis hoher Geschwindigkeit sind in Internetcafés, Bars, Restaurants und Hotels häufig. Die Gebühren liegen zwischen 60 und 150 Kč pro Stunde (wenn Sie eine Abo-Karte erwerben manchmal weniger). Kostenlose WLAN-Verbindungen werden von den Hotels oder Cafés zur Kundengewinnung immer häufiger angeboten. Sie können Ihren eigenen Laptop mitbringen.

SICHERHEIT

Prag ist im Großen und Ganzen eine sichere Stadt. Gewaltverbrechen sind selten. Diebstähle gehören dagegen zur Tagesordnung und eine gewisse Vorsicht ist angeraten:

- Deponieren Sie Wertsachen und wichtige Papiere im Hotelsafe. Nehmen Sie nur eine Kopie Ihres Reisepasses mit.
- Lassen Sie keine Wertgegenstände sichtbar in Ihrem geparkten Auto liegen. Nutzen Sie wenn möglich eine Tief-garage oder einen bewachten Parkplatz.
- Taschendiebe sind insbesondere in der U-Bahn, der Tram-Linie 22, an den großen Bahnhöfen und auf belebten Straßen aktiv.
- Wenn Sie einen Diebstahl melden müssen, sollten Sie zum Polizeirevier am Jungmannovo náměstí 9 (in der Nähe des WenzelsPlatzes) gehen. Dort sind Dolmetscher verfügbar.
- Vermeiden Sie Geldwechsler, gehen Sie stattdessen zur Bank oder an den Automaten.
- Frauen sollten am späten Abend den Wenzelsplatz meiden.
- Viele Straßen sind schlecht beleuchtet.

Polizei:
☎ **112 von jedem Telefon**

NOTRUF 112

POLIZEI 112

FEUERWEHR 112

KRANKENWAGEN 112

GESUNDHEIT

 **Krankenversicherung**: EU-Bürger erhalten medizinische Versorgung nach Vorlage der Europäischen Versicherungskarte. Dennoch ist es ist ratsam, eine Reisekrankenversicherung abzuschließen.

 **Zahnarzt**: Bei Notfällen findet man Hilfe unter Tel. 224 946 981 (in der Palackého 5).

 **Wetter**: Im Hochsommer kann es in Prag heiß und staubig werden. Bei durchschnittlichen Sommertemperaturen von 23 °C kann es durch die Lage im Flusstal im August auch bis zu 27 °C heiß werden kann. Bei längeren Aufenthalten im Freien auf Sonnenschutz achten.

 **Medikamente**: Wenn Sie regelmäßig Medikamente nehmen müssen, sollten Sie einen ausreichenden Vorrat mit sich führen. Apotheken, die rund um die Uhr geöffnet sind, findet man in der Belgická 37 (Tel. 222 519 731) und in der Palackého 5 (Tel. 224 237 207).

 **Trinkwasser**: Der Genuss von Leitungswasser ist unbedenklich. Mineralwasser ist preiswert und überall zu kaufen.

ERMÄSSIGUNGEN

Studenten: Inhaber eines internationalen Studentenausweises (ISIC) erhalten Ermäßigungen auf Fahrkarten für öffentliche Verkehrsmittel und auf Eintrittskarten für Museen, Galerien und Theater.

Senioren: Senioren über 70 Jahren erhalten Ermäßigungen auf Fahrkarten für öffentliche Verkehrsmittel und Eintrittskarten (ein Ausweis ist vorzulegen).

Prague Card: Die Prager touristische Karte (Prague Card, ➤ 36) ist eine 4-Tage-Eintrittskarte in mehr als 50 Prager Denkmalobjekte und Museen. Sie kostet 790 Kč, für Studenten 530 Kč. Wenn Sie online auf www.praguecitycard.com kaufen, wird die Karte kostenlos in Ihrem Hotel für Sie bereitgelegt. Ansonsten erhalten Sie die Karten auch in der Ankunftshalle von Terminal 2 des Flughafens, in der Prager Burg, bei der Touristeninformation und in den Čedok-Büros.

EINRICHTUNGEN FÜR BEHINDERTE

Lediglich die neuesten Straßenbahnen, einige U-Bahn-Stationen, der Hauptbahnhof und der Bahnhof Holešovice sind behindertengerecht ausgestattet. Einige neue Gebäude verfügen über Zugänge für Rollstuhlfahrer. Bei der Prager Vereinigung für Rollstuhlfahrer (Benediktská 6, Staré Město, Tel. 224 827 210) ist eine Broschüre erhältlich, in der Hotels, Restaurants, Bahnhöfe und andere öffentliche Gebäude aufgeführt sind, die über Aufzüge und andere Einrichtungen für Rollstuhlfahrer verfügen.

KINDER

In den Hotels und Restaurants sind Einrichtungen für die Babypflege selten. Einige Hotels bieten Babysitter-Service an. Kinder sind in Restaurants willkommen.

TOILETTEN

Die komfortabelsten Einrichtungen findet man in den großen Hotels und Cafés.

ZOLL

Die Ausfuhr von Souvenirs, die ganz oder in Teilen aus bedrohten Tierarten gefertigt sind, ist illegal bzw. erfordert eine Sondergenehmigung.

BOTSCHAFTEN

Deutschland
☎ 257 531 481

Österreich
☎ 257 090 511

Schweiz
☎ 220 400 611

SPRACHFÜHRER

Die tschechische Schriftsprache verwirrt zunächst durch ihre zahlreichen Akzente. Wenn man auch nicht tief in die Sprache eindringen wird, ist es doch hilfreich, Sehenswürdigkeiten beim Namen nennen und kurze Unterhaltungen führen zu können.

Die Vokale á, é, í, ó, ú und ý werden gedehnt gesprochen; auch der Vokal ů wird lang gesprochen. Das r wird gerollt. Die Buchstaben č, ř, š und ž stehen für unterschiedliche Zischlaute.

č tsch wie in Tscheche
ě hinter Konsonanten wie je
    (wie in město – *mjesto*)
ř wie r und sch
    (wie in Dvořák – *Dworschak*)
š sch wie in Schal
ž dsch wie in Dschungel

Das **c** wird wie **z** ausgesprochen, ebenso **ck** wie z-k, d. h. getrennt (wie in anglicky – an-gliz-ki). Die Wörter werden auf der ersten Silbe betont.

IMMER ZU GEBRAUCHEN

ja/nein **ano/ne**
bitte **prosím**
danke **děkuji**
Entschuldigung **pardon**
Hallo **ahoj**
Auf Wiedersehen **na shledanou**
Guten Morgen **dobré ráno**
Guten Abend **dobrý večer**
Gute Nacht **dobrou noc**
Entschuldigen Sie **promiňte**
Hilfe! **pomoc!**
geöffnet **otevřeno**
geschlossen **zavřeno**
heute **dnes**
morgen **zítra**
gestern **včera**
Tag **den**
Woche **týden**
Monat **měsíc**
Jahr **rok**
Montag **pondělí**
Dienstag **úterý**
Mittwoch **středa**
Donnerstag **čtvrtek**
Freitag **pátek**
Samstag **sobota**
Sonntag **neděle**

groß **velký**
klein **malý**
schnell **rychle**
langsam **pomalu**
kalt **studený**
heiß **horký**
links **nalevo**
rechts **napravo**
geradeaus **přímo**
Eingang **vchod**
Ausgang **východ**
wo? **kde?**
wann? **kdy?**
warum? **proč?**
hier **tady**
dort **tam**
nah **blízko**
fern **daleko**
Bank **banka**
Post **pošta**
Galerie **galerie**
Kirche **kostel**
Garten **zahrada**
Museum **muzeum**
Bibliothek **knihovna**
Touristeninformation **turistická informace**
Wechselstube **směnárna**
Kreditkarte **kreditní karta**
Wieviel kostet das? **Kolik to stojí?**
billig **levný**
teuer **drahý**
gratis **zdarma**
mehr **více**
weniger **méně**
Sprechen Sie Deutsch? **Mluvíte německy?**

UNTERWEGS

Flugzeug **letadlo**
Flughafen **letiště**
Zug **vlak**
Bahnhof **nádraží**
U-Bahn-Station **stanice**
Bus **autobus**
Busbahnhof **autobusové nádraží**
Straßenbahn **tramvaj**
Bus-/Straßenbahn-Haltestelle **zastávka**
Ausflugsschiff **parník**
Boot **lodička**
Fahrkarte **lístek**
einfache Fahrt/Rückfahrkarte **jednosměrná/zpáteční**
erste/zweite Klasse **první/druhá třída**
Fahrkartenschalter **pokladna**
Platzreservierung **místenka**

ÜBERNACHTEN

Hotel **hotel**
Zimmer **pokoj**
Bad **koupelna**
Dusche **sprcha**
Toilette **záchod/toalety**
Haben Sie ein Einzelzimmer/Doppel-
  zimmer frei?
  **Máte volný jednolůžkový/
  dvoulůžkový pokoj?**
Ich habe ein Zimmer reserviert.
  Mám u vás reservaci.
Wieviel kostet das Zimmer pro
  Nacht?
  Kolik stojí pokoj na den?
Zimmernummer
  číslo pokoje
Zimmerschlüssel **klíč**

EINKAUFEN

Wo gibt es …?
  Kde dostanu …?
Bäckerei **pekárna**
Drogerie **lékárna**
Buchhandlung **knihkupectví**
Kann ich mit Kreditkarte
  bezahlen? **Mohu zaplatit kreditní
  kartou?**

IM RESTAURANT

Die Speisekarte, bitte
  Jídelní lístek, prosím
Guten Appetit
  Dobrou chuť
Frühstück
  snídaně
Mittagessen **oběd**
Abendessen **večeře**
Vorspeise **předkrm**
Hauptgericht
  hlavní jídlo
Tagesgericht
  nabídka dne

Dessert
  moučník/dezert
Kellner/in
  číšník/servírka
Die Rechnung, bitte **Účet, prosím**
Bezahlen, bitte
  Prosím zaplatit

SPEISEKARTE

Kaffee **káva**
Wiener Kaffee
  vídeňská káva
Türkischer Kaffee
  káva turecká
Tee **čaj**
Zucker **cukr**
Milch **mléko**
mit Zucker/mit
  Milch **s mlékem/
  s cukrem**
Wasser **voda**
Mineralwasser
  minerální voda
mit Kohlensäure
  šumivá
ohne Kolensäure
  nešumivá
Orange
  pomeranč
Orangensaft
  **pomerančový
  džús**
Bier **pivo**
Wein **víno**
Weißwein/Rotwein
  **víno bílé/
  víno červené**
Salz/Pfeffer **sůl/
  pepř**
Suppe **polévka**
Salat **salát**
Fisch **ryba**
Fleisch **maso**
gebacken/geröstet
  pečené

gegrillt **grilované**
Schweinefleisch
  vepřové
Rindfleisch **hovězí**
Lammfleisch
  jehněčí
Schinken **šunka**
gekocht/geräu-
  chert **vařená/
  uzená**
Würstchen **párek**
Geflügel **drůbež**
Huhn **kuře**
Ente **kachna**
Kartoffeln
  brambory
Kartoffelknödel
  **bramborové
  knedlíky**
Semmelknö-
  del **houskové
  knedlíky**
Pfannkuchen
  palačinky
Reis **rýže**
Pommes frites
  hranolky
Gemüse
  zelenina
Käse **sýr**
Obst **ovoce**
Eis **zmrzlina**
Eier **vejce**
Brot **chléb**
Butter **máslo**
Kuchen **koláč**

ZAHLEN

1	jeden	11	jedenáct	21	dvacet jedna	80	osmdesát
2	dva	12	dvanáct	22	dvacet dva	90	devadesát
3	tři	13	třináct	23	dvacet tři	100	sto
4	čtyři	14	čtrnáct	24	dvacet čtyři		
5	pět	15	patnáct	25	dvacet pět	1000	tisíc
6	šest	16	šestnáct	30	třicet	2000	dva tisíce
7	sedm	17	sedmnáct	40	čtyřicet	5000	pět tisíc
8	osm	18	osmnáct	50	padesát		
9	devět	19	devatenáct	60	šedesát		
10	deset	20	dvacet	70	sedmdesát	1 000 000	milión

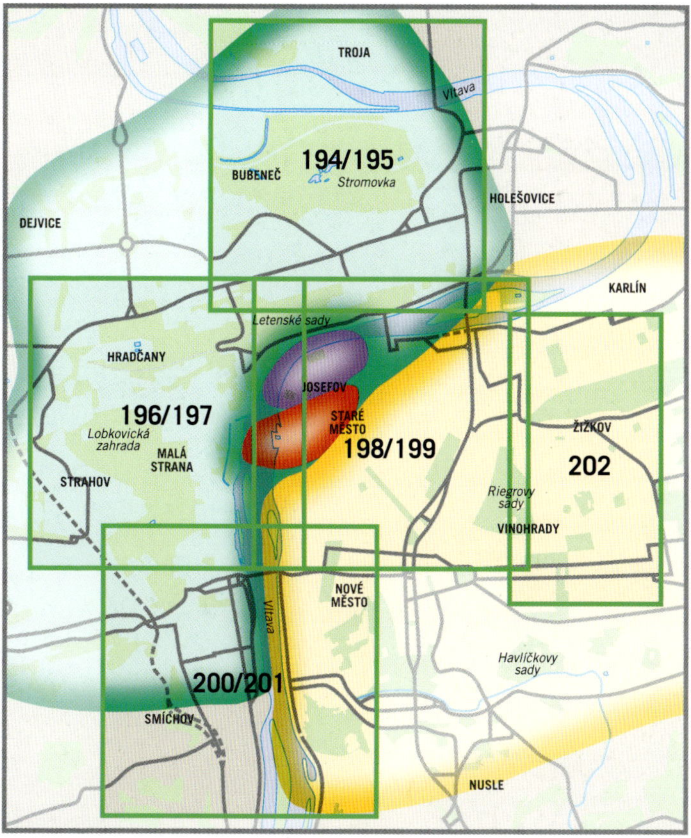

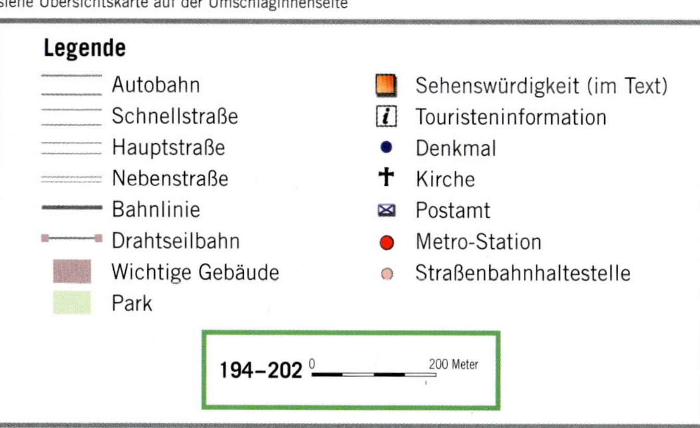

Kapiteleinteilung:
siehe Übersichtskarte auf der Umschlaginnenseite

Legende

Autobahn	Sehenswürdigkeit (im Text)
Schnellstraße	Touristeninformation
Hauptstraße	Denkmal
Nebenstraße	Kirche
Bahnlinie	Postamt
Drahtseilbahn	Metro-Station
Wichtige Gebäude	Straßenbahnhaltestelle
Park	

194–202 0 ______ 200 Meter

Cityplan

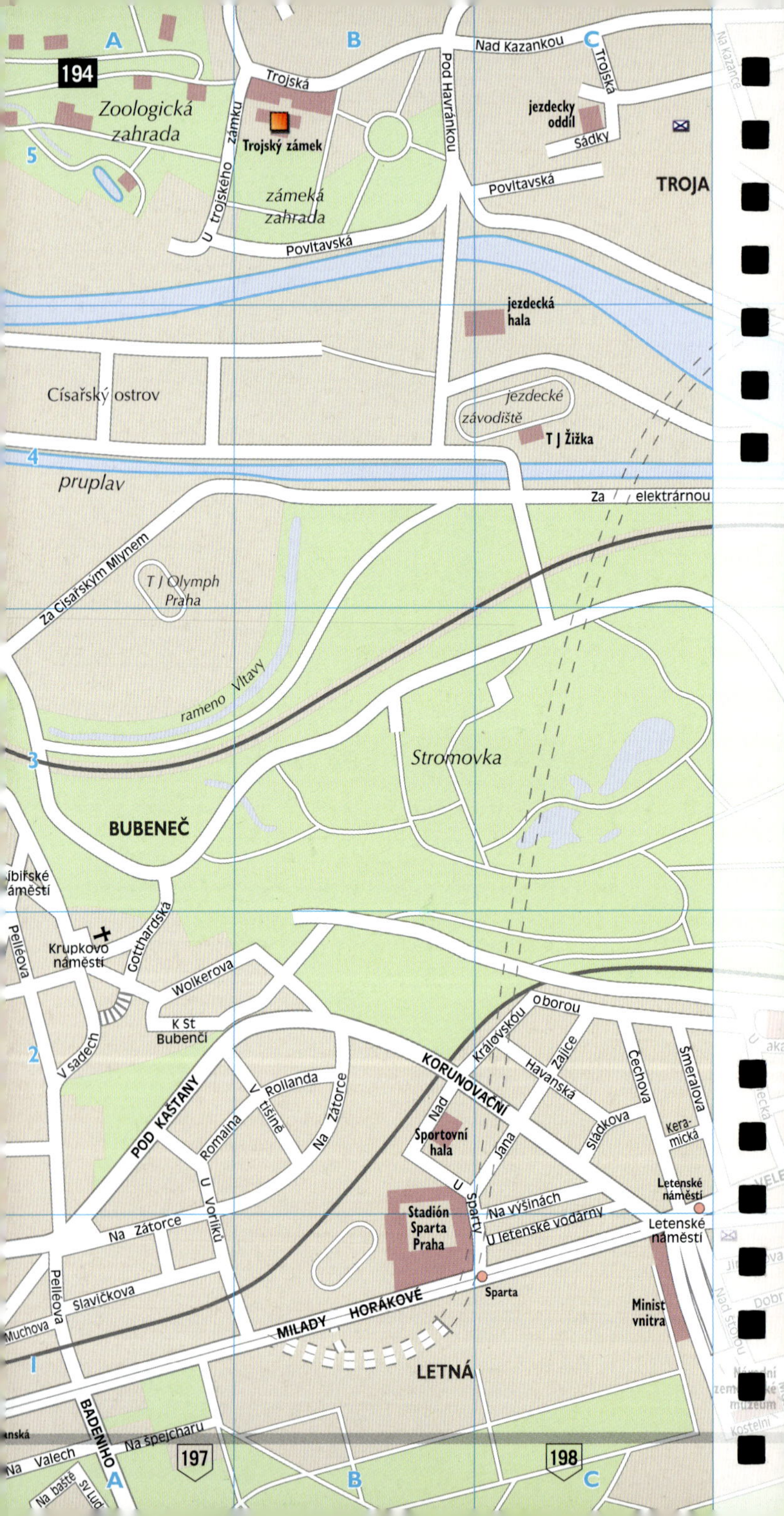
194
A
B
Nad Kazankou
C
Trojská
Pod Havránkou
Trojská
Zoologická
zahrada
jezdecky
oddíl
Sádky
Trojský zámek
TROJA
zámeká
zahrada
Povltavská
Povltavská
jezdecká
hala
Císařský ostrov
jezdecké
závodiště
T J Žižka
pruplav
Za / elektrárnou
Za Císařským Mlynem
T J Olymph
Praha
rameno Vltavy
Stromovka
BUBENEČ
íbiřské
áměstí
Pelléova
Krupkovo
náměstí
Gotthardská
Wolkerova
oborou
Královskou
Zajíce
Čechova
Šmeralova
K St
Bubenči
KORUNOVAČNÍ
Havanská
stáčkova
Kera-
mická
V sadech
POD KAŠTANY
Romaina
V tišiné
V Rollanda
Na Zátorce
Nad
Jana
Letenské
náměstí
Sportovní
hala
U vorlíků
U sparty
Na výšinách
Letenské
náměstí
Na Zátorce
Stadión
Sparta
Praha
U letenské vodárny
Pelléova
Slavíčkova
Sparta
Minist
vnitra
Muchova
MILADY HORÁKOVÉ
LETNÁ
anská
Na špejcharu
BADENÍHO
197
198
Na Valech
sv Lud
Na baště
A
B
C

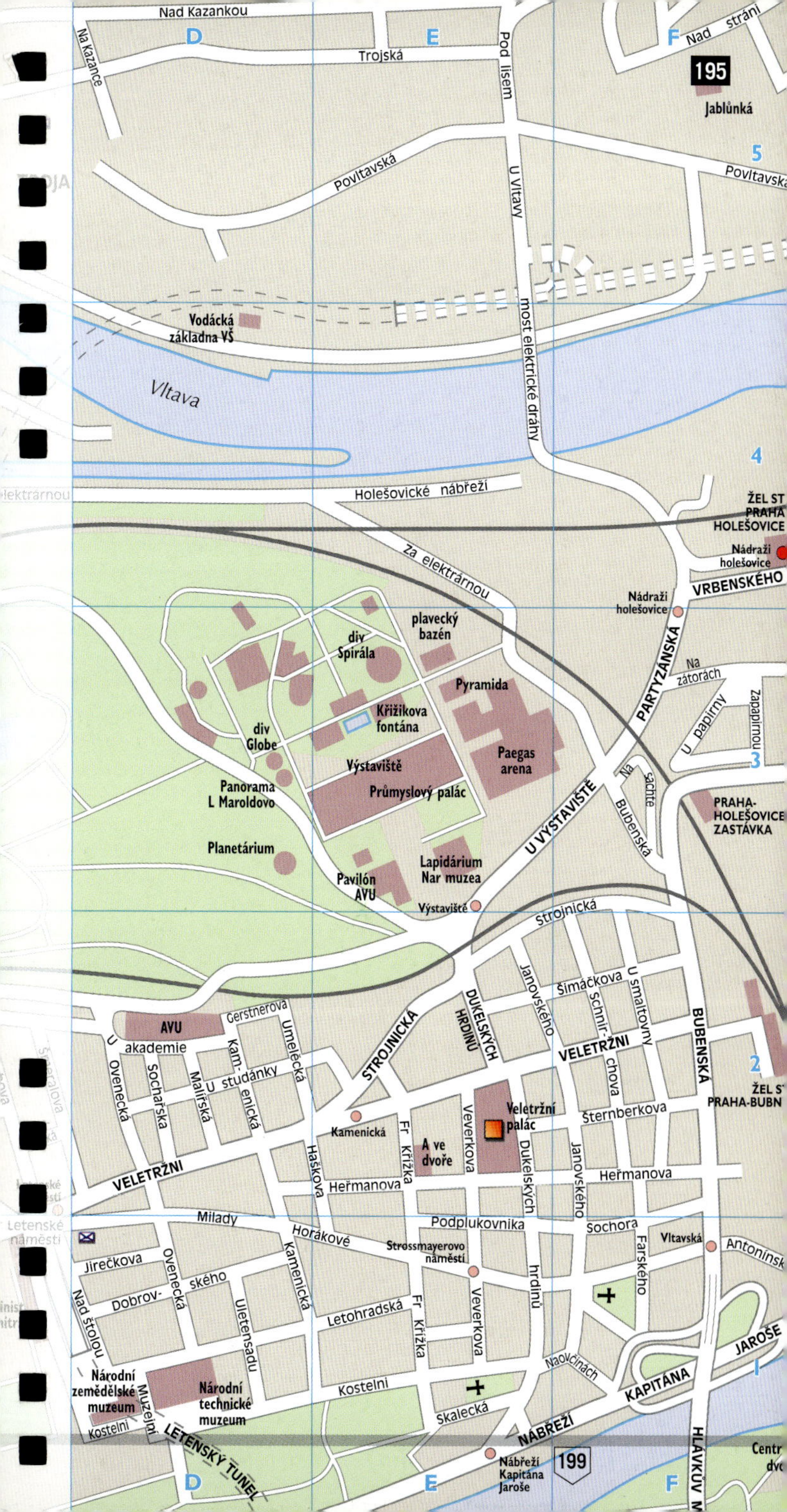

Nad Kazankou
D
E
F Nad strání
Trojská
195
Jablůnká
Na Kazance
Pod lisem
U Vltavy
Povltavská
5
Povltavská
most elektrické dráhy
Vodácká
základna VŠ
4
Vltava
Holešovické nábřeží
ŽEL ST
PRAHA
HOLEŠOVICE
lektrárnou
Za elektrárnou
Nádraži
holešovice
plavecký
bazén
div
Spirála
Nádraži
holešovice
VRBENSKÉHO
Na
zátorách
Pyramida
Křižikova
fontána
U papírny
Zapapírnou
div
Globe
Výstaviště
Paegas
arena
3
Panorama
L Maroldovo
Průmyslový palác
PRAHA-
HOLEŠOVICE
ZASTÁVKA
Planetárium
Na šachtě
Bubenská
Lapidárium
Nar muzea
PARTYZÁNSKA
Pavilón
AVU
U VÝSTAVIŠTĚ
Výstaviště
strojnická
Šimáčkova
U smaltovny
Janovského
Schnir-
chova
2
AVU
Gerstnerová
Umělecká
DUKELSKÝCH
HRDINŮ
VELETRŽNI
ŽEL S
PRAHA-BUBN
akademie
Kam-
enická
U studánky
STROJNICKÁ
Šternberkova
BUBENSKA
U Ovenecká
Sochařská
Malířská
Veverkova
Veletržní
palác
Heřmanova
Janovského
Kamenická
Haškova
Fr. Křižka
A ve
dvoře
Heřmanova
VELETRŽNI
Milady
Podplukovnika
Sochora
Vltavská
Antonínsk
Horákové
Strossmayerovo
náměstí
Dukelských
Farského
Jirečkova
Ovenecká
ského
Kamenická
Veverkova
hrdinů
JAROŠE
Nad štolou
Dobrov-
Uletensadu
Letohradská
Fr. Křižka
Naovčinách
1
Národní
zemědělské
muzeum
Muzejní
Národní
technické
muzeum
Kostelni
Skalecká
KAPITÁNA
HLAVKŮV M
Kostelni
LETENSKÝ TUNEL
NÁBŘEŽÍ
199
Centr
dv
D
E
Nábřeží
Kapitána
Jaroše
F

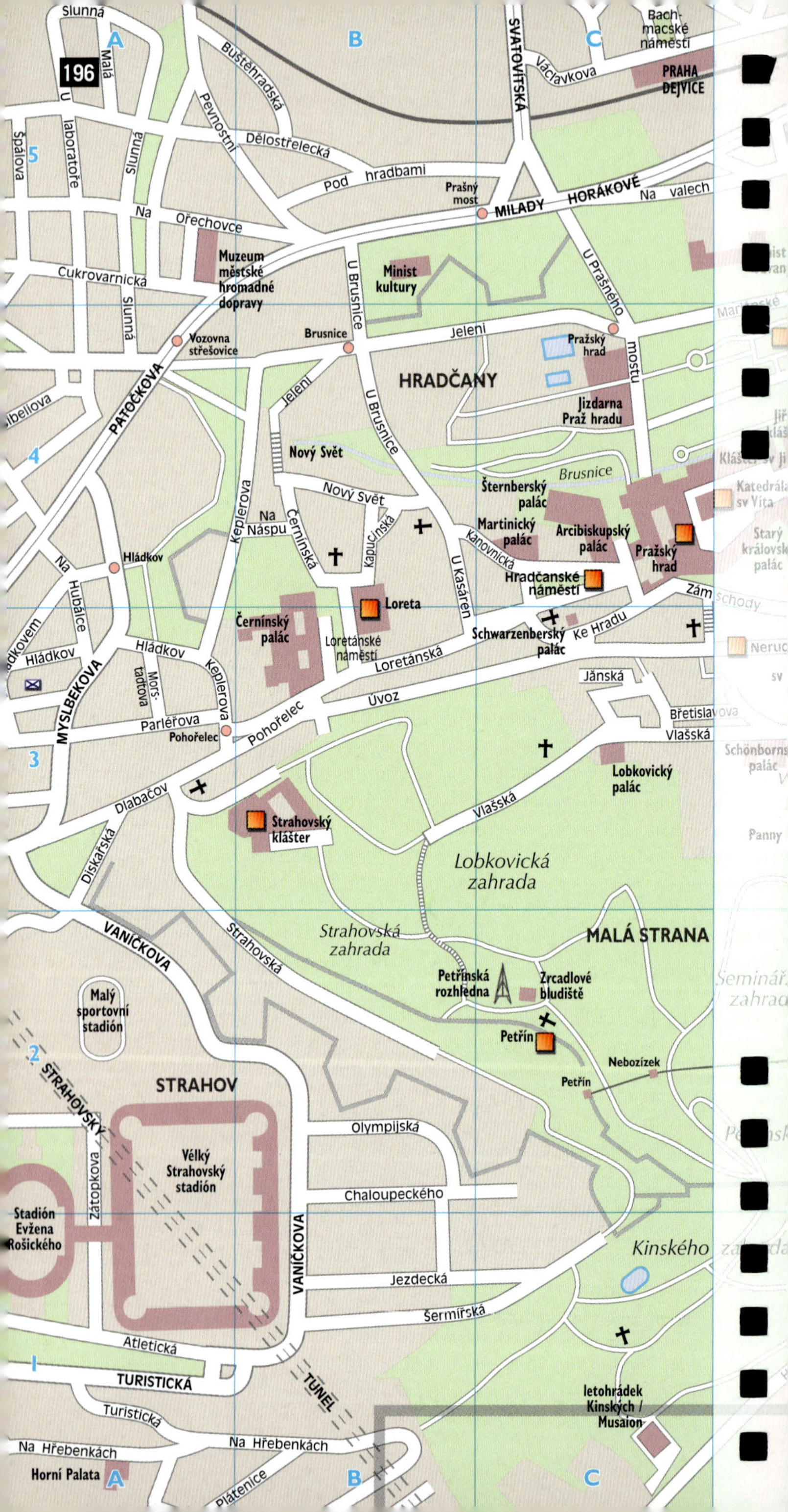
196
Slunná
Malá
U laboratoře
Slunná
Špálova
Buštěhradská
Pevnostní
Dělostřelecká
pod hradbami
Prašný most
MILADY HORÁKOVÉ
Na valech
SVATOVÍTSKÁ
Václavkova
Bach-
macské
náměstí
PRAHA
DEJVICE
Cukrovarnická
Slunná
Na Ořechovce
Muzeum
městské
hromadné
dopravy
U Brusnice
Minist
kultury
Jeleni
U Prašného
mostu
Praž hrad
Pražský
hrad
Líbeliova
PATOČKOVA
Vozovna
střešovice
Brusnice
Jeleni
HRADČANY
Jizdarna
Praž hradu
Brusnice
Katedrála
sv Víta
Nový Svět
U Brusnice
Nový Svět
Šternberský
palác
Martinický
palác
Arcibiskupský
palác
Starý
královsk
palác
Na Hubálce
Hládkov
Keplerova
Na
Náspu
Černínská
Kapucínská
U Kasáren
Kanovnická
Hradčanské
náměstí
Pražský
hrad
Zám schody
dkovem
Hládkov
MYSLBEKOVA
Hládkov
Mors-
tadtova
Keplerova
Černínský
palác
Loreta
Loretánské
náměstí
Loretánská
Schwarzenberský
palác
Ke Hradu
zám
Neruc
sv
Parléřova
Pohořelec
Pohořelec
Úvoz
Jánská
Břetislavova
Vlašská
Schönborns
palác
Dlabačov
Vlašská
Lobkovický
palác
Panny
Diskařská
Strahovský
klášter
Lobkovická
zahrada
VANÍČKOVA
Strahovská
Strahovská
zahrada
MALÁ STRANA
Seminář
zahrad
Petřínská
rozhledna
Zrcadlové
bludiště
Malý
sportovní
stadión
Petřín
Petřín
Nebozízek
STRAHOVSKÝ
STRAHOV
Olympijská
Vaníčkova
Vélký
Strahovský
stadión
Kinského zahrad
Stadión
Evžena
Rošického
Chaloupeckého
VANÍČKOVA
Jezdecká
Atletická
Šermířská
TURISTICKÁ
TUNEL
Turistická
Na Hřebenkách
Na Hřebenkách
Horní Palata
Pláfenice
letohrádek
Kinských /
Musaion

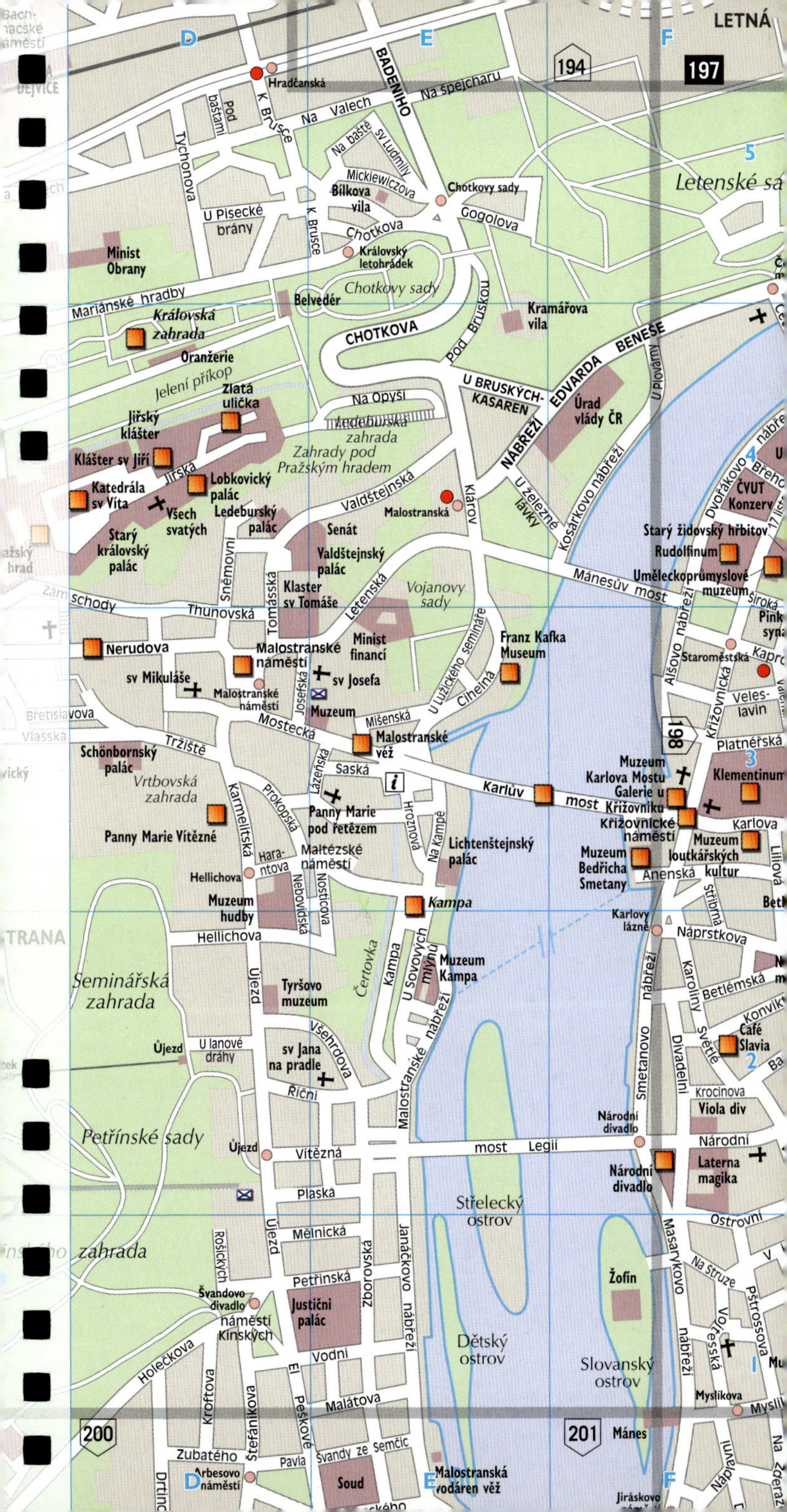

LETNÁ
194
197
Bachmacské náměstí
DEJVICE
5
Letenské sa
Hradčanská
BADENIHO
Na špejcharu
pod baštami
K Brusce
Na Valech
Na baště
sv. Ludmily
Tychonova
Mickiewiczova
Chotkovy sady
U Pisecké brány
Bílkova vila
Gogolova
K Brusce
Chotkova
Královský letohrádek
Minist Obrany
Belvedér
Chotkovy sady
Mariánské hradby
Kramářova vila
Královská zahrada
CHOTKOVA
Pod Bruskou
Oranžerie
Na Opyši
U BRUSKÝCH KASAREN
NÁBŘEŽÍ
EDVARDA BENEŠE
U Plovárny
Úřad vlády ČR
Jelení příkop
Zlatá ulička
Ledeburská zahrada
Jiřský klášter
Zahrady pod Pražským hradem
Klášter sv Jiří
Jiřská
4
nábřeží
ČVUT Konzerv
Katedrála sv Víta
Lobkovický palác
Valdštejnská
Malostranská
U železné lávky
Kosárkovo nábřeží
Dvořákovo
Starý židovský hřbitov
Všech svatých
Ledeburský palác
Klárov
Rudolfinum
Starý královský palác
Senát
Valdštejnský palác
Máněsův most
Uměleckoprůmyslové muzeum
Široká
Pražský hrad
Sněmovní
Klaster sv Tomáše
Letenská
Vojanovy sady
Staroměstská
Pink syna
Zam schody
Thunovská
Tomášská
Alšovo nábřeží
Veleslavín
Nerudova
Malostranské náměstí
Minist financí
Franz Kafka Museum
U Lužického semináře
Cihelná
198
Platnéřská
Břetislavova
sv Mikuláše
Josefská
sv Josefa
Misenská
Muzeum Karlova Mostu
Klementinum
Vlašská
Malostranské náměstí
Muzeum
Malostranské věž
Galerie u Křižovníku
Karlova
Schönbornský palác
Tržiště
Lázeňská
Saská
Karlův most
Křižovnické náměstí
Muzeum loutkářských kultur
Vrtbovská zahrada
Prokopská
Panny Marie pod řetězem
Karmelitská
Maltézské náměstí
Lichtenštejnský palác
Muzeum Bedřicha Smetany
Anenská
Panny Marie Vítězné
Harantova
Hrozňová
Na Kampě
Karlovy lázně
Náprstkova
stříbrná
Bet
Hellichova
Nebovidská
Nosticova
Kampa
Karolíny Světlé
Betlémská
Muzeum hudby
Čertovka
Kampa
U sovových mlýnů
Muzeum Kampa
Konvik
TRANA
Hellichova
Smetanovo nábřeží
Café Slavia
2
Seminářská zahrada
Újezd
Tyršovo muzeum
Malostranské nábřeží
Divadelní
Ba
Krocinova
U lanové dráhy
Všehrdova
sv Jana na pradle
Karlovy lázně
Viola div
Újezd
Řiční
Národní divadlo
Národní
Petřínské sady
Újezd
Vítězná
most Legií
Laterna magika
Národní divadlo
nglého zahrada
Plaská
Střelecký ostrov
Ostrovní
Mělnická
Rošických
Janáčkovo nábřeží
Masarykovo nábřeží
Na struze
Pštrossova
Švandovo divadlo
Petřinská
Žofín
Voršilská
Justiční palác
Zborovská
náměstí Kinských
Holečkova
Kroftova
Štefánikova
Vodni
El
Peškové
Malátova
Dětský ostrov
Slovanský ostrov
Myslíkova
Mysli
200
Drtinova
Zubatého
Pavla
Svandy ze Semčic
201
Mánes
Arbesovo náměstí
D
Soud
Malostranská vodáren věž
E
Jiráskovo
F

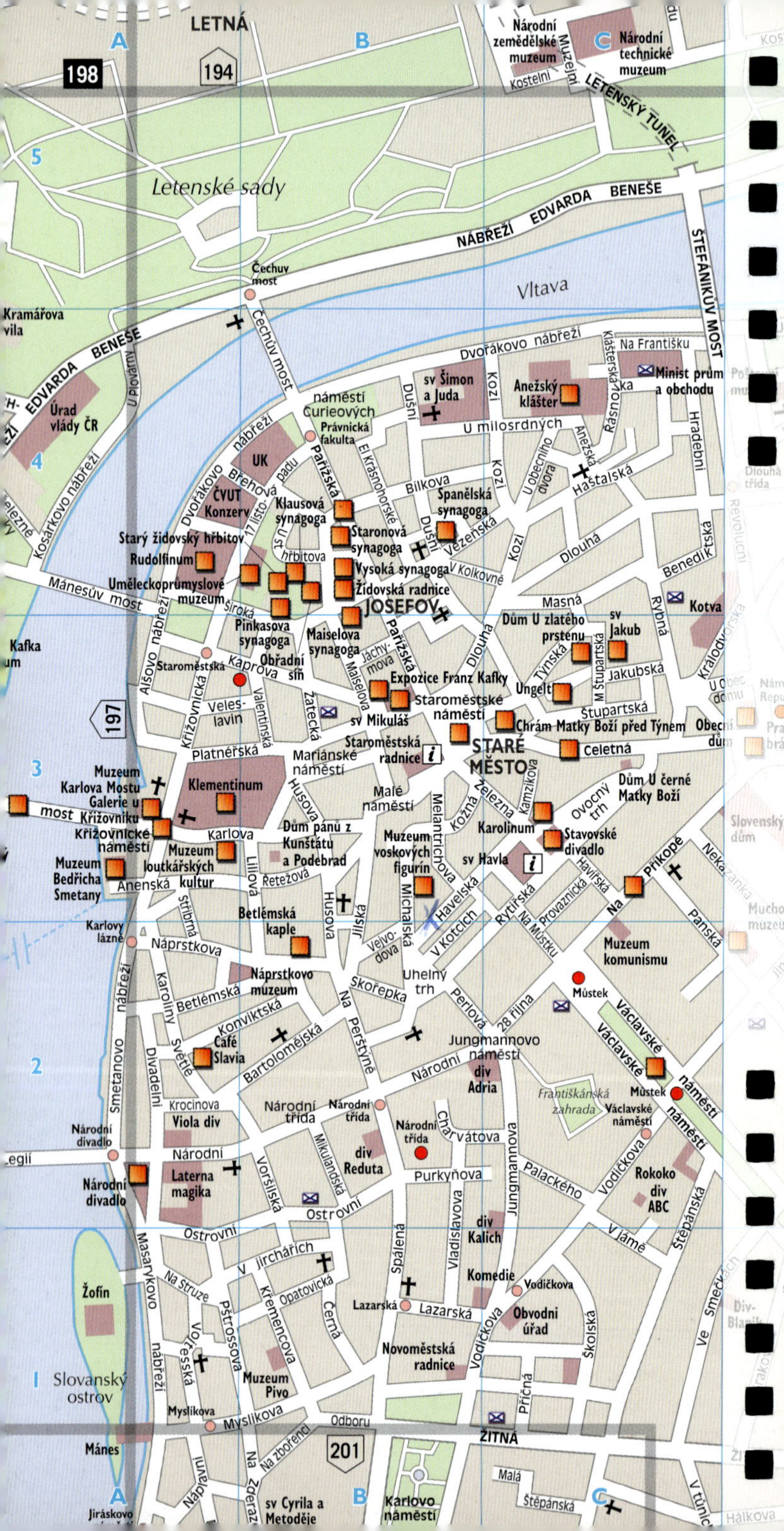
198
194
LETNÁ
Národní
zemědělské
muzeum
Národní
technické
muzeum
Kostelní
Muzejní
LETENSKÝ TUNEL
Kramářova
vila
Letenské sady
NÁBŘEŽÍ EDVARDA BENEŠE
ŠTEFÁNIKŮV MOST
Čechuv
most
Vltava
EDVARDA BENEŠE
U Plovárny
Košárkovo nábřeží
Železné
Úřad
vlády ČR
Dvořákovo nábřeží
Na Františku
Klášterská
náměstí
Curieových
Právnická
fakulta
sv Šimon
a Juda
Kozí
Anežský
klášter
Rásnovka
Minist prům
a obchodu
Poštovní
muz
Čechuv most
nábřeží
Dušní
U milosrdných
Anežská
Hradební
Dlouhá
třída
UK
Pařížská
El Krásnohorské
Bílkova
Španělská
synagoga
Kozí
U obecního
dvora
Haštalská
Revoluční
Elišky
ČVUT
Konzerv
Klausová
synagoga
Staronová
synagoga
Dušní
Vězenská
Dlouhá
Benediktská
17 listo
Starý židovský hřbitov
Rudolfinum
Uměleckoprůmyslové
muzeum
U st hřbitova
Vysoká synagoga
Židovská radnice
V Kolkovně
Kozí
Masná
Rybná
Kotva
Kralodvorska
Mánesův most
Alšovo nábřeží
Dvořákovo Břehová
široká
Pinkasova
synagoga
Maiselova
synagoga
JOSEFOV
Pařížská
Dlouhá
Dům U zlatého
prstenu
Tynská
M Štupartská
sv
Jakub
Jakubská
U obec
domu
Náměstí
Republiky
Prašná
brána
Kafka
um
197
Staroměstská
Kaprova
Obřadní
síň
Jáchymova
Maiselova
Expozice Franz Kafky
Staroměstské
náměstí
Ungelt
Štupartská
Obecní
dům
Křížovnická
Veleslavin
Valentinská
Žatecká
sv Mikuláš
Staroměstská
radnice
STARÉ
MĚSTO
Chrám Matky Boží před Týnem
Celetná
Obecní
dům
Platnéřská
Mariánské
náměstí
Malé
náměstí
Melantrichova
Kožná Železná
Kamzíkova
Ovocný
trh
Dům U černé
Matky Boží
Slovenský
dům
Muzeum
Karlova Mostu
Galerie u
Křižovníku
Klementinum
Husova
Dům pánů z
Kunštátu
a Poděbrad
Muzeum
voskových
figurín
Karolinum
Stavovské
divadlo
most Křižovníku
Křižovnické
náměstí
Karlova
Muzeum
loutkářských
kultur
Liliová
Retežová
sv Havla
Havelská
Na Příkopě
Nekázanka
Muchova
muzeum
Muzeum
Bedřicha
Smetany
Anenská
Betlémská
kaple
Husova
Jilská
Vejvo-
dova
Michalská
V Kotcích
Rytířská
Na Můstku
Provaznická
Havířská
Panská
Karlovy
lázně
Náprstkova
stříbrná
Náprstkovo
muzeum
Skořepka
Uhelný
trh
Perlová
28 října
Můstek
Muzeum
komunismu
Jindř
Karoliny
Betlémská
Konviktská
Na Perštýně
Václavské
náměstí
Smetanovo
Divadelní
Café
Slavia
Bartolomějská
Jungmannovo
náměstí
div
Adria
Františkánská
zahrada
Můstek
Václavské
náměstí
Václavské náměstí
Národní
divadlo
Krocinova
Viola div
Národní
třída
Národní
třída
Charvátova
Národní
třída
Jungmannova
Vodičkova
Rokoko
div
ABC
egii
Národní
Laterna
magika
Voršilska
Mikulandská
div
Reduta
Purkyňova
Palackého
Štěpánská
Národní
divadlo
Ostrovní
Vladislavova
div
Kalich
V Jámě
Ostrovní
V jirchářích
Opatovická
Spálená
Komedie
Vodičkova
Div-
Blaník
Žofín
Na Struze
Křemencova
Černá
Lazarská
Lazarská
Obvodní
úřad
Školská
Masarykovo
Pštrossova
Novoměstská
radnice
Vodičkova
Slovanský
ostrov
Voršilská
Muzeum
Pivo
Příčná
Vojtěšská
Myslíkova
Myslíkova
Odboru
ŽITNÁ
Mánes
Jiráskovo
Na zbořenci
Na Zderaze
201
sv Cyrila a
Metoděje
Karlovo
náměstí
Malá
Štěpánská
Hálkova
A B C

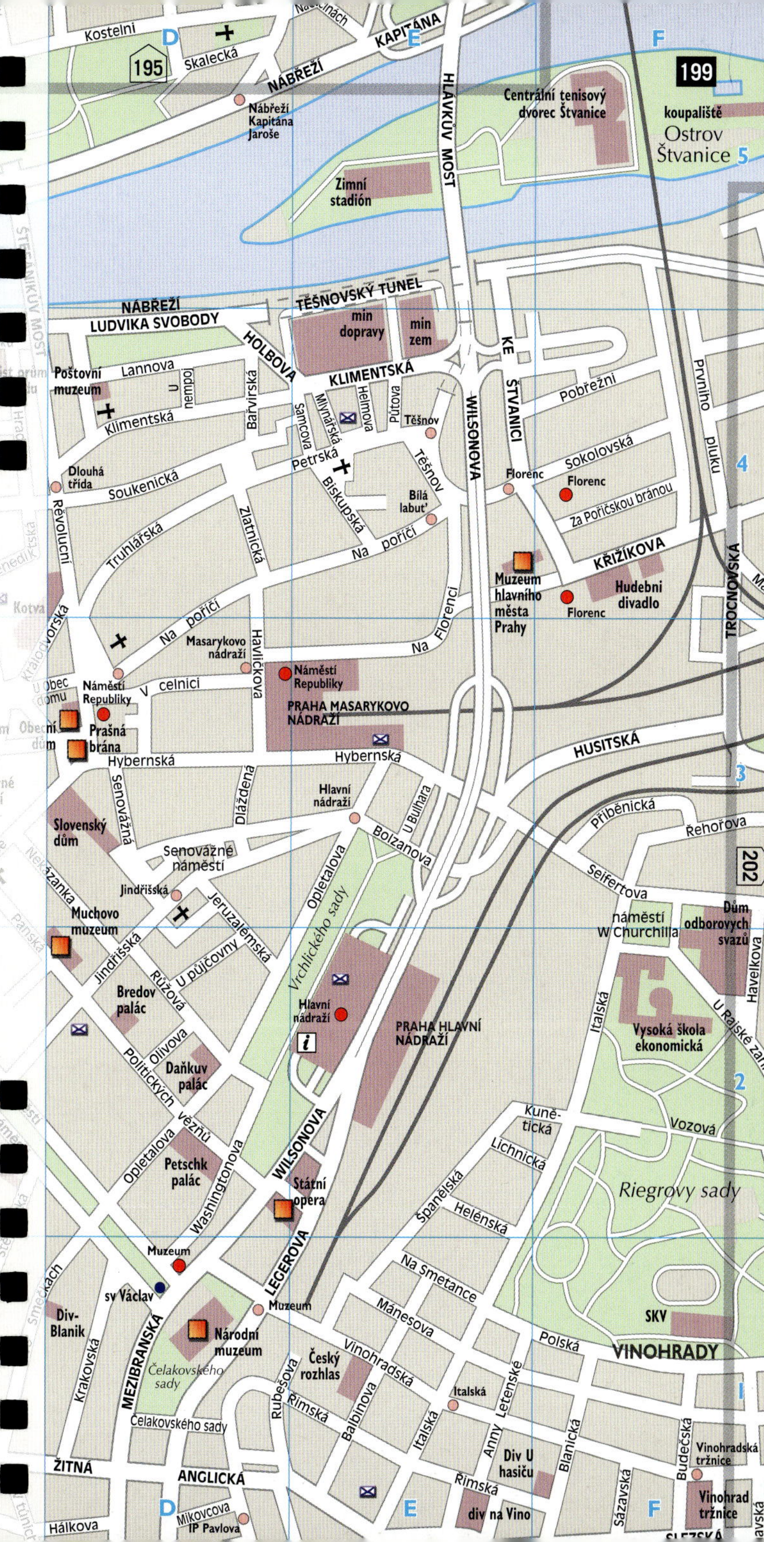

195
199
202
Kostelni
Skalecká
NÁBŘEŽÍ
KAPITÁNA
D
E
F
Nábřeží Kapitána Jaroše
Centrální tenisový dvorec Štvanice
koupaliště
Ostrov Štvanice
5
Zimní stadión
HLÁVKŮV MOST
NÁBŘEŽÍ
TĚŠNOVSKÝ TUNEL
LUDVIKA SVOBODY
HOLBOVA
KLIMENTSKÁ
min dopravy
min zem
KE
ŠTVANICI
WILSONOVA
Pobřežni
prvního pluku
Poštovní muzeum
Lannova
nempoj
U
Klimentská
Mlynářská
Helmova
Samcova
Pútova
Těšnov
Florenc
Sokolovská
Florenc
4
Dlouhá třida
Soukenická
Petrská
BISKUPSKÁ
Bílá labuť
Za Poříčskou bránou
Revoluční
Truhlářská
Zlatnická
Na poříči
Těšnov
Na Florenci
Na poříči
KŘIŽÍKOVA
TROCNOVSKÁ
Malé
Na poříči
Masarykovo nádraží
Havlíčkova
Florenc
Muzeum hlavního města Prahy
Hudebni divadlo
Florenc
králodvorská
U obec domu
Náměstí Republiky
V celnici
Náměstí Republiky
PRAHA MASARYKOVO NÁDRAŽÍ
HUSITSKÁ
3
Obecní dům
Prašná brána
Hybernská
Hybernská
Přiběnická
Řehořova
202
Slovenský dům
Senovážná
Dlážděná
Hlavní nádraží
U Bulhara
Bolzanova
Seifertova
náměstí W Churchilla
Dům odborových svazů
Nekázanka
Senovážné náměstí
Vrchlického sady
U Rajské zahrady
Havelkova
Jindřišská
Jeruzalémská
Italská
2
Muchovo muzeum
Jindřišska
U půjčovny
Hlavní nádraží
PRAHA HLAVNÍ NÁDRAŽÍ
Vysoká škola ekonomická
Panská
Bredov palác
Růžová
Olivova
Politických vězňů
Daňkuv palác
i
kuně-tická
Vozová
Riegrovy sady
Opletalova
Wilsonova
Lichnická
Petschk palác
Opletalova
Washingtonova
WILSONOVA
Státní opera
LEGEROVA
Spanělská
Helénská
Na Smetance
Smečkách
Muzeum
sv Václav
Muzeum
Mánesova
Polská
SKV
VINOHRADY
Div-Blanik
MEZIBRANSKÁ
Národní muzeum
Český rozhlas
vinohradská
Italská
Budečská
Vinohradská tržnice
Krakovská
Čelakovského sady
Čelakovského sady
Rubešova
Římská
Balbínova
Italská
Anny Letenské
Blanická
Sázavská
Vinohrad tržnice
ŽITNÁ
ANGLICKÁ
D
Mikovcova
IP Pavlova
E
Div U hasiču
div na Vino
Římská
F
SLEZSKÁ
Hálkova
Hálkova
STEFÁNIKŮV MOST

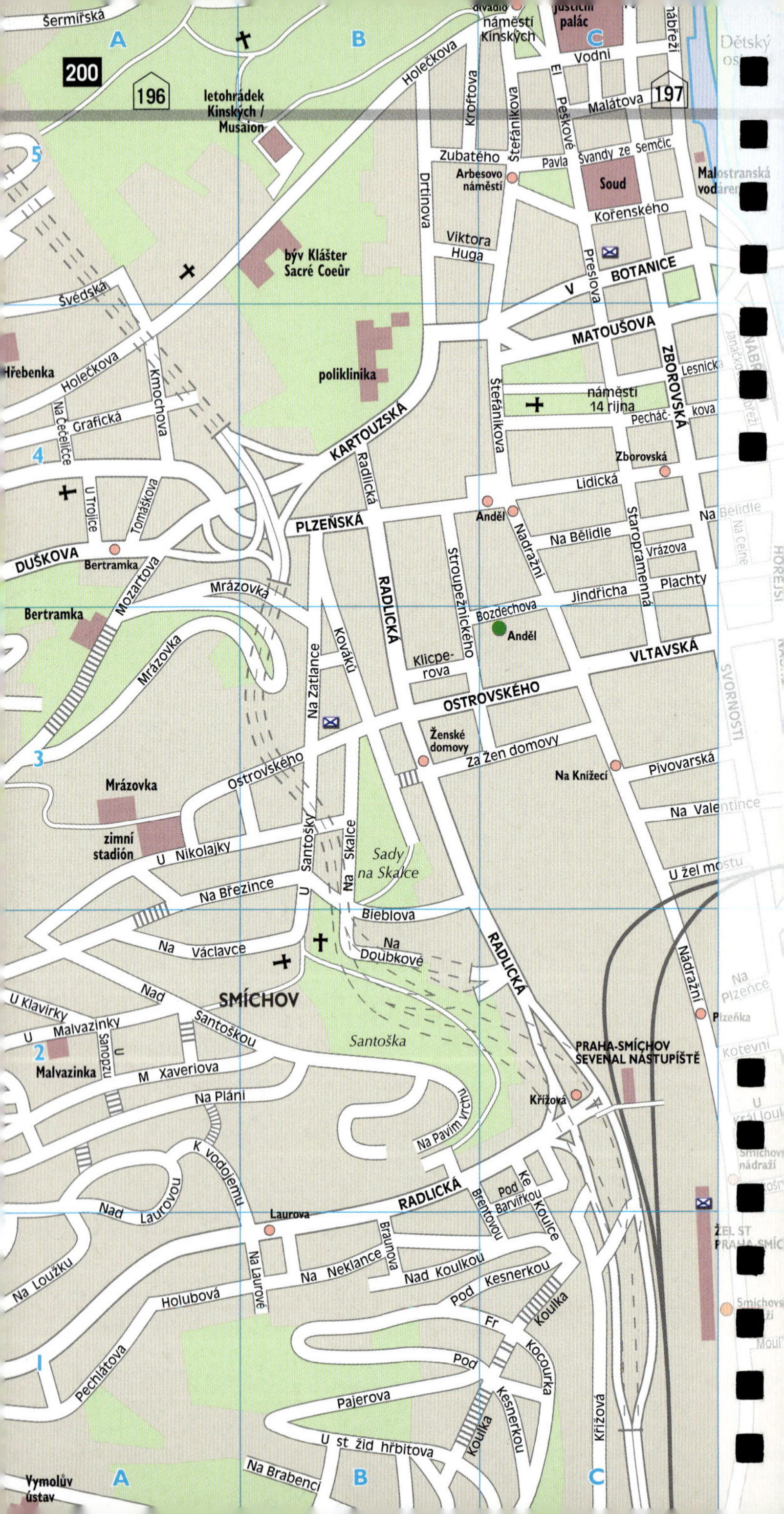

Šermířská
A
B
justiční
palác
C
nábřeží
Dětský
os…
200
196
letohrádek
Kinských /
Musaion
Holečkova
Kroftova
Štefánikova
Peškové
Vodní
Malátova
197
5
Zubatého
Pavla
Svandy ze Semčic
Malostranská
vodáren…
Drtinova
Arbesovo
náměstí
Soud
býv Klášter
Sacré Coeûr
Viktora
Huga
Kořenského
preslova
V
BOTANICE
NÁB…
Švédská
MATOUŠOVA
ZBOROVSKÁ
Janáč…
Hřebenka
Holečkova
Kmochova
poliklinika
Štefánikova
náměsti
14 října
Lesnicka
Pecháč-
kova
Na
Bělidle
Na Celné
HOŘEJ…
Na Čecelicce
Grafická
KARTOUZSKÁ
Radlická
Zborovská
NÁBŘEŽ…
4
U Trojice
Tomáškova
PLZEŇSKÁ
Lidická
Anděl
Na Bělidle
Staropramenná
Vrázova
Na
DUŠKOVA
Bertramka
Mozartova
Mrázovka
RADLICKÁ
stroupežnického
Nadražní
Jindřicha
Plachty
Bertramka
Mrázovka
Na Zatlance
Kováků
Bozděchova
Anděl
VLTAVSKÁ
SVORNOSTI
3
Ostrovského
Klicpe-
rova
OSTROVSKÉHO
Mrázovka
Santošky
Na Skalce
Ženské
domovy
Za Žen domovy
Na Knížecí
Pivovarská
zimní
stadión
U Nikolajky
Sady
na Skalce
Na Valentínce
Na Březince
Bieblova
U žel mostu
Na Václavce
Na
Doubkové
RADLICKÁ
Nad
SMÍCHOV
Nádražní
Na
Plzeňce
U Klavírky
Santoškou
Santoška
Na Pavím vrchu
2
Malvazinky
Sanopzu
Malvazinka
M Xaveriova
PRAHA-SMÍCHOV
SEVEN AL NÁSTUPIŠTĚ
Plzeňka
Kotevní
Na Pláni
Křížová
U
král loui
Smíchov…
nádraží
K vodojemu
Brentovou
Pod
Barvířkou
Ke
Koučce
Nad
Laurovou
Laurova
RADLICKÁ
Na Laurové
Na Neklance
Braunova
Nad Koulkou
Kesnerkou
Koulka
ŽEL ST
PRAHA SMÍC
Na Loužku
Holubová
Fr
Kocourka
Smíchov…
ži
Pechlátova
Pod
Kesnerkou
Mou…
I
Vymolův
ústav
A
Pajerova
U st žid hřbitova
Na Brabenci
B
Koulka
Křížová
C

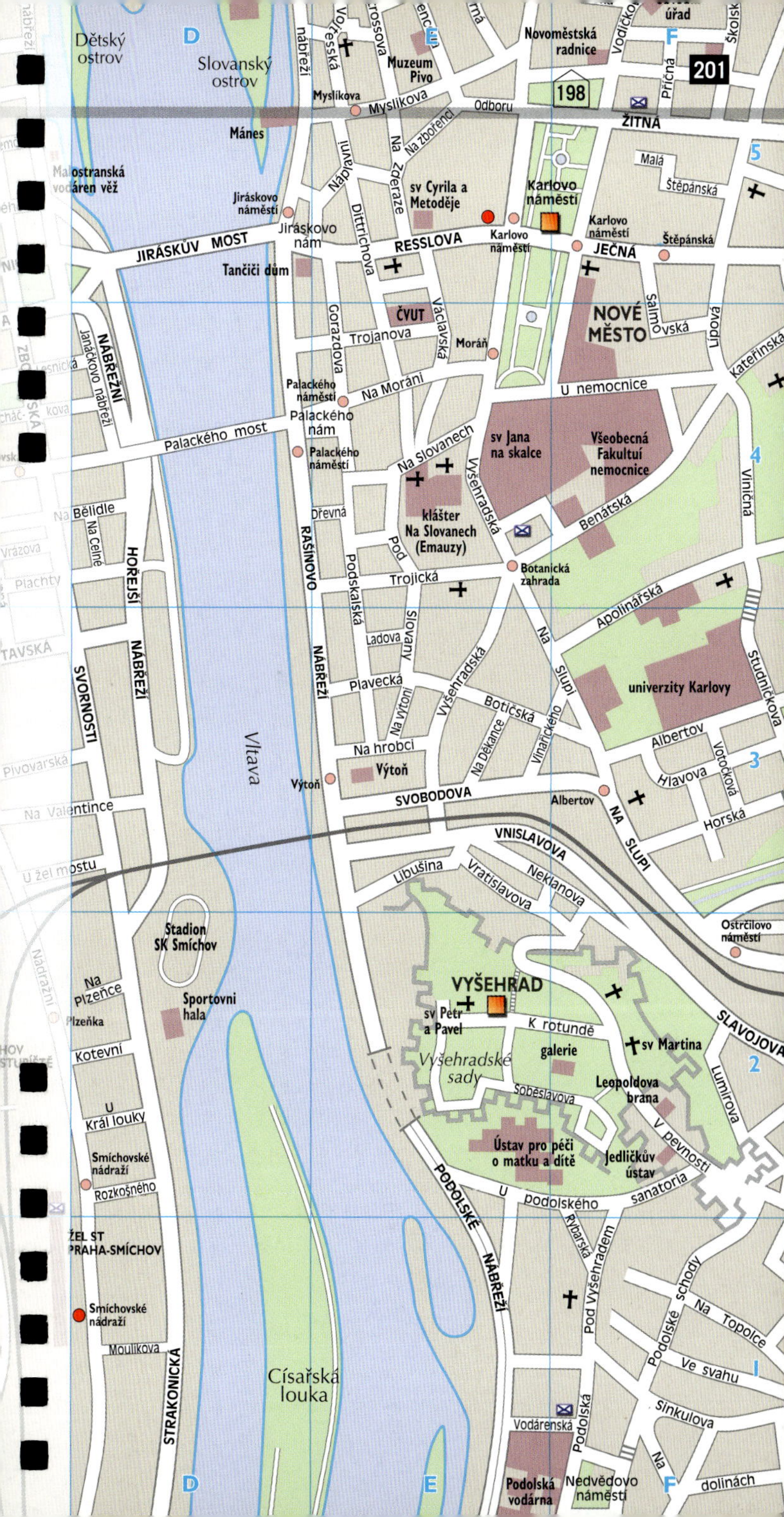

Dětský ostrov
Slovanský ostrov
D
Muzeum Piva
Novoměstská radnice
úřad
F
Vořešská
crossova
enc
EU
vodíčko
školsk
Myslíkova
Myslíkova
Odboru
198
201
Příčná
ŽITNA
Mánes
Na Zderaze
Na zbořenci
Malá
Štěpánská
5
Malostranská vodáren věž
Jiráskovo náměstí
sv Cyrila a Metoděje
Karlovo náměstí
Karlovo náměstí
Dittrichova
Náplavní
Jiráskovo nám
Karlovo náměstí
Štěpánská
JIRÁSKŮV MOST
RESSLOVA
JEČNÁ
Tančiči dům
Salmo
vská
ČVUT
NOVÉ MĚSTO
Gorazdova
Trojanova
Václavská
Moráň
Katěřinská
Palackého náměstí
Na Moráni
U nemocnice
Vyšehradská
4
Palackého nám
Palackého most
Palackého náměstí
Na Slovanech
sv Jana na skalce
Všeobecná Fakultuí nemocnice
Viničná
Na Bělidle
Na Celné
Dřevná
klášter Na Slovanech (Emauzy)
Benátská
HOREJŠÍ
Vrázova
Pod
Trojická
Botanická zahrada
Apolinářská
Plachty
Janáčkovo nábřeží
NÁBŘEŽNÍ
Podskalská
Slovany
Ladova
Na
slupi
Studničkova
TAVSKÁ
SVORNOSTI
NÁBŘEŽ
Plavecká
Vyšehradská
univerzity Karlovy
Na Vytoni
Pivovarská
Botičská
Albertov
Votočkova
3
Na Valentince
Na hrobci
Na Děkance
Vinařického
Hlavova
Vltava
Výtoň
Výtoň
Horská
U žel mostu
Výtoň
SVOBODOVA
Albertov
NA SLUPI
VNISLAVOVA
Nádražní
Libušina
Vratislavova
Neklanova
Ostrčilovo náměstí
Stadion SK Smíchov
VYŠEHRAD
SLAVOJOVA
Na Plzeňce
Sportovni hala
sv Petr a Pavel
K rotundě
galerie
sv Martina
2
Plzeňka
Vyšehradské sady
Leopoldova brana
Lumírova
HOV STUPNIČ
Kotevní
Soběslavova
V pevnosti
U Král louky
Ústav pro péči o matku a dítě
Jedličkův ústav sanatoria
Smíchovské nádraží
Rozkošného
U podolského
Rybářská
Podolské schody
Na Topolce
ŽEL ST PRAHA-SMÍCHOV
PODOLSKÉ NÁBŘEŽÍ
Pod Vyšehradem
Ve svahu
J
Smíchovské nádraží
Podolská
Sinkulova
Moulíkova
STRAKONICKÁ
Na dolinách
Císařská louka
Vodárenská
D
E
Podolská vodárna
Nedvědovo náměstí
F

202
ROHANSKÉ NÁBŘEŽÍ
Karolinská
Pobřežní
U nádražní lávky
Thámova
Sokolovská
Křižíkova
Šaldova
Urxova
Slezáka
P
Vítkova
Březinova
Lyčkovo nám
Šovsova
Karlínské náměstí
Křižíkova
Šaldova
sv Cyril a Metoděj
Thámova
Peckova
Kollárova
Prvního pluku
Vítkova
TROCNOVSKÁ
Malého
Jirsíkova
Vítkova
Pernerova
Vítkov
J Žižka
Národní památník
Armádní muzeum
Lukašova
KONĚVOVA
Roháčova
Komenského nám
Žerotinova
Budovicova
Rokycanova
Rohačova
Českobratrská
HUSITSKÁ
ŽIŽKOV
Prokopovo nám
Řehořova
Orebit ská
Dalimilova
ZUŠ div
Jeseniova
Kostnické náměstí
Husinecká
Chlumova
Krásova
Blahníkova
Cimburkova
Štítného
Miličova
Havlíčkovo náměstí
PROKOPOVA
Dům odborových svazů
Havelkova
Stadión TJ Viktoria Žižkov
Přiby- slavská
Seifertova
Lipanská
Rokycanova
Lupáčova
ola cká
Vikova
Vita Nejedlého
Bořivojova
Chvalova
Chelčického
U Rajské zahrady
Vikova
Krásova
Táboritská
Olšanské náměstí
Bořivojova
Ježkova
Kubelíkova
Čajkovského
Kubelíkova
Ondříčkova
Nový židovský hřbitov
zová
Ševči- kova
Žižkovská televizní věž
Atrium na Žiž
Žižkovo náměstí
JIČÍNSKÁ
y sady
Chopinova
Slavíkova
Křižkovského
Fibichova
Mahlerovy sady
Bořivojova
Křištanova
Sudoměřská
Na Švihance
Skroupovo náměstí
Baranova
Krkonošská
Blod kova
Radhošťská
Lucemburská
Cerchov- ská
Ondříčkova
Milešovská
Jagellonská
Velehradská
Orlická
Premyslovská
Polská
Laubova
Lucemburská
ADY
Slavíkova
Nejsvětějšího Srdce Páně
Řípská
Vinohradská
Mánesova
U Kanálky
Vinohradská
Vinohradská tržnice
Vinohradská
Libická
Sady Svat Čecha
Jiřiho z Poděbrad
Peruncva
Kolínská
SLEZSKÁ
Vinohrad tržnice
Šumavská
SLEZSKÁ
Řípská
ZSKÁ
Nitranská
Peruncva
KORUNNÍ
KORUNNÍ
KORUNNÍ
Moravská
Chodská
Kladská
Dykova
Sobotecká
Chorvatská
Lužická
Bezručovy sady
Hradešinská

Abbildungsnachweis

Die Automobile Association dankt den nachfolgend genannten Fotografen und Bildagenturen für ihre Unterstützung bei der Herstellung dieses Buches:

Abkürzungen: (o) oben; (u) unten; (l) links; (r) rechts; (m) Mitte; (AA) AA World Travel Library.

Umschlag: (o) AA/J Wyand, (u) AA/C Sawyer.

2(i) Photo by L. Stiburek, www.czfoto.cz; **2(ii)** AA/C Sawyer; **2(iii)** AA/S McBride; **2(iv)** AA/S McBride; **3(i)** AA/J Smith; **3(ii)** AA/J Smith; **3(iii)** AA/J Wyand; **3(iv)** AA/S McBride; **5l** Photo by L. Stiburek, www.czfoto.cz; **5m** Photo by L. Stiburek, www.czfoto.cz; **5r** AA/J Smith; **6/7** AA/C Sawyer; **8** Photo by L. Stiburek, www.czfoto.cz; **9** Photo by L. Stiburek, www.czfoto.cz ; **11** Hulton Archive/ Getty Images; **12** AFP/Getty Images; **15** AA/C Sawyer; **16** AA/S McBride; **17** AA/S McBride; **18** Photo by L. Stiburek, www.czfoto.cz; **19** AA/J Wyand; **20** AA/J Smith; **22** Mary Evans Picture Library; **23** AA/S McBride; **24/25o** AA/S McBride; **25** AA/J Wyand; **26** © Chris Fredriksson/Alamy; **28** James Strachan/Robert Harding; **29** © INTERFOTO/Alamy; **30** AA/S McBride; **31o** akg-images/ Archiv Klaus Wagenbac; **31u** akg-images/Archiv Klaus Wagenbac; **32l** J Wyand; **32m** AA/S McBride; **32r** AA/S McBride; **34l** AA/C Sawyer; **34m** AA/J Smith; **34r** AA/S McBride; **47l** AA/S McBride; **47m** AA/J Wyand; **47r** AA/J Smith; **49** AA/S McBride; **50** AA/J Wyand; **51** AA/S McBride; **52** AA/S McBride; **53** AA/S McBride; **54** AA/C Sawyer; **55** AA/S McBride; **56** AA/S McBride; **57** AA/T Souter; **58o** AA/S McBride; **58u** AA/S McBride; **59** AA/S McBride; **60** AA/S McBride; **61** AA/J Smith; **62** AA/S McBride; **63** Photo by L. Stiburek, www.czfoto.cz; **64** AA/S McBride; **65** AA/J Smith; **66** AA/S McBride; **68** AA/J Wyand; **69** AA/C Sawyer; **77l** AA/S McBride; **77m** AA/T Souter; **77r** AA/S McBride; **80** AA/S McBride; **81** AA/S McBride; **83** AA/J Wyand; **84** AA/S McBride; **85** AA/S McBride; **87** © Ros Drinkwater/Alamy; **88** AA/S McBride; **89** AA/S McBride; **90** AA/J Wyand; **91** AA/S McBride; **92** AA/S McBride; **93** AA/S McBride; **94** AA/S McBride; **95** AA/S McBride; **96** AA/S McBride; **97** AA/S McBride; **98** AA/S McBride; **99** AA/J Wyand; **100** AA/S McBride; **101** Copyright Kafka Museum 2010; **102** AA/C Sawyer; **104** AA/C Sawyer; **111l** AA/J Smith; **111m** AA/J Smith; **111r** AA/J Smith; **112** AA/J Smith; **114** AA/C Sawyer; **115** AA/J Wyand; **116** AA/S McBride; **117** AA/J Smith/Jewish Museum, Prague; **119** AA/J Wyand; **120** AA/S McBride; **121** AA/J Wyand; **122** AA/S McBride; **123** AA/S McBride; **124** AA/J Smith; **125** AA/S McBride; **126** AA/J Wyand; **127** AA/J Smith/ Jewish Museum, Prague; **128** AA/S McBride; **133l** AA/J Smith; **133m** AA/C Sawyer; **133r** AA/S McBride; **134** AA/S McBride; **136** AA/C Sawyer; **137** AA/S McBride; **138** AA/S McBride; **139** AA/S McBride; **140** AA/J Smith © Mucha Trust 2008; **141** AA/S McBride; **142** AA/J Smith; **143** Michael Ochs Archives/Getty Images; **144** AA/S McBride; **145** AA/C Sawyer; **146** AA/S McBride; **147** AA/J Smith; **148** AA/J Smith; **149** AA/S McBride; **150** AA/S McBride; **151** AA/J Smith; **152** AA/S McBride; **153** AA/S McBride; **154** AA/J Wyand; **155** AA/J Smith; **156** AA/J Smith; **161l** AA/J Wyand; **161m** AA/J Wyand; **161r** AA/J Wyand; **163** Photo by L. Stiburek, www.czfoto.cz; **164** AA/J Wyand; **165** Zdenek Naplava; **167** AA/J Wyand; **168** © isifa Image Service s.r.o./Alamy; **170** AA/J Wyand; **172** AA/J Wyand; **173l** AA/S McBride; **173m** AA/J Wyand; **173r** AA/T Souter; **174** AA/S McBride; **176** AA/S McBride; **177** AA/C Sawyer; **178** AA/J Smith; **180** AA/J Smith; **181l** AA/S McBride; **181r** AA/S McBride; **182** AA/J Wyand; **184l** AA/C Sawyer; **184r** AA/C Sawyer; **185l** AA/S McBride; **185m** AA/S McBride; **185r** AA/J Smith; **189o** AA/J Wyand; **189ml** AA/S McBride; **189mr** AA/J Smith

Der Verlag hat keine Mühen gescheut die Copyright-Inhaber zu ermitteln, dennoch möchte sich der Verlag für mögliche Fehler entschuldigen. Hinweise und Korrekturen sind jederzeit willkommen.

Danksagung

Christopher Rice möchte sich bei Martina Svajcrova (Prague Information Service) für Ihre Hilfe und Ihren Rat bedanken.

NATIONAL GEOGRAPHIC

Leserbefragung

Ihre Ratschläge, Urteile und Empfehlungen sind für uns sehr wichtig. Wir bemühen uns, unsere Reiseführer ständig zu verbessern. Wenn Sie sich ein paar Minuten Zeit nehmen, diesen kleinen Fragebogen auszufüllen, könnten Sie uns sehr dabei helfen.

Wenn Sie diese Seite nicht herausreißen möchten, können Sie uns auch eine Kopie schicken, oder Sie notieren Ihre Hinweise einfach auf einem separaten Blatt.

Bitte senden Sie Ihre Antwort an:
**NATIONAL GEOGRAPHIC SPIRALLO-REISEFÜHRER, MAIRDUMONT GmbH & CO. KG,
Postfach 31 51, D-73751 Ostfildern
E-Mail: spirallo@nationalgeographic.de**

Über dieses Buch …
NATIONAL GEOGRAPHIC SPIRALLO-REISEFÜHRER PRAG

Wo haben Sie das Buch gekauft? _______________________________

Wann? Monat / Jahr

Warum haben Sie sich für einen Titel dieser Reihe entschieden? _______________

____

____

____

____

____

____

____

Wie fanden Sie das Buch ?

Hervorragend ☐   Genau richtig ☐   Weitgehend gelungen ☐   Enttäuschend ☐

Können Sie uns Gründe angeben?

____

____

____

____

____

____

____

Bitte umblättern …

Hat Ihnen etwas an diesem Führer ganz besonders gut gefallen?

Was hätten wir besser machen können?

Persönliche Angaben

Name

Adresse

Zu welcher Altersgruppe gehören Sie?

Unter 25 ☐   25–34 ☐   35–44 ☐   45–54 ☐   55–64 ☐   Über 65 ☐

Wie oft im Jahr fahren Sie in Urlaub?
Seltener als einmal ☐   Einmal ☐   Zweimal ☐   Dreimal oder öfter ☐

Wie sind Sie verreist?
Allein ☐   Mit Partner ☐   Mit Freunden ☐   Mit Familie ☐

Wie alt sind Ihre Kinder? _____

Über Ihre Reise ...

Wann haben Sie die Reise gebucht? Monat / Jahr

Wann sind Sie verreist? Monat / Jahr

Wie lange waren Sie verreist?

War es eine Urlaubsreise oder ein beruflicher Aufenthalt?

Haben Sie noch weitere Reiseführer gekauft? ☐ Ja ☐ Nein

Wenn ja, welche?

Herzlichen Dank dafür, dass Sie sich die Zeit genommen haben, diesen Fragebogen auszufüllen.